本书由浙江大学侨福基金资助出版

文化旅游视域中的『东南佛国』

神圣与世俗

张家成／著

浙江大学出版社
ZHEJIANG UNIVERSITY PRESS

目　录

下篇　吴越佛教与东南佛国

绪论：佛教文化旅游的特点和问题①
——以"长安佛教"为例

内容摘要：作为当代文化旅游中最具特色和吸引力的旅游形式，佛教文化旅游包括佛教名胜观光游、佛教文化修学游和佛教朝圣游，它们分别构成了佛教文化旅游的皮毛、血肉和骨核三个方面。从这一基本认识出发，我们认为作为佛教文化旅游资源的长安佛教同时具足了上述三个层次的内涵，其中尤以第二层次即文化层面（包括物质层面和非物质层面）的内涵最为突出。长安佛教文化旅游可以总体上定位为以"都市佛教"旅游为核心的佛教文化旅游，然而在开发利用长安佛教文化这一重要的旅游资源时，应在遵循特色性、体验性、开放性、生态性等开发原则的同时，特别注意处理好旅游产业与佛教文化、社会效益与经济效益、僧人的出家修行与佛教景区经营管理、旅游开发与佛教文物保护等几对关系和矛盾。

关键词：长安佛教，佛教文化旅游

近些年来，随着"旅游热"的兴起，文化旅游特别是佛教文化旅游日益为旅游者所青睐。传统的佛教名胜如嵩山少林寺、杭州灵隐寺等早已是游人如织、人满为患了，而诸如无锡灵山梵宫、海南南山海上观音等不少规划重建的佛教文化景观也已名闻遐迩，成为当前文化旅游的热点。从某种意义上说，佛教文化旅游正成为我国旅游业发展的一个重要方向。

与传统以景点观光为主要目的的"观光旅游"不同，佛教文化旅游注重的是"佛教文化"，它所指向的不仅是旅游目的地的佛教文化遗址等物质层面的存在，还包括与游客的精神诉求有关的非物质文化内涵，如特色鲜明的佛教信仰

---

① 本文原载《首届长安佛教国际学术研讨会论文集》（第五卷），陕西师范大学出版社 2010 年 8 月版，收入本书时标题及内容略有调整。

习俗、舍利顶礼、节庆法会以及佛教思想文化考察体验等等。因此,佛教文化旅游满足的是旅游者(游客)的较高层次的精神需求,因而也往往具有更加久远的生命力和旅游开发价值。

本文首先分析佛教文化旅游的三个层次内涵,然后由佛教文化旅游的角度来分析长安佛教的旅游资源价值,并对有关开发原则和对策略述管见。

一、佛教文化旅游的内涵与特征

佛教文化旅游属于宗教旅游,是最古老的旅行形式之一,也是当代文化旅游中最具特色和吸引力的旅游形式。

狭义的或曰传统的佛教旅游主要包括佛教信众(香客)的求法取经、朝山进香("朝觐")、云游参禅、弘法募化等行为活动。上述行为既是佛教徒的修行过程,亦为佛教旅游的应有之义。广义地说,不管是游客还是香客,凡是以佛教名胜(佛教旅游资源)为旅游目的地的旅游活动,都可视之为"佛教文化旅游"。如今,前往佛教胜地(寺院)的游客,除了佛教徒的信仰行为之外,还包括大部分非宗教信徒的出于对佛教胜地或异质文化的兴趣和仰慕而游览之,如观赏宗教建筑,体验佛教特色文化等。这既反映了古代佛教旅游与今天佛教旅游之异,从中也能体会中国佛教名胜与西方的宗教场所之文化差异。因此,"佛教旅游"和"佛教文化旅游"之概念之间应有所区别。后者主要指以中国的佛教文化名胜为旅游目的地的所有旅游行为。

那么,佛教文化旅游应包括哪些内涵呢?本文拟从前往佛教名胜(圣地)的旅游者的动机和目的角度分析,将佛教文化旅游概括为三个层次:

第一,佛教名胜观光游。是指以普通的观光游览为目的前往寺院等佛教名胜的旅游行为。"天下名山僧占多"(或曰"天下名山僧建多"),中国佛教名胜大多建在风景秀丽的名山大川,多为自然风光与人文景观有机的结合体,如四大佛教名山;很多佛教历史文化遗址(寺、塔、石窟等等)还是重点文物保护单位或世界文化遗产,如布达拉宫、龙门石窟等。在这些旅行者看来,寺院等宗教名胜与其他风景名胜并没有本质的差异。其旅行的动机,主要是满足其"到此一游"的旅游心理,"上山看庙,下车拍照"是其旅游行为的生动写照。笔者以为,上述观光旅游行为实为佛教文化旅游的"皮毛"。

第二,佛教文化修学游。是指旅行者通过佛教旅游,旨在了解、发掘蕴藏于其中的文化内涵(如佛教的历史、宗派、人物及佛教哲学、教义等等)。佛教自印度传入中国以来,就开始了中国化的历程,并成为中国传统文化之重要组成部分。就中国佛教本身来说,也是一个博大深厚的思想文化体系。佛教在中国的传播及其中国化的过程中,既对中国非物质文化遗产,也对中国物质文化遗产产生了重要的影响。

前述分布在全国各地的众多的佛教文化名胜(佛教圣地),则充分体现了佛教对中国物质文化的巨大影响。从佛教中国化的角度来说,丰富的中国佛教物质文化遗产实为佛教与中国文化相结合的产物。中国佛教的建筑、雕塑、书画、法器(物)等等,无不深深地打上了中国文化的烙印。如我国各地众多的寺院、佛塔、佛教石刻造像等的建立,佛教经书的刻印与流通,以及特色鲜明的佛教饮食、服饰文化等等,它们之中有很多处还是各级重点文物保护单位。

佛教对于中国非物质文化的影响则主要表现为:中国佛学(汉传佛教)的建立,以及佛教对中国哲学、中国文学和中国社会等的深刻影响。中国佛学不仅仅是移植印度佛教,重要的是在移植过程中与中华本土思想文化的融会贯通,是佛教中国化的产物。中国佛教的各大宗派,历代层出不穷的高僧大德及其思想、著作,浩如烟海的佛教文献及大藏经(包括中文、藏文、蒙文藏经)等,皆是其体现。并且,中国佛教又东传日本、朝鲜及东南亚地区,构成了东亚文化的一个重要内容。

因此,中国佛教文化实际成为了中国文化旅游最重要的旅游资源之一。在我国,这些内容丰厚、既含盖物质又包括精神层面的佛教文化遗产,主要正是通过中国佛教寺院等名胜圣地得以传承和发展。因此,佛教文化修学游实乃佛教文化旅游内涵最为丰富、最具有吸引力的一个层面,也是目前最具开发价值的一个方面,可以视之为佛教文化旅游之"血肉"部分。

第三,作为心灵之旅的佛教朝圣游。佛教信仰是佛教文化之核心内涵,"修行体验"和"朝圣进香"游是最能体现佛教文化旅游的旅行方式。在这一层面上,旅行者同时又是佛教信徒(香客)。这些游客通过拜佛(舍利)、听经、吃素、坐禅、参访高僧大德等修行方式,旨在烦恼的解脱与般若智慧的获得,并希望最终修行成佛,得大自在。

作为心灵之旅的佛教朝圣游也是最能体现佛教文化旅游的本质特色的。与普通的风景观光旅游行为相比,佛教文化旅游的特殊性在于以下三个方面:

1.旅游吸引物为神圣物。佛教寺塔乃佛(舍利)、菩萨(观音)、罗汉等圣果(神圣、超越的彼岸)之道场,佛法之所系。佛教之神圣义,主要由此得以体现。

2.朝山进香是佛教信徒之经常性、周期性的自觉的行为。

3.就旅行动机来说,不仅是为了观光浏览,也不仅是为了文化的考察,首先是因为宗教信仰和修行的诉求。对于佛教徒来说,佛教旅游亦即是为烦恼的解脱、因信仰的需要而展开的心灵之旅。

虽然从历史上看,传统的佛教朝圣之旅的游客主要是由佛教信徒所构成,佛教也主要是作为信仰对象而存在,寺院则是佛教徒修行场所。如今,这一现象也有了很大的转变。现代的"朝圣之旅"含义要宽泛得多。当代社会,面对"全球化"的大趋势、日益激烈的市场竞争的社会背景,人心浮躁,道德滑坡,贫富差距加大,社会(文化、宗教)冲突不断发生等社会问题层出不穷。因此,开展类似的宗教朝圣游,其现实意义也是十分明显的。旅行者不仅由此可达到修身养性、净化人心,进而亦可达到和谐社会、和谐世界之目的,故可称之为"心灵之旅"。佛教因其丰富的哲学内涵和人生智慧,也成了很多非宗教徒的当代人的精神寄托,而寺院亦成了游客获得心灵之休闲("心安")的精神家园。——本文以为,"心灵之旅"是佛教文化旅游的"骨"、"内核",也是佛教文化旅游中开发潜力最大的一个层面。当然,不同的佛教寺院,不同的地理位置和环境,有无得道高僧等因素,对于有心灵诉求的游客来说,所达到的效果是不同的。

上述三个层面实际上体现了作为旅游资源的佛教文化的三个方面,分别反映了佛教文化的皮毛、血肉和骨核。当然,关于"佛教文化旅游"暨作为旅游资源的佛教文化的三个层面的划分只是相对的。在不同的佛教名胜(寺院),三个层面的表现是不同的。特别是一些规模较大的著名佛寺(祖庭),上述三个层面往往是兼而有之。这些宗教名胜,往往既是著名的旅游景区,也是历史文化遗产,同时又是宗教修行场所。如四大佛教名山、西藏的布达拉宫、杭州灵隐寺等宗教名胜既可以满足一个佛教徒的信仰需求,也可以满足一个普通游客的旅游心理,比较容易开展佛教文化旅游,因而香火也较兴旺。但也有不少寺院或只注重吸引旅客而忽略僧人修持(特别是在一些旅游景区内的新建寺庙,甚至连住持的僧人都没有),也有寺院偏重于历史文化保护(特别是那些作为国家级重点文物保护单位的寺院)或者比较注重信徒修行而拒斥旅游开发,不一而足。如第一层面太过,游客太多,则易走向商业化,反而不利于佛教文化旅游的可持续性发展。可见三者之间是可以相互影响、相互渗透的。

本文认为,完整意义上的佛教文化旅游应该同时包括上述三个层面。从中国佛教文化的历史及中国佛教名胜的实际情况出发,并着眼于长远的未来发展,我国目前的佛教文化旅游资源的开发,应以第二、第三层面为重点。长安佛教也是如此。

二、作为佛教文化旅游资源的长安佛教

吸引力就是资源。所谓佛教文化旅游,吸引游客(香客)的首先是佛教文化,因此整个长安佛教也就构成了极为重要的佛教文化旅游资源。

古城长安位于今西安地区,是五代之前中国古代最重要的京城所在。关于"长安佛教"的概念,已有不少专家作过深入的探讨。① 简单来说,长安佛教即以古代长安地区为中心的区域佛教文化,约相当于今以西安为中心的关中地区佛教文化。作为旅游资源的长安佛教内涵十分丰富,按照上述佛教文化(旅游)三个层次划分,长安佛教完全具足上述三个层次内涵,因而可以满足不同类型的游客(香客)的佛教旅游需求。其中,尤以第二层次即文化层面的内涵最为突出。

1. 作为旅游名胜的长安佛教

长安佛教文化中,既有融自然景观与佛教文化于一体的佛教名山,更有众多的佛教寺塔石窟等佛教历史文化遗存。这些佛教文化名胜,同时也是长安地区著名的旅游胜地,每年吸引了大量的游客前来观光游览。

佛教名山终南山,原是道教发祥地之一。道教著名的楼观道派就发源于此。佛教传入关中后,终南山则成为长安佛教的摇篮。尤其前后秦和隋唐时代,终南山上佛寺林立,高僧辈出,义学发达,是许多宗派的发源地,也是许多高僧塔葬之处,其影响传遍海内外。宋代以后,终南山佛教始呈衰落之势。

长安佛教历史文化遗产十分丰富,保留着大量珍贵的佛教文物。中国佛教八大宗派之中有六大宗派起源或创建于长安,因此这里保留了众多的祖庭寺院:如三论宗祖庭草堂寺(鸠摩罗什舍利塔),法相宗祖庭大慈恩寺(大雁塔)和兴教寺,律宗祖庭净业寺和丰德寺,净土宗祖庭香积寺,华严宗祖庭华严寺和至相寺,密宗祖庭大兴善寺和青龙寺,三阶教的祖庭百塔寺等等,其地位及影响都十分重要。

中国历史上翻译佛经的四大译场——草堂寺、大兴善寺、大慈恩寺和大荐

---

① 关于"长安佛教",可参见王亚荣《长安佛教史论》(宗教文化出版社 2005 年)、陈景富《心语无说》(三秦出版社 2005 年)、《古都西安》(西安出版社 2005 年)等有关著作的有关论述。

福寺,都位于长安。位于大慈恩寺内、建于唐高宗李治永徽三年(公元 652 年)的大雁塔高六十四米,气势宏伟壮观,是古城长安的标志性建筑。除上述众多的古寺古塔外,各寺院和文物单位珍藏的佛教文物亦数量众多。如法门寺释迦牟尼佛真身舍利、小雁塔、法王塔、玄奘舍利塔、鸠摩罗什八宝玉石塔、善导大师塔等,这些佛教遗存均为全国重点文物保护单位,享誉海内外。长安及周边地区还有众多石窟造像,在中国雕塑历史中有重要的地位。如彬县的大佛寺造像,蓝田县水陆庵的大型佛教造像等,均为唐宋雕塑艺术中的精品。在兴教寺,至今仍保存着来自印度的贝叶经;著名的"碛砂藏"宋代孤本,原藏于西安卧龙寺,等等。这些重要的佛教物质文化遗产,无疑也是长安著名的旅游名胜。

2. 作为非物质文化遗产的长安佛教

佛教文化修学游包括佛教物质文化和非物质文化两个方面。鉴于上述作为旅游名胜的长安佛教已经含盖了长安佛教物质文化遗存,因此这里主要介绍的是长安佛教文化的非物质文化内涵。除物质文化方面的重要地位和价值之外,长安佛教文化的非物质文化价值和意义更为明显和突出。

在中国佛教文化历史上,长安佛教有着极为突出的地位和价值。本文将其简要概括为以下几个方面:

第一,长安不仅是中国古代第一古都,还是北传佛教的译传中心。长安佛教在中国佛经翻译史地位上占有最为重要的一席。中国最为著名的佛经翻译家玄奘、鸠摩罗什二人都是在长安进行大规模的佛经翻译工作。正是他们二人的努力,将中国佛经翻译事业上升为国家的文化事业,进入"官译"的历史阶段。此外,中国佛教史上五大佛经翻译家中的另外二位义净、不空,也都曾长期在长安地区译经。著名的大雁塔就是玄奘大师从印度(古天竺)取经回来后,专门从事译经和藏经之处。

第二,长安佛教是中国佛教发展史上最为华丽的篇章。与我国其他地域佛教不同的是,长安佛教的内容几乎涵盖了唐五代之前的整个中国佛教史,是唐及此前中国佛教史的缩影。长安佛教不仅体现了佛教在中国以小乘为主、大小乘兼弘转向以大乘佛教为主的中国佛教,并完成"中国化"进程,而且还对此后中国佛教(北传佛教)的演变和发展产生了重大影响。在中国化佛教诸宗之中,有六七家与长安佛教有关。如三论宗、华严宗、法相宗、律宗、净土宗、密宗、三阶教等的形成与发展均与长安佛教有直接的关系。

第三,长安佛教高僧辈出。有学者依据梁、唐、宋三种《高僧传》的不完全统计，长期居住在长安的高僧大德共有 460 余人，占传记总人数的三分之一以上。如高僧道安、鸠摩罗什、玄奘、道宣、善导、法藏等都曾在长安弘法，是长安佛教"僧宝"的代表。

第四，长安地区还是汉唐时期中外佛教文化交流的中心。自汉迄唐，从印度、西域等地来华的传播佛教的高僧多以长安为首选目的地，从而使长安成为佛教入华的首传地区。特别在二秦、北朝和隋唐时期，中外高僧大德和学者们云集这里译经弘法。通过长安，中国佛教又东传至日本、朝鲜、韩国等东亚地区。时至今日，日韩等东亚诸国的佛教仍以中国长安时代的佛教文化形态为圭臬。因此，长安被尊为佛教的"第二故乡"。

长安佛教还十分注重学术研究，历代高僧大德在长安写下了无数的佛学著作。另外，长安还是儒佛道三教冲突与融合的前沿阵地，历史上由朝廷出面组织的"三教辩论"也多发生在这里。所以，长安佛教的历史有非常壮阔的场景和极为丰富的文化内涵。

不过，由于种种原因，长安佛教深厚的历史内涵和人文价值还远未为世人所周知。因此，从佛教文化旅游的角度来说，我们要特别强调作为精神文化遗产的长安佛教旅游资源的作用和价值，值得我们作进一步深入的发掘和探索。

3. 作为佛教信仰的长安佛教

一般来说，长安佛教文化的所有遗存，只要其中有佛菩萨造像，则无疑就是佛教信仰的象征，是佛教徒朝圣与修行的理想场所。但具体来说，一些特别具有神圣地位和宗教影响的长安佛教遗存对于佛教徒来说具有特别的吸引力。相对于佛像、法器等普通的佛教文物，佛陀以及得道高僧的真身舍利对于佛教徒来说更具有神圣的意义，对于普通游客来说也颇具神秘的色彩。

因此，庋藏有释迦牟尼佛真身舍利的法门寺是长安佛教信仰的象征，在广大佛教徒乃至普通游客心目中有着崇高、神圣的地位和神秘的吸引力，被誉为世界"第九大奇迹"。法门寺佛指舍利已应请至台港等地作过多次的供奉展出，在社会上产生了轰动效应。因此，它每年都吸引着大量的游客、香客前来瞻仰、礼拜。而为了更加安全、有效地保护和供奉佛门圣物佛指舍利，最近法门寺新建成了造型独特、气势恢宏、高达 148 米的"合十舍利塔"。

此外，长安城南的护国兴教寺内的玄奘舍利塔，是大唐三藏法师玄奘的墓塔所在地；草堂寺内的鸠摩罗什舍利塔等处也是为僧俗大众所共瞩目瞻仰的佛门圣地。

三、关于长安佛教文化旅游的开发探讨

如前所述,由于宗教信仰的因素,与一般的文化旅游行为相比,佛教文化旅游有着独特而鲜明的属性。因此,在开展长安佛教文化旅游时,应充分注重佛教文化旅游的特殊性与内在规律。只有充分发掘长安佛教文化的资源潜力和个性特色,充分照顾到宗教、旅游业各方以及游客、香客等的利益和信仰心理,才能使长安佛教文化旅游得到健康、正确的发展。

笔者以为,长安佛教旅游可定位为以都市佛教旅游为核心的佛教文化旅游。然而,就目前我国的佛教文化旅游的总体现状来看,的确还存在不少现实问题和矛盾,亟待我们去认识和解决。因此,开发长安佛教文化旅游,首先应注意处理好以下几个主要关系和矛盾:

1.旅游产业与宗教文化事业的矛盾。佛教名胜(圣地)首先是宗教场所,是佛教徒修行、弘法的地方,而非赢利机构。而旅游业则属第三产业,是以追求赢利最大化为目的的。佛教文化旅游并非将寺院商业化,应将寺院等宗教场所与围绕寺院而展开的经营性服务严格区分开来。虽然二者之间有着基本的差异,它们也有共同点,那就是在"社会服务"这一层面上是相同的。

2.社会效益与经济效益的关系。正是因为上述矛盾,我们在开发佛教文化旅游时,要注意社会效益与经济效益的结合。尤其在关于佛教文化旅游建设的绩效考核时,不能单纯以经济效益为标准。"宗教与社会主义社会相适应"、"和谐社会"应是我们首先要考量的因素。

3.僧人的出家修行与佛教景区经营管理的关系。修行与经营之间的矛盾是事业与产业的矛盾在宗教场所及其所在景区的经营管理方面的反映。作为佛教场所,应当避免寺院的商业化。同时,鉴于中国佛教寺院所处地理位置的特殊性及其功能的多样化,也不宜完全拒斥合理的旅游开发。

4.旅游开发与佛教文物保护的矛盾。很多长安佛教文化名胜同时也是重点文物保护单位。对文物古迹进行过度地开发利用,会加快文物古迹的老化、破坏乃至毁灭。此外,在宗教景区内开发旅游,进行基础设施建设,也极易造成环境的破坏及环境污染,从而丧失宗教场所的清静本色。然而,若开发得当,也有利于我们更好地保护好这些佛教文物。

因此,我们一定要在处理好上述问题和矛盾的同时,深入探索佛教文化旅

游的特点和规律。本文以为,开展长安佛教文化旅游,主要应遵循以下几个原则:

第一,特色性原则。特色是旅游产品开发的核心所在。作为旅游资源的长安佛教既具有中国佛教的一些共性方面,也具有长安文化的独特个性特征。在开发旅游时不能简单仿效其他地的佛教旅游的做法,而应注重发掘长安佛教的文化个性与特色,为游客提供种类丰富且能展现长安佛教文化特色的旅游产品和文化体验。

第二,体验性原则。传统的观赏性开发属于较低层次的旅游开发。随着人们消费能力的增强和审美需求的提升以及宗教旅游的特殊性,体验性旅游产品对于游客和香客来说显得更为迫切和必要。就长安佛教而言,素食、坐禅、听经、放生以及参加一些大型的佛教法会等,以体验出家人的日常生活,感受佛教文化的影响,对于普通游客来说无疑是颇具吸引力的。

第三,开放性原则。虽然中国佛教(包括长安佛教)属大乘佛教,有着鲜明的入世特征。但总体而言,传统佛教还是属于"山林佛教",出家修道、隐居山林的特色更明显一些。近现代以来,随着中国社会现代化、城市化进程的加快,"人间佛教"及佛教革新思想的提出,现代的开放性的"都市佛教"也应运而生。因此,在开发长安佛教旅游资源时,要解放思想、更新理念,扩大视野、大胆开发,使佛教旅游开发和弘法事业相得益彰。

第四,生态性原则。佛教倡导"护生"、"戒杀",历来注重保护生态。而且传统的佛教遗存也大多是绿树成荫、环境宜人,体现了人文景观与生态环境的和谐统一。因此,在开发长安佛教旅游资源时,应以佛教生态观为基础,坚持开发和保护相统一的原则,从而实现可持续性发展的目的。

上　篇

浙江宗教与文化旅游[①]

---

①　本篇内容原是在浙江省旅游局委托课题"浙江宗教文化旅游发展对策研究"的最终成果（研究报告）的基础上修订、扩充并完善而成的。该课题由原浙江省旅游局纪根立局长为课题组组长，傅建祥先生、杨建武先生为总协调，张家成、潘立勇、李峰等为课题组成员，张家成为课题执行负责人，并执笔课题报告。该成果的缩写稿曾以《浙江宗教文化旅游发展对策研究》为题发表于《人文旅游》第二辑（浙江大学出版社 2006 年 4 月出版）。在课题调研及撰写研究报告的过程中，我们曾得到原省旅游局党组成员傅建祥先生、省旅游局办公室杨建武先生、宁波市旅游局沈季民先生以及浙江省民宗委莫幸福先生、浙江省佛教协会副会长允观法师、杭州佛学院纪佩珍老师等各位大德的大力支持。浙江大学哲学系研究生李峰为本报告的完成做了大量的前期工作。在此一并致谢！

前　言

宗教,特别是中国传统宗教,不仅是一种信仰,而且是一种文化;很多宗教场所,不仅是宗教徒修行之地,同时也是文化旅游的名胜。宗教文化旅游历史悠久,是中国古代主要的旅游类别之一。古代的宗教文化旅游主要是以朝圣、取经和弘法为目的的旅游活动。然而,在今天看来,"宗教朝觐"只是宗教文化旅游的一个方面,而不是其全部内容。宗教文化旅游还应包括非宗教信徒前往宗教名胜的观光、修学和游憩活动。概而言之,凡是在宗教景区景点的旅游行为,都应归入宗教文化旅游。这是广义的"宗教文化旅游"概念,也是现代意义上的宗教文化旅游概念。

近些年来,随着"文化旅游热"的兴起,"宗教文化旅游"亦日益为旅游者所青睐。如今,从事宗教文化旅游的已经不再仅仅只是一些香客、宗教信徒的行为,宗教文化旅游作为文化旅游的一种特殊形式,与生态旅游、养生旅游等一样,保障传统文化的文化安全,已成为现代旅游业发展的一个重要趋势。甚至有人认为,在我国目前已经形成了一股"宗教文化旅游热"。① 浙江地处东南沿海,有着悠久而又灿烂的历史文化,是个"文化大省",有着丰富的宗教文化旅游资源,具有大力发展宗教文化旅游的优势条件;同时浙江省也是个"旅游大省",近几年来浙江旅游快速发展,已成为国民经济的支柱产业之一。需要说明的是,从宗教文化旅游的角度来说,上述文化旅游资源和优势主要体现在中国传统的佛教、道教及民间宗教,特别是佛教方面。因而,本课题讨论的重点也集中在浙江佛教文化旅游上,兼及浙江道教、民间宗教及其他宗教。

有鉴于此,对浙江省的宗教文化旅游的发展现状及其存在的问题进行调查和分析,并在此基础上提出发展战略与对策,无疑具有十分重要的现实意义。另外,鉴于国外宗教势力对中国的渗透日益严重,如何利用本土宗教文化资源

---

① 参见张一思:《浅析"宗教旅游热"与宗教文化传播》,《科技信息(学术研究)》2008 年 11 期;曹绘嶷:《剖析我国的"宗教旅游热"》,《旅游管理》2003 年第 5 期。

和爱国爱教的思想占领我国宗教文化和宗教信仰领地,保障传统文化的文化安全,已成为我国社会和文化思想领域一个十分重要的课题。因此,合理与有效地开发和利用本土宗教文化旅游资源,对于落实党和国家在宗教领域"反渗透"、实施"文化安全"战略也具有重要的社会意义。

本调研报告共分为五个部分。在对浙江省内的宗教文化旅游资源、宗教旅游开发现状及其潜力优势进行整理、发掘的基础上,针对目前浙江省宗教文化旅游的现状和存在问题,提出浙江宗教文化旅游的发展战略和对策建议。

一、资源篇

浙江宗教文化旅游资源的状况

"吸引力就是旅游资源",宗教文化旅游资源就是指对旅游者具有吸引力的、与宗教文化相关的各种事物和因素的总和。由于宗教文化是一个非常宽泛的概念,就旅游资源来说,作为历史文化遗产的浙江宗教文化旅游资源,既包括有形的物质文化遗产,如宗教的寺院、道观、佛塔、经幢、洞窟、石刻等,也包括无形的非物质文化遗产,如典章名物、信仰习俗、思维方式、价值观念及宗教徒的修行生活(坐禅、诵经、法会等)等等。当然佛教的物质文化与非物质文化常常是不可分割的,如宗教的经典文献、宗教艺术等。实际上,非物质的宗教文化遗产,往往正是通过物质的文化遗产得以传承下来。

浙江省现有佛教、道教、伊斯兰教、天主教、基督教等五大宗教以及颇具江南特色的民间宗教(信仰习俗),这些宗教均有其自身的历史、文化和群众基础。由于中国传统宗教主张"三教(儒道佛)合一",很多传统宗教文化资源常常是三教融合、并存不悖的。概括说来,浙江宗教文化旅游资源具有如下几方面重要特征。

1. 历史悠久

佛　　教　　佛教创立于公元前 6 世纪至前 5 世纪的印度,西汉末年传入中国。一般认为,佛教最早进入浙江省,是在东汉末年由著名佛经翻译家安世高等人传入的。三国吴赤乌年间(238—251)名僧康僧会为吴国孙权所建、位于海盐县澉浦镇茶院金粟山下的金粟寺,是为浙江省有佛寺之始,也是江南最古老的佛寺之一,迄今已有近一千八百年的历史。而在浙江地方志中甚至有在东汉末年建有佛寺的记载。据《光绪仙居志》载:东汉兴平元年(194)建"石头禅院"。

1985 年考古发现并确认其遗址就在今仙居县杨府乡石牛村。[①] 在两晋及南朝时期,浙江佛教得到广泛传播和迅速发展,杭州灵隐寺、宁波天童寺等海内名刹就是建于此时。隋唐时期,浙江佛教十分兴盛,其标志就是中国佛教宗派的成立。智顗(智者大师)在天台山创立天台宗;吉藏在会稽(今绍兴)嘉祥寺讲法,为三论宗创始人;禅门五支派中,曹洞宗创宗人之一洞山良价、云门宗创始人云门文偃、法眼宗创始人法眼文益,皆浙江籍高僧。五代吴越国及两宋时代,浙江一跃成为全国佛教文化的中心区域,日本、高丽僧人前来参学者数以百计。南宋宁宗嘉定年间,朝廷品评天下禅院"五山十刹","五山"均在浙江,"十刹"之大多数在浙江省境内。元、明、清时代,佛教从总体上走向衰落,但在江南特别是浙江,禅宗、天台宗、净土宗仍一直比较活跃,这一时期的浙江佛教与日本、韩国等东亚、东南亚国家的佛教文化交流十分频繁。近现代以来,中国社会变动频繁,佛教受到各种冲击,但仍有不少著名高僧如印光、敏曦、谛闲、月霞、太虚、圆瑛、弘一等长期在浙江地区弘法。可见,浙江佛教不仅历史悠久,而且影响重大,宋以来一直是中国佛教文化最繁荣发达的地区。所谓"东南佛国",实际主要就是指唐五代以来深受佛教文化影响的浙江地区。

道 教 道教创立于东汉时期。东晋南朝时,五斗米道在浙江兴盛,王公贵族奉道者甚众,如会稽山阴王氏(王羲之家族)世代皆奉行五斗米道。唐代著名道士司马承桢(655—735)曾在天台山玉霄峰隐居多年,修道著述;唐代著名诗人、道学家施肩吾亦出生于杭州市郊的桐庐境内,他同时也是杭州地区历史上第一位状元。唐末五代著名道士杜光庭(浙江缙云人)编录的《洞天福地岳渎名山记》(一卷)所列宇内"洞天福地","十大洞天"中浙江有三,分别是:第二委羽山洞,在台州黄岩县;第六赤城山洞,在台州唐兴县(今天台县);第十括苍山洞,在处州乐安县(今仙居县)。"三十六小洞天"中浙江有十,"七十二福地"中浙江有十六。宋时临海人张伯端在台州创立道教南宗。温州人林灵素为宋徽宗宠信,开创道教灵霄派。金、元两朝,道教逐渐形成全真、正一两派,两派在浙江都有传播。明清以后,道教逐渐转衰。近代以来,由于社会动荡,道教受各种冲击,信众减少。浙江历史上曾有道教宫观数百座,到近现代时大多数已不存。至新中国建立后,开放活动的宫观仅有数十处。

伊斯兰教 伊斯兰教创立于公元 7 世纪的阿拉伯半岛,7 世纪中叶由阿拉伯和波斯商人传到中国。唐贞观年间,在杭州建立凤凰寺,这是我国最早的清

---

① 参见《仙居县志》,浙江人民出版社 1987 年版,第 464 页。

真寺之一。宋元明时,浙江各地渐有穆斯林迁入并定居。清及本世纪初以来,随着大批伊斯兰穆斯林相继进入浙江,使杭州、嘉兴、衢州、宁波、温州等地伊斯兰教得到了发展,在这些地方都有清真寺。浙江省现有 4 处清真寺开放活动。据 1995 年统计,全省信仰伊斯兰的信徒约有 8000 余人。

　　天主教　天主教也称"罗马公教",是基督宗教的主要宗派之一,创立于公元 1 世纪。元代时就已经传入浙江。明朝万历年间,耶稣会士郭居静、金尼阁等到杭州传教,接着葡萄牙传教士到杭州、宁波、衢州、兰溪等地传教,并于 1661 年在杭州建立第一座天主教堂。清康熙以后一度遭到禁止。鸦片战争后,天主教传播迅速,各主要城市都建有教堂。1946 年罗马教廷将中国改为"圣统制",建有"浙江教省",下辖杭州总主教区,宁波、台州、丽水、温州四个主教区。到 20 世纪 90 年代中期,全省有杭州、宁波、温州、台州四个教区,天主教堂数百余处,教徒 13 万人。

　　基督教　基督教也称耶稣教、新教,为 16 世纪宗教改革运动中脱离天主教而形成的新宗派。1807 年传入中国,鸦片战争以后传入浙江各地。到 1949 年前,传入浙江省的有 25 个教派,两个教会团体(男、女青年会)、5 个教会培训机构,有教堂 1714 所,牧师 143 人,传道人员 465 人,教徒 27 万余人。到 90 年代中期有教堂、活动点数千个,教徒 116 万人。[①]

　　除上述五大宗教以外,从历史上看,在浙江传播的还有摩尼教、白莲教、斋教等众多的民间宗教及土地神、关帝、财神等民间信仰习俗。不过,时至今日,上述宗教大多已不复存在。值得注意的是,中国传统宗教具有典型的"三教合一"之特征,这一特征在我国民间主要表现为佛菩萨与道教神仙、儒家圣贤、关帝、土地神等常常是共处一室,三教不分;另一方面,与国内其他地方的民间信仰一样,浙江的民间宗教与"庙会"等民间风俗习惯以及社会经济结合非常紧密(如"香市")。从宗教文化遗存的角度来看,浙江境内拥有众多的孔庙、城隍庙、关帝庙、财神庙、胡公庙等,亦为十分重要的民间宗教旅游资源。

2. 类型众多

　　浙江宗教文化悠久的历史,也留下了内涵丰富、类型及数量众多的文化遗产,构成了今天我们开展文化旅游的重要资源。按照今天我们对文化遗产的基

---

　　① 由于种种原因,最新的浙江宗教的相关数据尚无法统计。以上数据为 20 世纪 90 年代中期的概况,见"浙江档案网"。http://www.zjda.gov.cn/archive/platformdata/infoplat/pub/archivesi_12/docs/200708/d_33005.html

本分类,可以将这些宗教文化遗产分为有形的物质文化遗产和无形的非物质文化遗产。

在无形的宗教资源方面,浙江省有着丰富灿烂的宗教文化遗产:佛教、道教、天主教、基督教、伊斯兰教等五大宗教在浙江都有传播和影响,其中尤以佛教、道教最为突出。尤其是佛教,中国汉传佛教八宗(天台宗、禅宗、净土宗、三论宗、密宗、律宗、华严宗、唯识宗)在浙江都有传承;此外,三门县多宝讲寺也已成为江南藏传佛教胜地。而道教中的全真、正一两大派别,在浙江也都有传播。另外,地处江南的浙江还拥有数量众多、特色鲜明的民间宗教文化资源。

浙江有形的宗教资源(遗址)更是类型齐全、数量众多。既有宗教名山、名寺(庙、观及教堂)等,也有佛塔(经幢)、洞窟、石刻造像等等的遗存。根据粗略统计,现在浙江省共有宗教活动场所(包括正式登记的开放场所和保留、临时登记的宗教活动场所)1 万多处,①其中佛教、基督教为数最多,道教次之,天主教又次之,伊斯兰教最少。当然,上述宗教活动场所中可资文化旅游开发的,只能是其中的一部分。而且,除了宗教活动场所(寺观堂庙)之外,浙江省还有众多的佛塔、佛教石刻、宗教名山、洞窟等旅游资源。

从文化旅游角度来说,根据我们对浙江省各地旅游管理部门进行的调查统计,浙江省现有佛教旅游资源(包括寺院以及庵、佛塔、佛教石刻洞窟等)有 1004 处,道教旅游资源(道观、道教名山及道教洞、宫等)有 265 处,民间宗教资源(主要指城隍庙、孔庙、财神庙等民间信仰活动场所)228 处。② 在上述宗教资源之中,佛教资源所占比重最大,也最具有文化旅游价值。

3. 影响重大

历史悠久、类型丰富的浙江宗教旅游资源在知名度和影响力方面,不仅国内公认,而且具有国际性的影响。以下主要从有形的宗教文化遗产(存)和无形的宗教文化遗产两方面略作介绍。

(1)无形宗教文化遗产的历史影响

作为无形的宗教文化遗产的浙江宗教,特别是浙江的佛教非常发达,在历史上具有重要的地位和影响。

第一,五代吴越国以后,特别是南宋以来,以江浙一带为中心的江南一带,是中国佛教文化最为兴盛的地区。杭州则成为江南佛教的中心,被誉为"东南

---

① 数据来源:浙江省民宗委网站"浙江宗教概况"。http://www.zjsmzw.gov.cn/n/0601-92.html
② 数据来源:《浙江宗教文化旅游调查表》。

佛国"。

第二,浙江佛教宗派发达。特别是浙江的禅宗、天台宗和净土宗(此三宗是宋元以后中国佛教的主流)在全国有着举足轻重的地位和影响。源于浙江天台山、由智者大师创立的天台宗是第一个中国化的佛教宗派;而禅门中影响最大的临济、曹洞宗及法眼宗、云门宗都曾在浙江十分盛行。特别是禅宗,南宋时评定天下"禅院五山十刹",结果"五山"(即余杭径山寺、杭州灵隐寺、杭州净慈寺、宁波天童寺、宁波阿育王寺)全部在浙江,而"十刹"之中浙江则据其六(杭州中天竺法净寺、湖州道场山万寿寺、奉化雪窦山资圣寺、温州江心寺、义乌云黄山宝林寺、天台山国清寺)。

第三,浙江佛教的重要地位还体现在对外文化交流方面。中国佛教诸宗,如三论宗、天台宗、曹洞宗、临济宗等都是从浙江传到日本,韩国(朝鲜)的天台宗、华严宗、律宗、法眼宗也是由浙江传入的。至今,日本天台宗以天台国清寺为祖庭,日本曹洞宗以宁波天童寺为祖庭,日本临济宗则认杭州余杭径山寺、杭州临安西天目山禅源寺为祖庭。

图 1 天台山国清寺山门

(2)有形宗教文化遗产的实用价值

而就目前浙江省现有的有形的宗教文化遗产(存)来说,尤其是浙江的传统宗教文化遗产(存),在全国及省内的地位均十分重要。主要表现为以下几方面:

首先,具有较高的观赏游憩使用价值。在浙江省现有的十一处"国家级重点风景名胜区"当中,就有多处与宗教直接有关:普陀山(四大佛教名山之一,其影响是国际性的),天台山(天台宗起源及国清寺所在地),雪窦山(有"第五大佛教名山"之称),为佛教圣地;金华双龙景区(道教第三十六洞天)、仙都(相传是黄帝升天之地)则与道教文化密切相关;而在浙江省 32 处"省级风景名胜区"

中,与宗教文化旅游有密切相关的就有新昌大佛寺风景名胜区、金华九峰山—大佛寺风景名胜区、永康方岩风景名胜区(内有著名的胡公庙)、道教胜地烂柯山、古代佛学活动中心和道家名山新昌沃洲湖风景名胜区、传为轩辕黄帝幼女修真得道处的仙华山风景名胜区、道教胜地瑞安仙岩、古代佛道教胜地长屿硐天风景名胜区等多处。我们还不难发现这样一个比较普遍的现象:在浙江乃至全国众多的风景名胜区内,在历史上都曾建有众多的寺、庵、宫、观等人文景观。这些,实际上也都构成了我们今天宗教文化旅游的重要内容。

其次,具有较高的历史文物价值。至 2006 年 5 月止,在浙江宗教文化遗产(存)中,有 24 处已被列为全国重点文物保护单位。它们分别是:杭州六和塔、杭州飞来峰造像及西湖南山造像、杭州闸口白塔、杭州宝成寺麻曷葛剌造像、杭州梵天寺经幢、杭州凤凰寺(伊斯兰教清真寺)、临安功臣塔;宁波保国寺、宁波天童寺、宁波阿育王寺、宁波天宁寺大殿、江北天主教堂;金华天宁寺大殿、金华法隆寺经幢、武义延福寺、天台国清寺;湖州飞英塔;盐官海塘及海神庙,海宁安国寺经幢;丽水时思寺、松阳延庆寺塔、衢州孔氏南宗家庙、湖镇舍利塔;普陀山多宝塔、舟山法雨寺等 24 处,接近浙江省全部 129 项国家级重点文保单位的五分之一。另外,浙江宗教旅游资源中被列为省级文物保护单位的有 75 处,也超过已公布的 362 处省级文物保护单位的五分之一。①

第三,在宗教界具有十分独特的地位和影响。

佛 教 浙江佛教拥有众多的佛教名刹、祖庭以及宗教圣物,在珍稀奇特程度方面也是十分突出,在宗教界具有重大影响,从而构成宗教文化旅游吸引力的重要方面。

名刹与祖庭:在汉族地区佛教一百四十二座全国重点开放寺院中,浙江省有 13 处。它们是:杭州市灵隐寺、净慈寺,宁波市七塔寺、天童寺、阿育王寺,新昌县大佛寺,普陀山的普济寺、法雨寺、慧济寺,天台县国清寺(包括智者塔院)、高明寺、方广寺,温州市江心寺等。在国内各省,这一数量仅次于福建省的 14 处。浙江省内不少佛教寺院同时还是各宗派的祖庭。除天台山国清寺为天台宗祖庭,宁波天童寺为曹洞宗祖庭,杭州余杭径山寺、天目山禅源寺为临济宗祖庭之外,其他还有:三论宗祖庭绍兴秦望山嘉祥寺(现仅存遗址),法眼宗祖庭杭州净慈寺,净土祖庭杭州云栖寺、安吉灵峰寺,律宗祖庭杭州昭庆寺(全国三大天然戒坛之一)等等。这些佛教祖庭。不仅在国内佛教界占有重要地位,而且

---

① 本节相关数据参见国家文物局网站:http://www.sach.gov.cn/;浙江文物网:http://www.zjww.gov.cn/fwxx/unit_more.jsp? level=2&city=01

在海外也有深远的影响。

　　观音道场：舟山普陀山"以山而兼海之胜"，同时也是著名的观音菩萨道场，就其影响而言，实居国内四大佛教名山之首。在我国古代曾有"家家观音、户户弥陀"之说，作为观音道场的普陀山，在中国人心目中有着不可替代的地位和作用。此外，杭州的上天竺法喜讲寺、中天竺法净禅寺及三天竺法镜寺（俗称三天竺），以及湖州铁佛寺，也是我国著名的观音菩萨道场。杭州天竺三寺的观音信仰，

图 2　第二届普陀山南海观音文化节开幕式

至今在江浙一带民间仍有深远的影响和重要的地位。每至春季，江浙一带的香客络绎不绝来此进香——此即源于明清时期的"天竺香市"。另外，奉化雪窦山还是弥勒菩萨道场，有"第五大佛教名山"之称；济公活佛（罗汉）道场则在净慈寺；临安西天目山禅源寺则有"韦陀道场"之称。

　　宗教圣物：作为旅游吸引物，宗教文化旅游的一个重要方面就是宗教圣物。如独特的佛像、佛舍利等，就构成了游客（香客）开展佛教文化旅游的旅游吸引力。宁波阿育王寺的佛顶骨舍利，这也是中国境内现存的三大佛真身舍利之一（另二处佛舍利分别为法门寺佛指舍利和北京八大处的佛牙舍利）。阿育王寺的佛顶骨舍利在国内最早被发现（282 年），且在历代无不为佛教界及帝王贵族所重，参礼者犹如云涌，络绎不绝。此外，浙江还有于 2002 年发现的雷峰塔地宫的佛螺髻发舍利，也是十分珍贵。新昌大佛寺的大佛、灵隐飞来峰的大肚弥勒佛、普陀山的观音菩萨立像等都是闻名海内外的佛门圣物，吸引了众多的游客。

　　道教　　浙江省内洞天（道教名山）众多，在历史上高道辈出。全国十大洞天，浙江占有三；三十六小洞天，浙江占有十；七十二福地，浙江占十八。目前，浙江仍然有众多的道教文化遗迹，具有较高的文化内涵及旅游开发价值。杭州抱朴道院即为我国现有的二十一座重点道观之一。杭州市区的吴山城隍庙、玉皇山福星观、黄龙洞、余杭区大涤山洞霄宫，湖州南郊金盖山麓的古梅花观，嵊

州的金庭观(第二十七洞天),金华的双龙洞、金华观、黄大仙祖宫,温州永嘉大
若岩、瑞安的仙岩(第二十六福地),衢州的烂柯山(第八洞天,七十二福地之
一),台州的赤城山、天台桐柏山的桐柏观(号称中国道教南宗的祖庭)、仙居的
括苍洞(第十洞天),青田的太鹤山(第三十洞天)、石门洞等等道教宫观都有较
高的知名度和历史影响。这些道教遗址不仅历史文化内涵丰富,而且景致十分
优美。

其他宗教 杭州的凤凰寺除了较高的文物价值之外,还是我国伊斯兰教四
大古寺(另三处为扬州的仙鹤寺、泉州的麒麟寺和广州的狮子寺)之一,在阿拉
伯国家中也享有盛誉。衢州的南宗孔庙,为孔府二大家庙之一。另据有关专家
研究,在东南沿海及东南亚地区十分流行的"妈祖信仰"中,"妈祖初次封神可能
源出镇海"。① 民间宗教中的永康方岩胡公庙、杭州北高峰财神庙(灵顺寺)、青
田清真禅寺等,在省内外乃至国外,都有较高的知名度,每年都会吸引大量游客
(香客)前来进香。

---

① 参见《"妈祖封神,源出镇海!"》,载《宁波晚报》2003 年 8 月 7 日。又见:宁波文化网 http://
202. 107. 212. 146/homepage/page010-01-01-01. php? id=1060305018&theme=1

二、现状篇

浙江宗教文化旅游资源的开发利用现状

新中国建国以来,浙江宗教文化旅游资源的开发利用方面,虽然也经历过不少曲折,走过不少弯路,但总体而言,呈现出良好的发展状况。具体可概括为"起步较早、发展迅速、形式多元、贡献巨大"四个方面。

1. 起步较早

新中国成立之初,浙江地区仍是寺观林立。以佛教为例,杭州有寺庵 607 座,僧人 1136 人;温州有寺庵 990 座,僧人 1946 人;宁波有寺庵 2456 座,僧尼 4724 人。然而由于战争及年久失修,许多寺庙破败不堪。当时,我国政府对宗教界进行了清理和整顿,特别是在土地改革运动中,一些规模较大的寺庙,将田产归公。如杭州灵隐寺的百亩田产归公还农,西天目山禅源寺的森林和田地一万三千多亩尽归国有。同时,政府还十分重视宗教建筑的修复工作,在财政十分困难的情况下,拨款整修了部分名刹。1953 年 3 月,在周恩来总理指示下,浙江省委批拨黄金 96 两、拨款 90 万元,对灵隐寺进行了建国后的第一次大修,并于 1955 年 4 月竣工,对外开放。杭州伊斯兰教凤凰寺因殿身倾斜,也于 1953 年由政府拨款新建混凝土框架结构。这也是该寺建国后的第一次大修。此外,杭州净慈寺、温州江心寺、宁波阿育王寺等名刹也进行了较大规模的整修。浙江宗教文化旅游也就在这样的背景下开始起步,并一度出现了繁荣的景象。1953 年 3 月 1 日,名僧虚云老和尚应邀来杭州净慈寺主持"祝愿世界和平法会",数以万计的群众参加法会,一时轰动全国。来自藏传佛教、云南上座部佛教以及其他地区少数民族宗教代表团纷纷来浙江杭州、宁波等地参观礼佛。1955 年,灵隐寺方丈大悲和尚等率"佛牙(佛舍利)护送团"至东南亚各国巡展——这是新中国历史上第一次佛舍利赴国外供奉展出。第二年,大悲和尚又受国务院之命至北京广济寺,负责接待国外佛教代表团,受到外宾的好评。

　　然而,由于极左思潮的干扰和影响,此后不久,特别是在"文革"中,除了少数民族地区以外,浙江宗教与国内地其他地方一样,遭受了一场劫难:大量的寺庙(观堂)及经、像等被毁,僧人被迫还俗,一切宗教活动被迫停止,宗教文化旅游也随之步入低谷。然而,即使是在"文革"时期,浙江省内仍有不少宗教旅游资源得以幸存。例如,由于周恩来总理的指示以及杭州本地的大学生和工人农民的自觉保护,杭州灵隐寺及整个灵隐景区的大部分文物得以幸免于难并保存下来。1973年,鉴于国清寺的宗教影响力在国际交往中的特殊作用,周总理顶着政治压力,亲自审批文件,拔巨款修复国清寺,使之成为我国在"文革"中修复的第一座寺院。而灵隐寺也在1975年11月开始第二次全面整修。

2. 发展迅速

　　"文革"结束以后,特别是改革开放以后,随着宗教政策逐渐落实和旅游业的兴盛,浙江宗教文化旅游也步入了快速发展轨道。目前,全省共有可统计信徒180多万人,宗教教职人员2.5万余人,宗教活动场所1万多处,省市县三级宗教团体225个,宗教院校4所。①

　　(1)相关法规陆续出台　在大力发展旅游和宗教信仰自由的背景下,一系列有关宗教、旅游的法规法律相继出台:1989年,国家税务局发出《关于对宗教活动场所的门票收入特案免征营业税的通知》;1994年,国务院颁布《宗教活动场所管理条例》;1994年,国务院出台《中华人民共和国境内外国人宗教活动的管理规定》,而最新的《宗教事务条例》已于2005年3月1日起正式施行。同时,浙江旅游业也由小到大,到1998年,浙江省委省政府已明确将其作为国民经济支柱产业。在2000年12月省委通过《浙江省建设文化大省纲要》中,也明确将旅游业作为重点培育和发展的文化产业门类。这些都为发展浙江宗教文化旅游提供了日趋自由、开放的政策环境。由此,新时期的浙江宗教文化旅游发展异常迅速。

　　(2)宗教场所迅速恢复　从寺院(寺观教堂)的恢复、重建的情况来看,改革开放以来,全省各地著名的寺观教堂已全部恢复为宗教活动场所,并先后进行了大规模的整修。就佛教而言,灵隐寺、净慈寺、上中下三天竺、阿育王寺、天童寺、七塔寺、雪窦寺、国清寺、江心寺、大佛寺、普陀山三大寺等享誉中外的名刹相继修复并对外开放。一般的宗教场所,也大多收回,并逐步走上正常化。而

---

① 　数据来源:浙江省民族宗教事务委员会网站 http://www.zjsmzw.gov.cn/n/0601_92.html

整修或重建所需资金，也从一开始主要依赖政府拨款，到现在已经完全可以依赖自身的力量（香花券、功德金）进行。

　　（3）游客人数逐年增多　改革开放以后的浙江宗教文化旅游，尤以杭州、舟山、天台等地发展最为迅速，游客人数逐年增多。以杭州为例，开放后的灵隐寺及三天竺景区香火十分兴盛。如，自 1979 年至 1984 年，灵隐景区（包括灵隐寺及三天竺）游人香客年均接近 15％ 的幅度增长，1984 年就已达到 530 多万人次，这一数字已接近饱和状态。此后，灵隐景区的香客游客一直稳定在 500 万人次，在杭州市区各收费景区（公园）中一直高居榜首。据统计，2003 年杭州市灵隐景区寺院共接待香客总人数为 570 万人次。① 原来的灵隐及天竺三寺，"三冬

图 3　灵隐寺大雄宝殿

靠一春"，只有春秋香市，如今常年香客游人如织，多时一天接待达五六万人。而每年 12 月 30 日，尤其是农历除夕及年初，到灵隐"烧头香"者人山人海，盛况空前。以至于虽然票价每张高达 200 元，仍不得不限制人数。因此，在介绍我国禅宗文化的一本比较经典的著作《禅宗三百题》②中，辟有专节"灵隐寺为什么总是朝香者甚众"予以介绍。

　　（4）品牌效应初步显现　改革开放以来浙江宗教旅游快速发展，逐渐形成了闻名国内乃至世界上的几个重要品牌：如"海天佛国"普陀山，杭州灵隐寺及"天竺香市"，天台国清寺，新昌大佛寺等。这些著名的宗教名胜，实际上也成了这些地方最重要的旅游目的地之一，从而带动了当地整个旅游经济的发展。如灵隐寺、净慈寺及三天竺是闻名遐迩的佛教名刹，也是一般游客到杭州后必游的景点之一。可以这样说，没有到过灵隐寺，也就等于没有到过杭州；没有到过国清寺，就没有到过天台。离开了这些宗教名胜，很难设想上述地区的旅游经济将会是什么样的情形。

---

　　①　数据来源：《浙江宗教文化旅游调查表》。

　　②　参见黄夏年主编《禅宗三百题》，上海古籍出版社 2000 年版，第 602—605 页。

3. 形式多元

随着宗教文化旅游的逐渐升温,当代的浙江宗教旅游在形式上也不再局限于传统的参观游览,而是推陈出新,呈现形式多元的发展趋势。以下列举若干。

(1)举办"宗教文化节":2003年11月与2004年11月,普陀山与金华已分别成功举行了二届"中国普陀山南海观音文化节"和"国际黄大仙文化旅游节"。在浙江举办的两次宗教文化节庆活动,在国内也属于起步较早,而且具有一定的影响。此后不久,国内"四大佛教名山"的五台山、九华山也相继举办了类似的宗教文化节。

图4 杭州上天竺定本法师在
方丈室为来访者说法

(2)"修学游"的出现:在浙江省佛教界,有若干位在教内外均有影响较大的高僧大德,如杭州灵隐寺木鱼方丈(已圆寂)、上天竺定本方丈等在教内外德高望重,不少人(包括教内外)就是本着修学的动机慕名前往所在寺院参访问道。浙江三门县多宝讲寺现已成为江南地区最大的藏传佛教(黄教)寺庙,则与该寺住持智敏上师的影响力有关。

(3)纪念法会及佛学研讨:1986年是"世界和平年",浙江各地寺院响应联合国世界宗教和平会议的倡议,举行了"祈祷世界和平法会";此后法会形式便在佛教界十分流行,这些活动虽然多在教内范围举行,却具有广泛的社会影响。此外,以杭州市佛教协会、杭州市宗教研究会主办的"吴越佛教"系列学术研讨会以及首届世界佛教论坛在杭州、舟山的成功举办,以佛教文化研讨为内涵的会务旅游的品牌效应和社会效应也逐渐显现。

(4)宗教文化旅游与商务旅游的有机结合:传统的"庙会"是中国传统宗教旅游的重要形式之一,也体现了宗教旅游与商务旅游的有机结合。在浙江省内的温州、衢州、丽水及宁波象山、北仑等地区,举行庙会仍是当地宗教文化旅游的主要形式。

对于传统佛教道教以外的其他宗教(如伊斯兰教、基督教)来说,宗教旅游与商务活动关系密切。如近几年,在义乌的阿拉伯商人越来越多,为了给在义乌经商的穆斯林提供一个合适的礼拜场所,当地市政府拨款专为穆斯林辟了一个占地 550 平方米的礼拜场所,并计划在义乌建清真寺。这也是随着经济全球化时代的到来,浙江省外向型经济发展的必然结果。

4. 贡献巨大

浙江是个旅游大省,旅游业在国民经济中所占比重较高。在省内很多地方,快速发展的宗教文化旅游在旅游业中贡献巨大,从而对于本省社会经济的地位和作用也日益显著。

(1)所占比重显著增加　在省内不少地区,宗教文化旅游在当地旅游业中承担着最重要的角色。普陀山的佛教文化旅游是舟山地区旅游业的支柱;在天台县,国清寺与天台宗实际上成了带动天台旅游的龙头;新昌县,则由大佛寺景区带动了整个新昌旅游业进入一个新台阶。甚至在杭州市,灵隐寺等宗教景区的旅游无疑也在杭州旅游中占到相当重要的地位。上述地区的旅游吸引物以宗教文化为主,而且,在游客中香客的比例很高。据有关业内人士估计,在天台县和普陀山,前来进香的香客数量几乎占到所有游客人数的一半。因此,上述地区宗教文化旅游给地区 GDP 所作的贡献也是巨大的,从而也对这些地区的社会经济中产生了相当大的影响。

(2)直接经济效益显著　因缺乏完整的统计数据,这里仅举若干例子予以说明。据有关部门统计,2003 年在全省各个宗教景区的游客人数,以杭州灵隐景区为最,2003 年全年达到 570 万。如果以每人购买门票 25 元(灵隐景区门票)计,仅此一项收入就超过一亿四千万元。需要说明的是,第一,游客人数的统计,主要是针对外地游客,若加上其他佛教节日期间的江浙、杭州本地的香客(多为寺院年票或免票)的话,那么其数量还要高出很多。此外,除景区门票外,灵隐寺寺院门票以及其他的旅游消费额,则当远远超过这一数字。而 2003 年普陀山接待游客 183.7 万,虽然绝对数量较杭州要少,但普陀山游客香客人数增长也十分迅速,仅 2004 年上半年游客香客人数就达到了 116.9 万。以每人门票 100 元计,仅门票一项每年就达到 2 亿元。

(3)相关产业带动明显　除了直接的经济效益外,宗教文化旅游在当地经济部门中所起的重要作用,还通过宗教文化旅游对相关产业的带动体现出来。一方面,宗教文化旅游直接带动了与宗教文化(仪式)相关的其他行业,如宗教建筑、佛(神)像法器雕刻与制造,香烛、纸箔以及宗教文化旅游纪念品工艺品的生产制造等行业也同时兴起。另一方面,从其对外围的影响来看,由宗教文化旅游所带动的酒店、餐饮、交通、工艺纪念品等行业对当地社会经济的贡献更是不可估量。在普陀山,当地的相关产业完全是由宗教文化旅游所带动;而在天台、新昌等地区,由宗教文化旅游所带动的相关产业也占有相当大的比重,是当地社会经济的支柱产业之一。

(4)和谐社会意义重大　发展浙江宗教文化旅游,特别是传统宗教文化旅游,还有其独特的构建和谐社会之功能。佛教提倡"诸恶莫作,众善奉行",其戒杀、护生及慈悲的宗教伦理,对于净化人心、稳定社会、保护生态、促进和平都有着积极的社会意义。在发展海峡两岸民间交往,促进和平统一方面,浙江宗教文化的意义尤为显著:奉化是蒋介石的家乡;台北也有一座"慧济寺",是普陀山慧济寺的分院(下院),它与普陀山观音道场法脉相连,同根同源。此外,宗教文化旅游对促进国际交往,开展"文化外交"也具有重大意义。在历史上,中外文化交流(特别是对日本、韩国的文化交流)大多首先是经由宗教文化进行的。当年周恩来总理重视对宗教场所的保护,其中一个重要因素就是重视宗教文化在国际交往中的不可替代的独特作用。这一作用至今仍然十分明显。

(5)各宗教之间贡献不同　就宗教文化旅游对社会经济的贡献来说,各大宗教的地位和作用是不同的。从有关活动场所及信众数量的统计数据来看,基督教与佛教是目前浙江规模最大的两大宗教。特别是基督教,在我国城乡各地都有快速发展,尤其是在农村地区发展极快。然而,基督教、天主教信仰比较纯粹,其教堂主要是当地信众的宗教活动场所,其对于宗教文化旅游的促进作用(特别是吸引外地游客、海外游客)是十分有限的。浙江伊斯兰教的信众及清真寺数量最少,但由于历史的原因,一些清真寺具有一定的文化旅游内涵。而且,伊斯兰教旅游还表现为与商务旅游的密切结合。因此,从总体来说,发展浙江宗教文化旅游,应该以中国传统的佛教、道教及民间宗教,特别是佛教为主。

需要说明的是,虽然目前浙江宗教文化旅游的发展现状良好,但资源的潜力和优势还远未充分合理得到开发利用,而且地区之间冷热不均,差异很大,发展态势不容乐观。同时,还存在着不少亟待解决的问题。如在具有丰厚的宗教(佛教)文化旅游资源的宁波市,在20世纪八九十年代,宗教文化旅游快速发展,海外人士及佛教徒前来宁波参拜佛寺、寻访祖庭者络绎不绝,特别是1984年以来日本曹洞宗所办的鹤见女子高等学校,每年组织900余人来天童寺参学,在日本曹洞宗信徒中出现了寻访祖庭热。这一时期宁波四大寺(天童寺、阿育王寺、七塔寺、雪窦寺)接待的海外客人占同期来甬外宾的80%。然而,此后十多年,宁波佛教文化旅游却出现了发展停滞,甚至萎缩。每年来天童寺参拜的日本游客几乎仅局限于占日本曹洞宗信徒20%的永平寺大本山所属寺庙的信徒。在天台也是如此。2004 年 5 月,中、日两国天台宗信徒相聚天台山国清寺,共同举行"日本最澄大师入唐求法 1200 年"纪念活动,参加者仅 200 人,不及参加 1997 年纪念活动人数的 10%。另外,在浙江的湖州、嘉兴、金华等地区,不少宗教文化旅游资源仍然处在近乎闲置状态。如位于湖州市南郊五公里的千年名刹道场山万寿寺,曾是南宋天下禅宗十刹之一,且山中风景秀美幽静,虽然业已修复开放,然而寺内香客居多,游客偏少,与其历史地位远不相称。

三、潜力篇

浙江宗教文化旅游的潜力及优势分析

相比一般的观光旅游,宗教文化旅游属特种旅游,有其独特的市场属性。宗教文化旅游的比较优势,结合丰富的浙江省宗教文化资源,以及庞大的国内外信众群体,再加上浙江良好的宏观经济背景和丰富的旅游业管理运作经验,共同构成了发展浙江宗教文化旅游的潜力优势。

1. 宗教文化旅游的比较优势

与一般的旅游行为不同,宗教文化旅游具有长期性、客源稳定、复游率高等市场特性;而且宗教教义(特别是佛教、道教)的生态观也有利于宗教文化旅游的可持续发展。

首先,宗教文化资源的吸引力具有长期性的特点。宗教文化的传播和发展不是一种短期行为,而是经过长期的与民众心理、习惯、生活不断调适过程,逐渐成熟和完善起来的,所以其吸引力也是长期存在的。也就是说,作为一种旅游产品,宗教文化资源不像其他资源和产品风行一段时间之后,容易过时,相反,只要开发得好,它就像陈年老酒一样,越陈越香,越久越增值。因此,一旦宗教文化旅游的氛围形成,其生命周期和持续性往往也是很长的。

其次,宗教文化旅游的客源稳定,复游率高。其游客群多是本着对某种宗教的一定程度的信仰和崇拜,或者至少是抱着一种对宗教的神秘或好奇心而来,而不是纯粹寻求一种感官的感受,体会新奇,所以一般来说其复游率很高,而且客源也相当的稳定。如基督教徒的礼拜,伊斯兰教穆斯林的朝觐,佛教徒的进香,都是一种经常性的宗教行为。

第三,宗教文化旅游的生态化趋势。在我国,"天下名山僧占多",与自然环境相协调的寺观等宗教景观,原本就与自然环境有着良好的互动。而宗教本身的教义(尤其是中国的佛教与道教)则为维护生态平衡、保护环境、合理开发、长久维护等提供了很好的保障,由宗教旅游所造成的环境效应也不可忽视。而且,相比起其他的旅游方式,宗教文化旅游对于环境的重新治理的成本也要低得多。因而其市场潜力巨大,发展前景广阔。

2. 浙江宗教旅游资源的独特优势

如前所述,浙江有着丰富的宗教文化旅游资源。这些资源有着其独特的内涵和渊源,其价值的独特性决定了无法被仿制或被取代。从全国范围来说,浙江宗教文化旅游的资源优势十分明显。然而资源优势还只是一种潜力,并不等于产品及市场优势,还须有待人们去深入发掘。关于资源优势的详细内容,详见本书首篇。

3. 国内信众优势

如果将宗教文化旅游的主要目标市场(信众,即游客群)进行细分,大致可分成如下几类:

	教内	教外
国外	a 信徒(包括教职人员) 如:日韩天台宗、曹洞宗信众	c 游客、香客 如:华侨华人及对东方文化感兴趣的其他海外人士
国内	b 信徒(包括教职人员) 如:居士朝礼团体、佛学院的出游、僧人的参学	d 游客、香客 如:逢年过节到寺院烧香、撞钟的民众

在我国及浙江省,发展宗教文化旅游,还有着明显的信众优势。

第一,从世界范围看,信奉宗教现象非常普遍。据统计,2000年全球信奉宗教的人口约为 51 亿多,占到全部人口的 85％。[1]

其次,在我国,自实行改革开放及落实宗教政策以来,经过二十多年的发展,宗教信众增长很快。一般说法是,目前我国有信奉宗教人口一亿多。但从所占人口比例来说,还不到全部人口的 10％。这里有历史的原因。然而,我国是世界上人口最多的国家,我们应该对未来我国宗教人口的增长有个清醒的估计。浙江省现有基督教徒 130 万人,天主教徒 15 万,伊斯兰教徒 2 万。因种种原因,目前国内及本省均无关于佛教与道教信徒的统计人数。

---

[1] 转引自王作安《当今国际宗教问题的主要特点》,《中国宗教》2001 年第五期。

第三，从信众的构成来看，传统的宗教信众存在着"四多"现象：年龄偏大的多，文化程度低的多，女性多，经济收入相对偏低的多。但近些年这一结构也在发生变化，信教群众中年纪较轻、有一定文化层次和较高经济收入者在逐年增多。

第四，从信众的群体来说，主要可以分为宗教徒与非宗教徒的两类。对于基督教天主教伊斯兰教的信众来说，以宗教信徒为主；而在中国传统宗教（佛教道教）的信众中，存在着一个独特的现象：除正式的信徒之外，非宗教徒的信众（指相信佛教道教，但又不是正式的宗教徒）所占比例较高，其总人数应远远超过上述基督教等其他教的信徒。在我国，佛教道教信仰是带有相当程度的民族普遍性。为寻求生活、事业的顺利而祈求佛菩萨及神仙的护佑，这一直来是中国宗教信仰中普遍的现象。而这一现象在江浙一带暨我国江南及东南沿海地区，尤为明显。

因此，从旅游者（信众群体）的角度来说，我国是一个巨大的需求市场。这一现象，也说明了宗教文化旅游特别是传统宗教文化旅游的未来发展空间十分广阔。

4. 海外市场潜力

浙江宗教文化旅游（主要关于佛教、道教及民间宗教文化旅游）还具有较大的海外市场（主要是东亚东南亚地区）潜力。

首先，中国佛教是中韩日三国友好往来的"黄金纽带"。虽然信奉佛教的人口列世界四大宗教之末，但佛教却是亚洲影响最大的宗教。中国在古代是北传佛教的中心。中国汉语系佛教在公元4世纪后期传到朝鲜，在6世纪中叶传到日本。长期以来，佛教是东亚三国文化交流的重要桥梁和纽带。同时，中国佛教在越南也有广泛的流传。

其次，以佛道儒为主体的中国传统宗教文化，不仅是维系二岸三地中国人的文化血脉，而且在海外特别是东南亚地区的华人社会中有着巨大的影响。近代以来，随着大批华人移居东南亚，中国佛教也传入了马来西亚、新加坡、菲律宾等国。现代以来，中国佛教（主要是禅宗）又通过日本传到欧美地区，进入了更大范围内的东西文化交流。

第三，从历史上看，浙江宗教（特别是浙江佛教）在中外宗教文化交流中具有特别重要的地位和作用。浙江地处中国东部沿海，海上交通发达，自古与日本、韩国和东南亚地区就有贸易和文化往来。唐末以后，随着天台宗的创立及

中国佛教文化中心的南
移,浙江佛教举世瞩目,
吸引了众多的国家(尤其
是日本和韩国)的僧人前
来求法,同时亦有许多高
僧东渡弘法。中国佛教
三论宗、天台宗、禅门曹
洞宗、临济宗都是从浙江
传到日本的;韩国(朝鲜)
的天台宗、华严宗、南山
律宗、法眼宗也是由浙江
传入的。因此,日本、韩

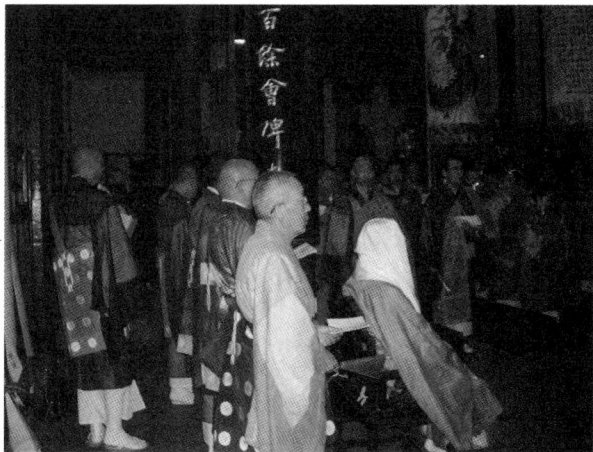

图 5　日本天台宗信徒来祖庭朝拜(2004 年 5 月 31 日)

国佛教各宗的祖庭大多在浙江省。这些都构成了浙江宗教文化旅游的庞大的
世界性的需求市场。而且,从市场营销的实际经验来看,针对东亚、东南亚的旅
游市场(特别是日本韩国的游客),浙江宗教文化资源的吸引力要远大于自然景
观的魅力。

第四,20 世纪 90 年代以来,在普陀山、天台山及杭州等地举行过多次宗教
纪念活动,吸上了众多的海外客人的参加。有些活动还是双方分别进行,互相
派员出席。如在 1996 年,为纪念天台智者大师圆寂 1400 周年,在浙江天台山
及日本比睿山分别举行了纪念法会,日本天台宗和浙江省佛教界都相互派员隆
重出席。在 2004 年 10 月 23 日北京举行的第七次中韩日三国佛教友好交流委
员会会议上,通过和确立了加强三国佛教"黄金纽带"联系的新构想,并根据由
海峡两岸三地八位高僧向世界佛教徒发起的倡议,会议建议适时在中国设立
"世界佛教论坛"。2006 年 4 月中旬,"世界佛教论坛"在杭州和普陀山隆重举
行,并获得了巨大的社会效应。迄今为止,世界佛教论坛已成功举办了三届。
这也为进一步开拓浙江佛教文化旅游的海外市场,提供了一个很好的契机。

5. 管理运作优势

随着浙江旅游业的快速发展,旅游已成为浙江省第三产业中的龙头,并逐
渐确立其在浙江国民经济的支柱产业之地位。同时,浙江旅游业在管理运作方
面也积累了丰富的经验。浙江旅游的成功经验主要表现为政府对旅游业的主

导作用①。具体说来,主要体现为这样几个方面:

第一,理顺旅游管理体制,加强了政府宏观调控和管理职能。目前全省85％以上的县市建立了风景与旅游合一的旅游管理机构,较好地解决了地方旅游管理体制中长期存在的"诸侯割据、条块分割、各自为政、政出多门"的局面,促进了旅游管理的高效运行,从而也为发展浙江宗教文化旅游创造了条件。

第二,开展区域合作,大力进行资源整合。一方面加大了长三角二省一市(江浙沪)的区域合作,同时与赣、皖、闽等省联合打造生态旅游品牌。在省内,则有金、丽、温开发"秀山丽水旅游线";甬、台、温及舟合作开发海洋旅游资源;新昌与天台、仙居、临海的"新天仙配旅游线"等。而浙江宗教资源与长三角、江南及华东地区的宗教文化有着深厚的历史渊源,因此,"区域合作与资源整合"也为充分合理地开发利用浙江宗教文化旅游资源提供了模式和思路。

第三,浙江旅游管理与宗教管理部门、宗教界也有一定的协作基础。早在1996年,省政府的宗教、旅游管理部门与宗教界联合组团,赴日本参加天台宗创始人智者大师圆寂1400周年纪念法会。第二年,台州市政府及省民宗委、省旅游局与日本方面联合举行了纪念日本佛教天台宗创始人最澄大师圆寂1100周年专题纪念,日本佛教界人士3000多人分批前来国清寺参拜。近年来,类似的协作活动愈来愈普遍。如金华"黄大仙文化旅游节",是由市政府牵头主办,市旅游局、民宗局等多家政府部门及有关道教组织联合承办;而普陀山"南海观音文化节"则由普陀山管理局与普陀山佛教协会联合举办,并取得了良好的反响。这些跨部门跨地区的协作,都为将来进一步联合开发浙江宗教文化旅游资源打下了良好的基础。

6. 宏观背景优势

宗教文化旅游的发展离不开一个良好的经济环境。按照国际经验,人均生产总值超过1000美元,正是一个国家旅游需求急剧膨胀时期,但此时主要还是观光旅游的需求。而当人均达到2000美元,则将形成对旅游的多样化需求和多样化选择②。宗教旅游作为文化旅游的一个重要方面,也将是这种旅游多样化需求选择的一个重要体现。因此,宗教文化旅游的发展程度也与其外部环境——即该地区的经济发展状况有着一定的正相关。

---

① 参见傅建祥《走进旅游业》,中国旅游出版社2004年5月版,第74页。
② 参见魏小安《中国休闲度假的特点及发展趋势》,《2004中国休闲经济国际论坛论文集》,2004年11月杭州。

　　我们不难发现这样一种现象:有不少宗教的名胜虽然有着丰富的文化内涵及历史地位,然而由于地处偏远,交通不发达,住宿饮食条件差等原因而游客稀少(除了虔诚的宗教徒以外)。而浙江发达的地区经济也为发展浙江宗教文化旅游提供了良好的宏观背景,构建了宗教文化旅游本身所需要的基础平台。20多年来,浙江省人均国民生产总值平均增长 13.6％以上,增长率位居全国第一。现在浙江省的人均国民生产总值已经超过了 3000 美元,这也从交通、金融、宾馆、餐饮等多方面为发展宗教文化旅游提供了有力的保障和支撑。另外,旅游景点的建设和维护也需要有坚强的经济后盾。宗教寺庙的建设与一般的商业性建筑的建设有所不同——宗教建筑的建设费用一般来自于宗教信众集资募捐,而较少来自于贷款等有偿融资方式,所以其恢复、建设及维护等工作同样与该地区的经济发展及人民的生活水平有着密切的关联。

四、问题篇

浙江宗教文化旅游存在的问题及原因

虽然浙江省有着独特的宗教文化旅游资源及巨大的潜力优势,然而从目前的宗教旅游资源建设开发及经营管理的现状来看,还存在不少亟待解决的种种问题。由于这些问题的存在,影响甚至阻碍了其潜力优势的发挥。在这些问题之中,有些问题是个别的局部的,但我们认为,更多的问题在全省及全国来说都具有普遍性。以下将从浙江宗教文化旅游资源的恢复建设、景区规划、产品开发及经营管理等方面,对浙江宗教文化旅游现存的主要问题及症结(矛盾)、制约因素进行初步的概括总结,并简要分析造成问题的原因。

1. 问题症结

我们认为,浙江宗教文化旅游存在的最突出的问题是"产业与事业"之间的矛盾,这一矛盾在宗教文化旅游资源的恢复建设、规划开发及经营管理方面都有所体现。而其他问题,诸如"产权与经营权"、"开发和保护"(文物保护、环境保护)、"修行与经营"(门票问题)等矛盾或多或少与此有关。此外,在景区规划设计、旅游产品开发及营销等方面,也存在一系列具体问题。造成这些问题和矛盾的原因,除了历史的因素之外,还有观念、制度、人才等众多的现实因素。

(1)产业与事业之间的矛盾

"产业与事业"的矛盾是浙江宗教文化旅游首先遇到的一个突出问题。这实际上也是近些年来国内宗教文化旅游这一领域遇到的最为普遍和根本的现象和问题。

旅游属于文化产业,是第三产业(服务业)的重要组成部分。旅游管理部门则是政府的管理部门,其作用是规划、引导和监督管理企业的行为等。作为一种产业,追求利益的最大化是旅游业的应有之义。而宗教组织则不同,宗教寺庙是一个十分特殊的部门。在我国,宗教人员(出家人)不是一种社会职业。从某种意义上讲,可以说宗教是一种社会文化事业,其所展现的是与一般的经济主体完全不同的特性。由国外的实践来看,通常都是把宗教归为"非盈利机构"(non-profit organization),以社会服务为主要职能。其运作方式是要游离于经济利益最大化的目的,所以这与发展旅游经济的目的之间有着本质的差异。正

图 6　天童寺胜景

是这一缘故,国家有关部门对宗教活动场所的门票及其他有关收入,也是作为特案免征营业税。而宗教文化旅游的开展并不是也不应该将宗教场所商业化,而是指依托于宗教场所(组织)周围的一些经营性资产以及与宗教场所相关的吃、住、购、游等环节的经营行为。从理论上讲,这是一个泾渭分明的问题。然而,由于"天下名山僧占多"的历史与现实,造成上述两方面容易产生混淆和错觉。所以,在宗教旅游资源的规划与开发时,很容易出现这样或那样的问题和矛盾。特别是关于宗教场所是否应当被纳入旅游规划和开发的范围,宗教界有不少人士持否定的态度。浙江省内有不少宗教场所与当地旅游管理部门在所在景区的开发过程中,就屡屡发生这方面的矛盾甚至冲突。虽然具体的情况各地有所不同,但问题大同小异:很多旅游管理部门为了扩大景区的影响、增加门票收入,大多采取整合资源的方式将一些宗教场所纳入景区整体规划之中。如果宗教场所不在景区规划范围之内,则景区的建设及效益很难整体带动。然而一些有着悠长历史和优良传统的宗教组织机构往往反对这一做法,认为佛教寺院不是经营部门,而是宗教活动场所,其产权独立。将寺庙与旅游景区一起开发,统一管理、规划,并收取高价门票,影响寺内僧人清修,也不符合佛教的传统。这导致很多省内宗教文化景区的整合方案并不能得到顺利实施,有些地方甚至还发生过宗教人员与旅游管理人员的直接冲突。

应该讲,上述现象在国内具有一定的代表性。旅游部门与宗教界人士的意见分歧,反映的是事业与产业之间的差异与矛盾。正是这一矛盾造成不少宗教界人士对开发宗教文化旅游积极性不高,甚至抵制和反对。这种现象在国内其他地方也相当普遍地存在并继续。然而,随着"宗教文化旅游热"以及地方政府

发展地方经济的内在需求，宗教场所被纳入景区统一规划开发的趋势不可避免。如果说，若干年前这一矛盾主要体现为宗教场所是否应该纳入景区进行统一开发和经营，近几年来这一问题则进一步发展为宗教场所是否可以在国内证券市场融资并上市的现象了。①

（2）修行与经营（管理）之间的矛盾

修行与经营之间的矛盾是产业与事业的矛盾在宗教场所及其所在景区的经营管理方面的反映和延伸。宗教场所的首要职能是为宗教徒提供修行场所。在国内，一些不做经忏法事、专事修行的佛教寺院，虽然生活清苦，却颇受教内信徒的敬重。然而，在大部分开放寺院特别是重点开放宗教场所，除了承担宗教徒修行的职能之外，还担负着内部管理、外事接待、文物保护、环境治理、安全维护等职能，因此这些宗教活动场所都会收取一定价格的门票（香花券）。

随着旅游开发的深入，很多宗教场所（寺观教堂）被重新整合入景区，实行统一管理，而景区门票价格也随之大幅提高。这样一来也带来了不少关于宗教场所形象的负面影响和不利后果。一方面，宗教场所成为旅游名胜，随着游客的大幅增加，使原本作为佛教徒修行的场所失去了庄严肃穆的气氛，从而也影响了宗教徒的清修生活。同时，一些佛教僧人特别是个别佛教领袖还因此被人视为"披着袈裟的 CEO"。

此外，对于不少宗教信徒来说，进入宗教场所还必须首先购买价格不菲的景区门票。如杭州灵隐景区、普陀山景区等很多地方，进入寺院之前，必须首先购买景区门票。不少游客对此颇有怨言，而宗教界人士意见更大。据 2004 年 3 月 9 日《人民政协报》报道，全国人大代表、中国佛教协会副会长、嵩山少林寺方丈释永信在十届全国人民代表大会第二次会议期间，就曾提交了一份"关于取消或降低佛教活动场所前后景区（公园）门票的建议"，认为国内部分景区门票过高的问题已经影响到了景区内寺庙宗教活动的正常开展，因此主张"取消景区门票"。可以说，永信法师的看法代表了佛教界的基本观点。在浙江省佛教界，也有不少类似的呼声。个别地方甚至因此而发生过冲突。

宗教场所的职能究竟如何？景区统一之后，应该如何管理宗教场所？是否应当收取宗教景区门票？如何在发展旅游的同时，也能保护宗教徒的切身利益？这些都是在发展浙江宗教文化旅游时需要克服的难题。

---

① 参见《国家宗教局：宗教场所不得作企业资产上市》一文，《东方早报》2012 年 6 月 5 日。

(3)产权与经营(管理)权之间的矛盾

浙江宗教文化旅游资源在恢复和建设方面还存在着产权与经营(管理)权问题的争议。这类问题大多属于历史遗留问题。改革开放以来,浙江省内的宗教场所特别是著名的寺院迅速恢复,并交还给宗教部门管理。但一些小的寺院(观堂)以及部分寺(观堂)产,产权与经营权还存在分离的情况。以杭州为例,据我们了解,在西湖边新开发的北山景区内,原有不少的寺院(如玛瑙寺、智果寺、招贤寺、菩提精舍、毓秀庵等,目前已经荡然无存),虽然产权归杭州市佛教部门,但一直以来却是由杭州市园文部门代为管理。另外,杭州市道教协会与市园文管理部门之间在黄龙洞、玉皇山福星观等处的产权方面也一直有着类似的争议和分歧。玉皇山顶的福星观,原是著名的道教名胜,但长时间以来亦由园文部门代为管理。而浙江省道教协会为争回该处产权,十多年前就提出要求将其归还给道教协会所有。直到2004年7月1日,玉皇山顶的福星观才交还给杭州市道教协会管理。而山下的八卦田等玉皇山其他道教名胜产权问题仍未得到解决。类似的争论在省内其他地区也不同程度地存在着。

"寺(观)产问题"是个较为敏感的话题,在中国近代史上出现的所谓"庙产兴学"的风潮,曾引起当时佛教界的轩然大波。上述产权方面问题,也多因客观历史因素所造成,属于"历史遗留问题",大多是在"文革"期间的极左思潮的干扰以及当时宗教政策方面的失误所造成的。由于目前我国相关的法律政策也存在不够完善之处,也给此类问题的解决带来了不少困难。

(4)保护与开发之间的矛盾

在浙江宗教文化旅游景区的恢复和开发建设当中,还存在一个资源保护和市场开发之间的矛盾问题。这里的资源保护,包括宗教文物、环境乃至土地资源等。保护与开发,实际上还涉及"眼前利益与长远利益"的关系问题。

我省不少的宗教文化名胜同时也是重点文物保护单位。虽然发展旅游可促进文物保护(特别是在保护经费方面),但文物是不可再生的旅游资源,一旦受损,很难恢复原样,也必然降低文物所在旅游点的吸引力。对文物古迹进行过度地开发利用,超负荷地接待旅游者,结果加快了文物古迹的老化、破坏乃至毁灭。

另外,宗教胜地本是清静道场,也大多位于风景名胜区内。在宗教景区内开发旅游,进行基础设施建设,如道路、宾馆、饭店等,极易造成环境的破坏及环境污染,也极易丧失宗教场所的清静本色。

就目前的情况来看,省内部分地区存在着一定程度的过度开发的情况。很多景区建设时,其中少不了要建寺庙。而在景区之外,各种新建的从外观到内容大同小异的大小寺庙比比皆是,其中大部分新建的寺庙并没有取得合法的宗教场所登记资格。这些寺庙的建设主体也各不相同,有些是旅游开发公司在景区建设,还有不少是在家居士所建。有人将这种寺庙称之为"商业化寺庙"。①这种情况虽然在全国各地都有存在,但在浙江省内经济相对较发达的乡村地区(如绍兴、温州等地),这种情况尤其明显。当然,其中很多寺庙,是基于宗教信仰而不是从宗教旅游目的出发而建,缺乏整体规划。然而,数量众多且缺乏历史文化内涵的小庙小庵一哄而上,带来的是资源(特别土地、资金、人力物力等资源)的严重浪费,实际上也没有什么文化旅游的价值可言。

因此,宗教文化旅游资源的开发建设,保护是前提。开发只能在保护的前提下进行。如何在开发宗教文化旅游的同时,合理地保护文物,保护自然环境,并且在开发时做到复旧如旧,也是当前国内各地文化旅游开发中所遇到的一个共性问题。

2. 制约因素

此外,浙江宗教文化旅游在配套设施、景区管理、产品开发、市场开拓等方面也还存在的一系列具体问题,制约了浙江宗教文化旅游的进一步发展。

(1)配套环节有待完善 经过几十年的经济快速发展,省内一些地方针对旅游的配套设施,如交通、餐饮、住宿等旅游配套基础设施,基本上可以满足大多数旅游者的需求。但在"吃住行游购娱"六要素之中,仍存在一些环节有待完善。如一些地区的交通线路安排还不尽合理。如在舟山(定海)与天台县之间,竟无直达的长途汽车,要通过宁波客运中心转车才行。这就使两个著名佛教旅游地之间的往来极为不便。在旅游目的地内的部分旅游景点之间,也有不少还未开设直达车,如宁波境内,雪窦寺、阿育王寺、天童寺等几个著名的佛教丛林之间相隔较远,也没有直达车,这给游客带来了很大的不便;在天台县内,从国清寺到智者塔院、高明寺等也没有直达班车。

另外,针对宗教徒的配套设施尤其显得不足。与国外相比,在国内出行途中(如在火车、飞机上),针对宗教徒的特殊的饮食习惯考虑还不够周到。除寺观等宗教场所以外,省内大多数地方,缺乏针对宗教徒特殊的饮食习惯而开设的餐馆(如素餐馆、清真饭店)。如在餐饮业发达的杭州市内,整个城市素餐馆

---

① 延光:《新建"商业化寺庙"的产权归属与管理问题之商榷》,http://www.xici.net/b0/d40829037.htm

竟然仅有廖廖几家,而且价格不菲。不少长期食素的游客(特别是海外游客)来到杭州之后,除了到寺内吃斋之外,别无其他选择。

(2)管理水平有待提高　宗教文化名胜,不同于一般的旅游景点。由宗教文化而形成的特殊的祥和气氛,幽雅的环境,乃至僧人诵经、钟鼓法器的敲击声构成了对游客的旅游吸引力。因此宗教景区的管理,无论是安全、交通、收费服务人员,还是旅游商品、饭店的工作人员,以及宗教场所的管理人员,都需要具备一定的专业素质。但在我省很多宗教景区,普遍存在着混乱无序、管理无力的现象,管理服务意识及服务水平有待提高。如杭州天竺灵隐景区一带,游客多,人气旺,但还存在着野导拉客、摊贩林立,以及交通管理混乱、商业气息浓厚等现象。虽经多次整治,乱象有所改善,但情况仍不容乐观。长此以往,形象受损,势必产生负面影响。尤其是在遇到重大节庆时,寺院及景区周围往往拥挤不堪,在安全、火灾等方面也存在着不少隐患。

(3)旅游产品结构单一　近些年来,浙江宗教旅游创新产品有所推出。特别是在普陀山、杭州等地方,近几年的"祈佛大会"、"观音文化节"、"黄大仙文化旅游节"、"吴越佛教"系列学术活动的成功举办,提升了宗教文化旅游的内涵,形成了若干品牌产品。但总体而言,新产品的创新开拓力度也不大。浙江宗教文化旅游产品结构显得单一陈旧。

省内大多数宗教景区仍维持在以"爬山看庙"观光类旅游产品为主体的产品体系,除了寺观的增加、修缮外,缺乏新型的创新产品,无法满足多层次的市场需求。而在国外,类似的宗教修学游、"体验游"等游客参与性的专项旅游产品比较流行,也颇受人欢迎。

另外,在寺庙修复建设时也存在同样的问题。呈现在游客面前的大多数寺院殿堂布局格式如出一辙,无一例外都要建大雄宝殿、天王殿等等。寺内塑像也是"千佛一面",缺乏个性特色。如杭州上天竺寺是著名观音道场,原本没有大雄宝殿,供奉观音菩萨的圆通宝殿是其主殿,但后来在修缮时也增加了大雄宝殿。实际上,浙江宗教类型众多,文化底蕴丰厚且各具特色,因此在宗教建筑方面亦完全不必追求千篇一律。

此外,目前浙江宗教文化旅游工艺品、纪念品也显得陈旧,产品附加值不高,缺乏精品意识及文化内涵和地域特色。浙江省丰富的宗教文化旅游资源没有得到有效和合理的利用。

(4)营销宣传缺乏力度　在现代旅游业中,面向公众的市场营销的作用越来越重要,甚至决定着市场竞争的胜负。然而,很多宗教旅游景区在建设时,重视规划开发,轻视营销策划及品牌宣传的情况比较明显。与江苏、广东、陕西等兄弟省市相比,浙江省的宗教文化旅游的宣传营销力度还很不够。在浙江举行的一些宗教法会和节庆活动,如雷峰塔地宫的佛螺髻发舍利供奉法会,都是在教内进行,一般市民和公众往往并不知晓。另外,在一些人特别是有关媒体和宣传部门人员的心目中,仍抱着"宗教无小事"的心态,有意避开或淡化对宗教旅游品牌的宣传和包装。致使很多具有独特地位和价值的宗教资源,不能得到有效的宣传和包装,其知名度也大打折扣,从而也就不能很快地转化为市场潜力。

(5)海外市场开拓不够 浙江宗教特别是浙江佛教,在海外具有巨大的市场潜力,然而海外市场开拓力度还远远不够。但从浙江宗教文化旅游的现状来看,海外游客所占比重还是偏小。据统计,浙江宗教文化旅游游客数量统计上,省内各地海外游客所占总游客数的比例高低不一,高的在 5%,少的几乎不占任何比例,大多数都稳定在 1%左右。① 然而,据我们了解,在天童寺、国清寺等著名的祖庭名刹,每年接待的韩、日等东南亚地区宗教团体前来朝拜的为数并不少,而且与这些寺庙保持联系而未参礼过祖庭的海外宗教团体及其成员,其数量更加巨大。其中蕴藏的潜在市场很大,还有待我们去进一步开拓。

3. 原因分析

上述种种问题,特别是"产业与事业"的矛盾,影响了浙江宗教旅游潜力优势的充分发挥,成为制约浙江宗教文化旅游的发展瓶颈。我们认为,造成上述问题的出现,有种种原因。既有历史的渊源,也有现实的因素;既有内在的因素(宗教文化旅游的独特属性),也有外在因素;既有观念的原因,也有体制的因素等。历史的因素主要是指"文革"时期的极左政策对宗教文化所造成的种种破坏。从现实层面来看,至少与以下几个方面的缺失和不足有关:

(1)认识不足。

重视不够。在一部分人(特别是部分有关部门管理人员)心目中,过分突出"宗教无小事"的观点,担心由此引发有关方面的利益冲突,从而产生不稳定因素,因此对宗教文化旅游的价值和意义认识不足;而部分宗教界人士,也本着宗教信仰与修行的理念,对参与开发宗教旅游资源的积极性不高,未能充分认识到浙江宗教文化本身也是积淀丰厚的浙江历史文化的重要组成部分。而最为

---

① 数据来源:《浙江宗教文化旅游调查表》。需要说明的是,这些数据主要是基于各县(市、区)旅游管理部门的大致统计,数据往往并不十分精确。

重视宗教旅游的旅游业内人士,则对宗教旅游的特点和规律缺乏了解和必要的认知,一些人甚至还抱有片面的认识和看法。

意见分歧。何为宗教文化旅游?如何合理开发?在旅游管理、宗教管理、宗教团体、旅游企业等有关部门之间,宗教徒与非宗教徒之间,在观点上存在分歧,缺乏统一的认识。如对于浙江宗教文化旅游的开发现状,有些宗教及宗教管理部门认为存在一定程度的"过度开发"现象;相反,一些旅游部门则认为开发还"远远不够"。事实上,也的确存在着一些地方旅游部门片面强调经济效益,缺乏对宗教文化及政策的理解与尊重的开发行为;同时,也有一些宗教部门则强调宗教信仰的非经济特性,对宗教旅游持消极否定的态度,也不能摆正位置,实现"双赢"。

(2)沟通缺乏。

部门之间缺乏沟通。宗教旅游的综合性很强,涉及旅游、宗教、文物及所在地乡镇政府等众多的管理部门。而在我省地方旅游管理体制中,长期存在"条块分割、各自为政"的局面,造成部门之间长期隔阂,甚至"不相往来",一旦问题出现,很难沟通协调。

景区内部缺乏沟通。就目前来看,在省内大多数宗教景区内部,景点工作人员(主要是旅游部门的人员)、宗教场所的管理人员及宗教徒、景区附近的村民以及其他有关人员之间,大多数缺乏沟通,有些景区甚至矛盾重重。有些矛盾日积月累,很容易引发直接冲突。

(3)制度缺失。

体制不顺。目前,我国宗教文化旅游尚未建立有效的管理体制。对宗教旅游的行政管理、行业管理和产品开发经营管理尚未完全分开,情况比较复杂。正是体制不顺,致使缺乏沟通,造成诸多问题;而问题出现以后,也缺乏长效协调机制,致使一些问题由小变大且长期积累,得不到有效解决。

管理模式不完善。宗教文化旅游的真正承载者是旅游管理部门、还是旅游公司亦或是宗教机构(寺观教堂)?从现实层面来说,由于种种原因,不同宗教景区的管理模式往往也是各不相同的。应当说,理想、成功的宗教旅游景区管理运作模式还在探索之中。到目前为止,浙江省还缺乏运作成功、管理经验丰富的宗教旅游开发公司。

相关法规法律方面的缺失。管理体制方面的问题,最终可归结为相关法律法规的不健全。就我国目前来说,既有行政法规、旅游行业方面的法规的不完善,更有宗教法规方面的欠缺。在我国,《宗教事务条例》至 2004 年 11 月刚刚颁布,2005 年 3 月起开始实施。一部全面、完整的《宗教法》还有待讨论、制订并颁布实施。

(4)开发手段不够。

由于缺乏行之有效而又丰富的开发手段和开发深度,致使浙江宗教文化旅游产品结构总体上显得单一陈旧。例如,我们完全可以发挥和利用佛教禅宗思想,开发出非宗教的禅学与养生旅游产品,以适应现代游客的社会需求。只有这样,浙江丰富的宗教文化旅游的资源优势才能转化为现实的产品及市场优势。

(5)人才匮乏。

发展宗教文化旅游,尤其需要具备较好的宗教、旅游、文物、管理乃至法律、历史文化知识等综合素质的专门人才。目前来看,浙江省内高水平的宗教旅游的专业管理人才、导游人员等,还非常缺乏,甚至可以说是"奇缺"。而且,在一些教育及培训机构,也没有建立起"宗教文化旅游"人才的相关培训项目。这也是制约浙江宗教文化旅游健康发展的一个"瓶颈"。

五、对策篇

浙江宗教文化旅游发展战略与对策

1. 发展战略

（1）明确发展浙江宗教文化旅游的指导思想。

在浙江省加快建设旅游经济强省，真正把旅游作为国民经济的重要支柱产业来培育，以及建设"文化大省"的政策背景下，明确宗教文化旅游在全省旅游产业和社会文化事业中的地位及重要性，制订详细的浙江宗教文化旅游发展规划和目标。

充分发掘和发挥浙江宗教文化旅游的资源及潜力优势，提升浙江宗教旅游的文化内涵，树立浙江宗教文化旅游的整体品牌和形象。我们认为，浙江省宗教文化旅游是全省文化旅游市场的主要组成部分之一，在全省旅游经济中应占有相当大的比重。同时，应充分发挥浙江宗教文化旅游在和谐社会方面积极的社会功能。

正确处理浙江宗教旅游中出现的各种问题和矛盾。在尊重宗教信仰的前提下，调动各方面尤其是宗教界人士参与宗教文化旅游开发的积极性，协调好宗教文化旅游中产业与事业的矛盾，形成旅游与宗教的合力。其中，理顺体制、完善制度是关键，转变观念、统一认识是根本。

（2）突出宗教文化旅游在"和谐社会"及"文化安全"战略中的意义。

发展宗教文化旅游的意义不仅局限于经济，还有重要的社会政治意义。党中央提出了构建社会主义"和谐社会"的重大任务，而国内民众也有着祥和心理的需求；国际上，国外宗教势力在我国城乡各地的渗透日益明显，致使以传承传统文化、增进文化认同为重要使命的中国传统宗教的也遭遇严峻的挑战，传统文化安全问题也日益突出。这些都为发展本土宗教文化旅游提供了更为深刻的现实背景。在战略指导思想和宣传舆论上要突出这一点，使政府有关领导部门和行业相关管理部门充分认识到这一社会与政治意义。

(3)大力实施政府主导型的宗教文化旅游发展战略。

旅游产业是关联度高、综合性强的产业,而宗教文化旅游尤其如此。这就决定了发展浙江宗教文化旅游必须实行政府主导型战略。政府的主导作用,主要可由以下几个方面体现:

对发展宗教文化旅游进行宏观调控及引导;制订相关法规及管理制度,并依法进行行业监督管理;制订发展规划、对外宣传、基础设施建设以及引导资本投入等等。

2. 目标规划

(1)近期目标(2010—2015)

全面、深入发掘浙江宗教文化旅游的资源及潜力优势;

针对存在问题及其症结,制订出详细的解决方案和发展战略;

完善浙江宗教文化旅游的基础设施及配套环节;

抓住典型,重点突破。可以资源丰厚但开发滞后的浙东(宁波)佛教文化旅游的开发为大力发展浙江宗教文化旅游的突破口;

初步形成浙江宗教文化旅游的产业体系。

(2)中期目标(2016—2020)

理顺体制,完善法规,优化浙江宗教文化旅游的外部环境;

实施品牌战略:培养、推出系列精品,推出全国宗教旅游的龙头和著名品牌。就浙江佛教文化旅游来说,可推出"东南佛国"系列品牌:

第一,继续发挥现有的品牌效应,如舟山"海天佛国普陀山"、杭州"灵隐飞来峰"、绍兴"新昌大佛"、天台"佛宗道源"国清寺;

第二,重点培育并恢复以下品牌:

杭州:上中下三天竺"天竺香市"、净慈寺"南屏晚钟"、余杭径山寺"径山茶宴"、天目山禅源寺"临济宗祖庭";

台州:"济公文化旅游"、方广寺"五百罗汉道场";

宁波:天童寺"日本曹洞宗祖庭"、阿育王寺"舍利供奉法会"、奉化"弥勒道场";

绍兴:嘉祥寺"三论宗祖庭"(目前尚未恢复);

湖州:道场山万寿寺"伏虎罗汉道场";

温州:江心寺"江天福地"等。

第三,形成以普陀山为发展龙头,宁波、杭州、台州三地为支柱的浙江佛教文化旅游产业体系,使浙江佛教文化旅游及相关产业的产值在旅游经济及浙江国民经济中的比重稳步提高。

(3)远期目标(2021—2025)

以国际市场为主导,把浙江宗教文化旅游(主要是浙江佛教文化旅游)打造成国际知名的著名品牌,使浙江形成东亚及东南亚地区佛教文化旅游的一个中心地带。使浙江宗教(佛教)文化旅游的海外游客(香客)人数达到总人数的10％以上。

3. 管理对策

(1)统一认识,转变观念。

认识上的分歧,特别是旅游与宗教、文物等部门之间对待宗教文化旅游的认识及观点分歧比较明显,是导致问题的根本原因。然而,观念和认识问题并非短期内可以解决,需要有关部门及各方人士的长期努力。

当务之急是加强沟通对话,寻找共同语言,以充分调动各方面尤其是宗教界人士参与浙江宗教文化旅游的积极性。

树立社会服务的理念和意识,寻求双赢的结局。旅游业作为服务性行业,"社会服务"是其应有的理念,旅游经济应是以高品质的服务带来的经济效益;对宗教界来说,虽然宗教是一种信仰,与主要作为经济功能的旅游有别,但作为一项文化事业,发展宗教文化旅游也是"济世度众"以及"宗教与社会主义社会相适应"的应有之义。

就宗教文化旅游来说,旅游离不开宗教,宗教也离不开旅游。尤其是在宗教资源占主导地位的舟山、台州等地区,离开宗教,旅游无法进行。因此,就旅游部门来说,应充分认识宗教文化的独特性质,在保证宗教场所正常的宗教活动的前提下,在保护宗教文物的基础上实行合理开发。

同时,历史也证明,各大宗教无不从事经济活动。在市场经济发达的今天,宗教对经济的依赖愈加明显。旅游也已成为宗教场所最主要的经济来源之一。由于游客的增加而带来的"香花券"收入,无疑也有利于宗教文化事业的发展。

(2)理顺体制,完善法规。

建立宗教文化旅游的行政管理、行业管理和产品开发经营相分离的管理体制,实现管理模式创新。

建立"长效协调机制"。在已经实施的《宗教事务条例》"第二十六条"明确规定："以宗教活动场所为主要游览内容的风景名胜区,其所在地的县级以上地方人民政府应当协调、处理宗教活动场所与园林、文物、旅游等方面的利益关系,维护宗教活动场所的合法权益。"因此,为加强政府对宗教文化旅游的宏观调控职能,发挥政府在宗教文化旅游中的主导作用,可以根据当地的实际情况,成立由主管领导负责,旅游、宗教、文物、城建等相关部门负责人为成员的宗教文化旅游长效协调机制,下设专门的工作小组。形成政府重点抓,旅游部门全力抓,宗教、文化及其他各行各业合力抓的工作氛围。

健全法律法规制度,打造一个良好的发展浙江宗教文化旅游的外部环境。

目前我国在有关旅游服务业、宗教管理以及行政执法等方面的法规还有待进一步完善。只有健全而有效的有关法律条文和管理规章,尤其是宗教法与旅游服务方面的法规,才能保证宗教文化旅游所涉及的诸项问题能够得到根本解决。必要时,可针对有关问题,制订专门的《浙江宗教文化旅游管理条例》。

建立"宗教文化旅游"的特殊绩效考核标准和制度。"宗教文化旅游"的绩效考核应该是多元的,除了门票收入、游客香客的食住行购娱等经济效益之外,还应有政治、社会、文化等方面的非经济利益的效用考量。宗教旅游作为人文旅游,其在后一方面的作用应该更为显著。比如通过宗教文化旅游促进文化交流,增进沟通了解。乃至放松身心,缓解激烈的竞争环境对于人们精神上的压力,从而对建构和谐社会有着特殊的意义和功能。

完善宗教文化旅游的开发机制。建议由宗教部门牵头,成立按照市场机制运作的"宗教文化旅游开发公司",以与宗教场所的宗教职能相区别。

建立适应现代市场经济社会及全球化趋势的现代寺院管理制度。宗教场所(寺观教堂)的管理也应"与时俱进",建立适应现代社会的管理制度。当然,现代寺院管理制度的建立,应以不违背宗教传统及教义为前提,且必须在宗教管理部门及宗教协会的指导下进行。

培养专业人才,大力实施人才战略。可在旅游学院(系)、佛学院等相关的院校机构,开设宗教文化旅游系列课程,以培养出一批熟悉宗教文化知识的导游人员及旅游管理人才,以及懂得旅游开发的现代型的宗教管理人员。这是发展浙江宗教文化旅游的人力资源保证。

(3)加大研究和发掘的力度,实行科学规划和合理开发。

进一步深入研究和发掘浙江宗教文化旅游的潜力及优势。这需要宗教、旅游部门及学术界的专业人士通力协作,在深入发掘研究的基础上,推动宗教文化旅游的开发建设工作。

宗教文化旅游的规划与开发,要合理而又审慎地进行。应在政府的主导之下,由有关部门旅游、宗教(包括宗教管理部门和宗教界人士)、专家学者、企业人士的通力合作,充分论证,多方听取意见。尤其要尊重宗教界人士的意见和需求,充分考虑宗教团体的切身利益,寻求最佳的多赢方案。

加大保护力度,在保护基础上开发。宗教旅游资源具有不可再生性,科学合理的保护是市场开发的前提。对属于重点文物保护单位的景区,要实行控制性开发,限制游客人数。

(4)合理收取景区门票,妥善处理各方利益。

如何合理收取宗教景区的门票,是目前宗教文化旅游中存在的比较敏感和直接的问题,也是妥善处理好参与开发宗教文化旅游各方的利益关系的关键。虽然在国外,大多数宗教场所不收门票。然而,就目前我国的现实国情看来,降低过高的景区门票是可能的,但完全取消寺院门票(特别是大中型开放寺院)是不现实的。部分宗教人士的意见主要是针对过高的景区门票影响了佛教徒正常的宗教生活。因此,如何解决对佛教徒出入寺院的限制是问题的关键。可以有以下解决方案:

一是对出家人(宗教神职人员)实行免票。这一点目前各地也已基本做到;

二是实行寺院年票制。在杭州地区实行多年的(主要是针对在家的宗教信徒,对非宗教徒也适用)"寺院年票制",也比较受到欢迎。"杭州市区佛教参观年票"2003 年度的价格是 22 元人民币,在本地的农业银行即可购买,购买时也无需出示任何证件。可以参观市内的正式对外开放的灵隐寺、净慈寺、法喜寺、法净寺、法镜寺等开放寺院。这一做法在当地也比较受欢迎。不过,这一做法对外地来杭州朝拜的佛教信徒还是有一些不方便之处。

三是制订周到细致的收费规定。如新昌县大佛寺景区就曾对此专门行文作出明确规定:除对本地群众可凭证办理寺院景区年票外,僧人一律免票进入景区,对来寺院参加佛事活动的香客,规定只要有寺院证明即可,并且将与寺院相通的景区后门晚上的管理权交给寺院。

4. 市场对策

(1)大力整合资源,将资源优势转化为产品优势。虽然浙江的宗教旅游资源异常丰富并且有一定的知名度,但是在宗教旅游资源的开发上,目前我省各地还是各自为政,散兵作战。因此,我们建议加强区域合作,对现有的宗教旅游资源进行重新"整合",合力打造浙江宗教文化旅游的品牌,营造和放大宗教旅游吸引力。这里的"整合"包括两个方面内涵：

一是宗教旅游资源与周边地区其他风景点进行景区整合；

二是进行跨地区及区域的宗教旅游资源整合。

整合的方式，既可以根据实际情况设立统一管理的景区，在门票、景区事务管理等方面进行通力合作；也可以在旅游线路、营销宣传等方面开展省内跨地区的合作与协作。

在整合资源时，应当注意：一要合理规划、精心设计，细致工作，切忌一刀切；二要树立精品意识，"抓大放小"，围绕浙江现有的宗教名山、祖庭名刹，以及其他具有珍贵独特属性的宗教资源，培育一批浙江宗教文化旅游精品。对一些影响不大、缺少历史文化内涵的小庙，可以忽略。

可以通过整合资源并结合佛教文物的保护工作，在宁波或杭州建立一座具有一定规模、特色鲜明的"佛教文化博物馆"。当条件成熟时，甚至不妨联合国内其他区域的宗教文化资源，共同设计出"中国佛教禅宗遗址（五山十刹）"、"中国道教洞天福地遗址"等项目，联合申报世界文化遗产。

（2）推出创新产品，完善产品体系。在现代的竞争战略中，差异性是重要的一环。在发掘与整合的基础上，结合浙江宗教文化旅游资源的特色，并借鉴国内其他地方以及港台及海外宗教文化旅游的有关做法，重点培育和推出一批特色鲜明的浙江宗教文化旅游创新产品。

第一，进一步办好并推广"宗教文化节"这一形式。如由普陀山举办的"观音文化节"，还可以进一步深化其内涵和形式。鉴于观音信仰及观音文化在我国乃至亚洲及全世界的华人地区所具有的广泛而深远的影响，可充分发挥浙江境内普陀山及杭州的三天竺（所谓"天竺香市"）、湖州铁佛寺、法华寺等众多的观音菩萨道场的独特地位，做大做强浙江地区的"观音文化旅游"的文章。此外，还可针对源于或流行于浙江地区的弥勒信仰（奉化岳林寺）、济公文化（天台国清寺、杭州净慈寺）等举办"济公文化节"、"济公庙会"、"弥勒文化节"，或进行形象宣传，扩大知名度。

第二，定期举行"舍利供奉法会"。目前来看，对浙江境内众多的佛教舍利文化的宣传和旅游开发还远远不够。可以借鉴陕西扶风法门寺舍利赴港台举行供奉法会的做法，在适当的时机按照佛教的仪式定期举行舍利供奉法会。由于舍利顶礼在佛教徒及民间社会有着极为特殊的意义及影响，此类法会的举行往往会有着意想不到的轰动效应和宣传效果。

第三，以"汉传佛教讲经交流基地"正式落户杭州以及"吴越佛教"系列学术会议为依托①,在杭州定期举办讲经交流和佛教文化学术研讨活动,将杭州打造为"佛教文化研究交流中心"基地。

第四,按照市场细分原则,针对一些特殊的游客市场,设计出浙江宗教文化"历史遗迹游"和"寻根朝圣游"等特色鲜明的专项产品。

如:针对日本禅宗信徒,设计出"禅门五山(余杭径山寺,杭州灵隐寺、净慈寺,宁波天童寺、阿育王寺)十刹(杭州中天竺法净寺,湖州道场山万寿寺,江苏南京灵谷寺,江苏苏州光孝寺,奉化雪窦山资圣寺,温州江心寺,福建闽侯雪峰山崇圣寺,义乌云黄山双林寺,苏州虎丘山云岩寺,天台山国清忠寺)游";

图 7　宁波阿育王寺舍利殿

针对日本佛教徒设计"鉴真和尚东渡线":浙江宁波(阿育王寺)—台州(国清寺)—杭州(灵隐寺、天竺三寺)—江苏南京(栖霞寺)—扬州(大明寺、唐城遗址、瓜洲古渡)—镇江(金山寺、慈寿塔、甘露寺塔)—常州(天宁禅寺、淹城遗址)—常熟(黄泗浦、虞山);

针对天台宗的信奉者或对天台文化有兴趣者,以天台山国清寺(亦可联合湖北当阳玉泉寺等著名的天台宗道场)为主设计"天台文化寻根游"专项线路;

针对道家道教信奉者,设计浙江道教"洞天福地"旅游线路,以此将浙江的秀美山水用道教文化串联起来等等。

---

① "汉传佛教讲经交流基地落户杭州",2011 年 11 月 21 日 19:47 中国新闻网 http://www.chinanews.com/cul/2011/11—21/3475922.shtml

第五,在倡导体验经济的今天,可以开展内容丰富多样的宗教体验游。通过各种形式的宗教文化活动,如"佛教节日观礼"、"禅七体验"、"生活禅夏令营"、"佛门素食体验"以及种种的专题纪念活动等,也可以像湖南衡山那样举行"做一天和尚念一天经"的体验游活动。此类的宗教旅游,在日本韩国及我国的台湾省比较流行。

第六,加大素餐食品及清真食品的开发力度。食素不仅是佛教、道教徒的斋戒行为,而且还具有环保、保健等功能,因而目前在国际上也比较流行。然而浙江省内的素食食品的开发以及素餐馆建设明显不足。可在杭州、宁波等香客较多的大中型城市市区内,合理布局,增设素餐馆。也可在寺观附近增设一些具有一定档次的素餐馆,鼓励寺院经营,也可由社会人士投资。就伊斯兰教而言,也可在伊斯兰穆斯林及阿拉伯商人较为集中的地区增设清真饭店,开发清真食品。

第七,大力发展宗教旅游商品制造业,丰富宗教旅游商品市场。为改变目前宗教旅游纪念品市场的陈旧状况、提高宗教旅游业的附加值,带动相关行业的发展,在适当位置设立宗教和其他工艺纪念品专业市场,专门销售各种宗教书籍、图片、用品和开发一批具有浙江宗教文化特色的各种特色产品,如,济公百态像、舍利塔仿制品、各种仿制佛像及护身符等。为保证商品的质量,宗教部门、旅游部门和工商物价部门等有关部门联合加强市场管理,实行市场准入制度。

(3)加大市场营销力度。打破传统思维,大力进行浙江宗教文化旅游的市场营销和形象宣传。

浙江宗教文化旅游的营销策略。以浙江佛教文化旅游为开发重点,同时深入发掘浙江道教、民间宗教文化旅游的市场潜力,合理开发应用。针对省内基督教堂、清真寺较为集中的地区(如温州、杭州、宁波等地),从实际出发(如从文物、建筑的角度进行)适当开发伊斯兰教、基督教及天主教文化旅游。

浙江佛教文化旅游的形象定位可明确为:"东南佛国"。在历史上,杭州(吴越国以来)及宁波(明清时期)都曾有"东南佛国"之称。应统一认识及宣传口径,对这一宣传口号进行合理论证及规范地应用,避免引起无序竞争和市场混乱。

加大海外市场的推介与宣传营销力度。海外市场的开拓是浙江宗教文化旅游品牌战略中最重要的一个环节。这方面,可以浙江佛教文化旅游为重点。以2006年在浙江举办"世界佛教论坛"为契机,充分发挥浙江佛教文化与日本、韩国等东亚、东南亚国家和地区的文化交流中的"黄金纽带"作用,大力加强浙江宗教文化旅游在海外(特别是在日本和韩国)的形象宣传及市场营销战略。可有以下具体措施:

1. 加强政府有关部门组织的专项系列海外宣传推介活动;

2. 通过举行以浙江区域宗教文化为主题的国际学术研讨、联合举办纪念法会等中外文化交流形式,深化浙江宗教文化的品牌内涵;

3. 鼓励并加强浙江宗教界与海外有关宗教机构的民间友好往来,增进传统友谊;

4. 加强有关旅游企业针对浙江宗教文化的海外市场宣传及策划力度。

(2005 年 2 月完稿,2012 年 6 月修订)

附录：

关于"浙江宗教文化旅游"的调查问卷①

1. 您认为浙江旅游的比较优势在于(请根据下列各项的重要性进行先后排序，或者选出其中您认为最重要的一项或多项。如果您还有别的想法请在其他项内说明)：

   a. 商务旅游

   b. 休闲及娱乐旅游

   c. 自然景观旅游

   d. 文化旅游(包括宗教文化旅游)

   答_____

2. 您所在地区宗教文化旅游在本地旅游产业中的比重(请选择一项)：

   a. 为主

   b. 一小部分

   c. 很小

   d. 没有

   答_____

3. 您所在地区宗教文化旅游资源有哪些?

   a. 佛教旅游资源(包括寺院以及庵、佛塔、佛教石刻洞窟等)有_____处，名称分别是_____，_____，_____；_____；_____；_____；_____；_____；_____。

   b. 道教旅游资源(道观、道教名山及道教洞、宫等)有_____处，分别是：_____，_____，_____，_____，_____。

   c. 民间宗教旅游资源(主要指土地庙、城隍庙等)有_____处，分别是：_____，_____，_____。

   d. 基督教、伊斯兰教资源(清真寺、教堂)有：_____

   e. 其他宗教旅游资源(小庙、香火点等等)：_____

   ---

   ① 本表格是为配合上述课题调研而设计。为保证本次调研的顺利进行，浙江省旅游局办公室还于2004年8月2日专门给省内各市、县(市、区)旅游局(委)发出通知，因此我们得以比较全面地搜集到省内宗教文化旅游方面的第一手相关数据。正是这些数据构成了本文立论的基本依据。

　　f. 在上述各宗教资源之中,游客(香客)人数最多的是(A 佛教、B 道教、C 基督教、D 民间宗教:　　　　)

　　g. 在上述各宗教资源之中,门票收入最多的是(A 佛教、B 道教、C 基督教、D 民间宗教:_____)

4. 上述宗教文化旅游资源分布情况如何?

　　a. 位于风景区内,对外正式开放的佛教旅游资源共有_____处,分别是_____,_____,_____,_____。

　　b. 位于风景区内,未对外正式开放的佛教旅游资源共有_____处,分别是_____,_____,_____;_____;

　　c. 位于风景区之外,对外开放的佛教旅游资源共有_____处,分别是_____,_____,_____,_____;_____;

　　d. 位于景区内之外,未对外开放的佛教旅游资源共有_____处,分别是_____,_____,_____,_____;_____。

5. 近五年来,前来上述宗教旅游景点(宗教活动场所)游览的游客(香客)人数情况(如无准确数据,请大致估计一下):

　　a. 1999 年 _____

　　b. 2000 _____

　　c. 2001 _____

　　d. 2002 _____

　　e. 2003 _____

　　f. 2004(上半年)_____

6. 近五年来,前来上述宗教文化旅游景点游览的游客(香客)中海外游客所占比重情况(大致估计一下,如 1/3,1/4 等):

　　a. 1999 年 _____

　　b. 2000 _____

　　c. 2001 _____

　　d. 2002 _____

　　e. 2003 _____

　　2004(上半年)_____

7. 您所在地区宗教文化旅游景点吸引游客(香客)的主要"闪光点"(即卖点)是什么?(请选择一项或多项,并具体说明):

　　a. 独特的佛像(如新昌大佛)

b. 宗教圣物（如阿育王寺舍利）

c. 宗派祖庭（如天童寺）

d. 烧香

e. 抽签算命

f. 定期庙会

g. 其他

答＿＿＿＿＿＿＿＿＿＿＿＿＿＿＿＿＿＿＿＿＿＿＿

8. 您所在部门相关人员对于"宗教文化"（宗教教义、主要思想、人物、典故及宗教政策等知识）的了解程度（可选择多项）：

a. 部分人员相当了解

b. 大多数不了解

c. 一般

d. 了解一些

e. 不了解

f. 其他

答＿＿＿＿＿＿＿＿＿＿＿＿＿＿＿＿＿＿＿＿＿＿＿

9. 您所在地宗教文化旅游景点在建设（或恢复、保护）方面的情况：

a. 产权情况：A 产权清晰，B 产权不清，C 产权有争议　答＿＿＿＿＿＿

b. 投资建设（恢复）主体：A 景区开发商，B 宗教协会，C 政府有关旅游、园林部门，D 本地村民，E 个人投资，F 联合投资　答＿＿＿＿＿＿

c. 是否存在作为历史文物的宗教文化名胜的保护与当地经济开发之矛盾：A 是；B 否　答＿＿＿＿＿＿

d. 您所在地区，宗教旅游景点的建设（恢复、保护）中主要存在主要问题有（根据实情填写）：

＿＿＿＿＿＿＿＿＿＿＿＿＿＿＿＿＿＿＿＿＿＿＿＿＿＿＿＿＿＿＿

＿＿＿＿＿＿＿＿＿＿＿＿＿＿＿＿＿＿＿＿＿＿＿＿＿＿＿＿＿＿＿

＿＿＿＿＿＿＿＿＿＿＿＿＿＿＿＿＿＿＿＿＿＿＿＿＿＿＿＿＿＿＿

＿＿＿＿＿＿＿＿＿＿＿＿＿＿＿＿＿＿＿＿＿＿＿＿＿＿＿＿＿＿＿

10. 您所在地区的宗教旅游景点（宗教活动场所）是如何管理的（可单选，也可多选）？

a. 位于景区内的宗教旅游景点是：A 一票制，统一管理，B 分别管理，各自收门票，C 其他　答＿＿＿＿＿＿

b. 位于景区外的宗教旅游景点是：A 由宗教局管理，B 由宗教协会管理，C 不收门票　答＿＿＿＿＿＿

c. 宗教旅游景区的管理主体是（A 专门设立的管委会，B 旅游局（或园林局），C 宗教局，D 宗教协会，E 企业承包，F 自我管理，G 当地村民，H 多头管理　答＿＿＿＿＿＿

d. 位于景区内的宗教文化旅游景点（寺院）的僧职人员任命及去留等有关重要事务的决定权归属：A 专设的管委会，B 旅游管理部门，C 宗教局，D 宗教协会，E 景点投资人或承包人，F 自我管理，G 当地村民，H 其他答＿＿＿＿＿＿

e. 其他需要说明的问题＿＿＿＿＿＿＿＿＿＿＿＿＿＿＿＿＿＿＿＿＿

＿＿＿＿＿＿＿＿＿＿＿＿＿＿＿＿＿＿＿＿＿＿＿＿＿＿＿＿＿＿＿＿＿＿＿

＿＿＿＿＿＿＿＿＿＿＿＿＿＿＿＿＿＿＿＿＿＿＿＿＿＿＿＿＿＿＿＿＿＿＿

11. 您所在地区宗教文化旅游景点在游客（香客）接待及经营方面情况（可单选，也可多选）：

a. 接待人员（包括导游）的素质情况：A 参加过有关培训，有相关宗教文化知识；B 没有培训，但有相关知识背景；C 缺乏有关知识　答＿＿＿＿＿＿

b. 香客（游客）的素质情况：A 固定香客素质较好；B 散客一般；C 偶见素质差者，D 香客普遍素质较差；E 海外香客素质较好　答＿＿＿＿＿＿

c. 在宗教文化旅游景点收入与利润分成方面存在的问题主要是：A 分成比例较为合理，B 分成比例不合理，C 没有规定分成比例，D 规定了比例但未执行　答＿＿＿＿＿＿

其他需要说明的情况：＿＿＿＿＿＿＿＿＿＿＿＿＿＿＿＿＿＿＿＿＿＿＿＿＿

＿＿＿＿＿＿＿＿＿＿＿＿＿＿＿＿＿＿＿＿＿＿＿＿＿＿＿＿＿＿＿＿＿＿＿

＿＿＿＿＿＿＿＿＿＿＿＿＿＿＿＿＿＿＿＿＿＿＿＿＿＿＿＿＿＿＿＿＿＿＿

d. 您所在地区宗教文化旅游景点在接待及经营方面存在的主要问题是：A 硬件设施不够完善，B 人员素质问题，C 有关政策界限不明，D 普通游客的游览行为与宗教徒清静修行之间的矛盾，E 管理主体多元化造成不同利益主体之间冲突

答＿＿＿＿＿＿＿＿＿＿＿＿＿＿＿＿＿＿＿＿＿＿＿＿＿＿＿＿＿＿＿＿＿

其他需要说明的问题：＿＿＿＿＿＿＿＿＿＿＿＿＿＿＿＿＿＿＿＿＿＿＿＿

＿＿＿＿＿＿＿＿＿＿＿＿＿＿＿＿＿＿＿＿＿＿＿＿＿＿＿＿＿＿＿＿＿＿＿

＿＿＿＿＿＿＿＿＿＿＿＿＿＿＿＿＿＿＿＿＿＿＿＿＿＿＿＿＿＿＿＿＿＿＿

12. 您所在地区旅游管理和宗教部门之间关系如何?

a. 关系融洽

b. 关系不和

c. 互不干涉

d. 矛盾冲突

答＿＿＿＿＿＿＿＿＿＿＿＿＿＿＿＿＿＿＿＿＿＿＿＿＿＿

需要说明的问题:＿＿＿＿＿＿＿＿＿＿＿＿＿＿＿＿＿＿＿

＿＿＿＿＿＿＿＿＿＿＿＿＿＿＿＿＿＿＿＿＿＿＿＿＿＿＿＿

＿＿＿＿＿＿＿＿＿＿＿＿＿＿＿＿＿＿＿＿＿＿＿＿＿＿＿＿

＿＿＿＿＿＿＿＿＿＿＿＿＿＿＿＿＿＿＿＿＿＿＿＿＿＿＿＿

＿＿＿＿＿＿＿＿＿＿＿＿＿＿＿＿＿＿＿＿＿＿＿＿＿＿＿＿

13. 如果您所在地区旅游管理和宗教部门之间关系不和乃至冲突,其原因是:

a. 经济利益上的矛盾

b. 缺少沟通

c. 管理体制不顺

d. 互不尊重

答＿＿＿＿＿＿＿＿＿＿＿＿＿＿＿＿＿＿＿＿＿＿＿＿＿＿

其他原因:＿＿＿＿＿＿＿＿＿＿＿＿＿＿＿＿＿＿＿＿＿＿＿

＿＿＿＿＿＿＿＿＿＿＿＿＿＿＿＿＿＿＿＿＿＿＿＿＿＿＿＿

＿＿＿＿＿＿＿＿＿＿＿＿＿＿＿＿＿＿＿＿＿＿＿＿＿＿＿＿

＿＿＿＿＿＿＿＿＿＿＿＿＿＿＿＿＿＿＿＿＿＿＿＿＿＿＿＿

＿＿＿＿＿＿＿＿＿＿＿＿＿＿＿＿＿＿＿＿＿＿＿＿＿＿＿＿

14. 如果您所在地区旅游管理和宗教部门之间关系很融洽,其原因是:

a. 公平合理的利益分成

b. 经常沟通

c. 灵活的管理体制

d. 互相尊重

答＿＿＿＿＿＿＿＿＿＿＿＿＿＿＿＿＿＿＿＿＿＿＿＿＿＿

其他原因:＿＿＿＿＿＿＿＿＿＿＿＿＿＿＿＿＿＿＿＿＿＿＿

＿＿＿＿＿＿＿＿＿＿＿＿＿＿＿＿＿＿＿＿＿＿＿＿＿＿＿＿

＿＿＿＿＿＿＿＿＿＿＿＿＿＿＿＿＿＿＿＿＿＿＿＿＿＿＿＿

＿＿＿＿＿＿＿＿＿＿＿＿＿＿＿＿＿＿＿＿＿＿＿＿＿＿＿＿

15. 您所在部门所管辖的风景区内,如果存在宗教活动场所与景区之间的矛盾
　　冲突,其主要原因是(请依其重要性进行排序):

　　a. 经济利益方面的矛盾

　　b. 管理体制方面因素

　　c. 有关政策因素

　　d. 宗教信仰方面因素

　　答 _____

　　其他原因: _____

　　_____

　　_____

　　_____

16. 针对上述存在的问题(矛盾冲突),您认为可行的解决方案是(请依其重要性
　　进行排序):

　　a. 从经济利益方面着手,寻求双赢

　　b. 体制改革

　　c. 完善法规

　　答 _____

　　其他设想: _____

　　_____

　　_____

　　_____

17. 您认为,在您所在地区的宗教文化旅游未来的发展前景(请选择一项):

　　a. 前景广阔

　　b. 前景一般

　　c. 没有前景

　　d. 其他: _____

　　答 _____

18. 您认为开展以海外宗教徒(主要指佛教道教)为目标对象的宗教旅游项目
　　(如佛教的舍利供奉法会)是否有市场(请选择一项):

　　a. 有。简述原因 _____

　　b. 没有。简述原因 _____

19. 您认为宗教文化旅游项目应该以怎样的方式开展(多选或排序):

a. 宗教部门开展定期的活动,旅游部门只负责旅客的组织、交通、食宿等外围活动

b. 旅游部门承包,付给宗教部门报酬

c. 政府部门参与筹划,协调宗教与旅游部门

答 _____

其他方式: _____

_____

_____

20. 您认为开展宗教文化旅游可以有哪些具体形式(多选或排序):

a. 增设宗教旅游专线——面向一般游客

b. 组织定期的朝圣团——面向宗教徒

c. 举办宗教旅游文化节

d. 其他

答 _____

_____

_____

21. 您认为开展如以"宗教文化"为主线的文化节(如上海龙华寺的庙会)对于旅游产品的拓展(开发新产品)及提高附加值(增加旅游参观的项目)是否有帮助:

a. 很有帮助

b. 一般

c. 没帮助

答 _____

22. 您所在的部门是否有直属的旅游景点?

a. 有(请提供景点名称及数目): _____

_____

b. 没有 _____

c. 如果有直属景点,该景点的收入归属:A 旅游管理部门,B 上缴有关政府部门,C 有关部门分成: _____

23. 您所在的部门是否有直属的宗教文化旅游景点？

　　a. 有（请提供景点名称及数目）：＿＿＿＿＿＿＿＿＿＿＿＿＿＿＿＿＿

　　＿＿＿＿＿＿＿＿＿＿＿＿＿＿＿＿＿＿＿＿＿＿＿＿＿＿＿＿＿＿＿＿

　　b. 没有＿＿＿＿＿＿＿＿＿＿＿＿＿＿＿＿＿＿＿＿＿＿＿＿＿＿＿＿＿

　　c. 如果有直属景点，该景点的收入归属：A 旅游管理部门，B 上缴有关政府
　　部门，C 有关宗教部门，D 有关部门分成，E 其他：＿＿＿＿＿＿＿＿＿

　　　　　　　　　　　　　　　填表单位：

　　　　　　　　　　　　　　　填表时间：

中　篇

文化旅游与东南佛国

一、杭州宗教文化遗存与现代人文旅游[①]

——现状、问题及发展对策分析

（一）丰富的宗教文化遗存

杭州市现存的宗教文化遗存十分丰富，而且很多还得到了修复和保护。其中比较重要的有如下一些。

1. 佛教文化遗存

佛寺类：目前已经修复并开放的佛教寺院有：始建于东晋的灵隐寺、下天竺法镜寺、永福寺、灵顺寺、法华寺、玛瑙寺；始建于隋唐时期的中天竺法净寺、韬光寺、径山寺；始建于吴越国的净慈寺、上天竺法喜寺、慧因高丽寺等等；

石刻造像类：

主要有著名的飞来峰造像；有"飞来峰第二"之称的余杭南山造像以及宝成寺麻曷葛剌造像。

佛塔经幢类：

主要有：建于唐代的龙兴寺经幢，建于五代或宋初的灵隐寺两石塔两经幢、闸口白塔、六和塔（清代重建）、雷峰塔（当代重建）；以及建于清代的香积寺石塔。

2. 道教文化遗存

主要有号称"西湖三大道院"的始建于晋代的葛岭抱朴道院、玉皇山及黄

① 本文为笔者参加廖可斌教授主持的课题《以杭州历史文化碎片串联为载体，发展现代旅游的思路和操作方案研究》研究成果之一部分。

龙洞。

3. 其他宗教文化遗存

主要有始建于南宋的杭州凤凰寺,是我国南方伊斯兰教的四大古寺之一。

建于清顺治年间的杭州天主教堂,是杭州现存最早、规模最大的教堂,也是国内早期天主教堂的代表作之一。

(二)市场潜力及现状分析

相对于其他类别的历史文化遗存,杭州市现有的宗教文化遗存不仅数量较多,而且层次较高,具有较高的历史文物价值,在国内宗教界的地位也十分重要。如灵隐寺、净慈寺为全国重点寺院,抱朴道院为全国重点道观;六和塔、白塔、飞来峰造像、宝成寺麻曷葛剌造像、梵天寺经幢、灵隐寺、凤凰寺等多处遗存已被列为全国重点文物保护单位,得到了较好的保护和管理。杭州的佛教石刻多雕造于宋元时期,宗教及艺术价值独特。如麻曷葛剌造像是国内惟一有明确纪年的麻曷葛剌(梵语"大黑天"的意思,为藏传佛教所奉的大日如来的化身)造像。而龙兴寺经幢则是浙江省最早的石刻经幢之一,也是杭州市现存最古老的建筑物。

因此,杭州市现有的宗教文化遗存也具有显著的旅游开发价值。就目前来说,除西湖之外,以灵隐景区为代表的宗教文化遗存是来杭州旅游的游客(不仅是香客)的另一个重要的旅游目的地。据统计,每年来此观光的游客(香客)人数达到 500 万之多。

然而,从发展现代旅游(文化旅游)的角度来说,目前的杭州宗教文化旅游还存在诸多不足之处。虽然灵隐天竺景区每天游人如织,香火很旺,但是宗教旅游的产品单一,目前主要还停留在传统的参观游览、烧香拜佛等民俗佛教信仰的层面。特别是对于宗教文化旅游产品的文化价值和品质内涵还有待我们深入发掘。

在杭州市现有的宗教文化遗存之中,各宗教之间的地位和旅游开发价值差异较大。因此,在发展现代文化旅游时,也应区别对待。

第一,杭州的传统宗教(佛教道教及民间宗教)文化遗存最具开发价值,特别是发展佛教文化旅游的潜力最大,市场前景也最为广阔。这也是本节重点分析的对象。

第二，相对于佛教文化旅游来说，杭州市的道教及民间宗教文化旅游的开发明显滞后。如玉皇山除有福星观、紫来洞外，山下还有开辟于南宋年间的著名的八卦田等道教名胜。其丰富的道教文化内涵与优美的自然景观结合得十分巧妙，但迄今为止尚未广为世人所知。

第三，其他宗教文化遗存也具有其不可忽视的独特价值，如伊斯兰教的凤凰寺、天主教教堂。不过，由于这些遗存主要面向特定的宗教信徒，不具有文化旅游的普遍价值。因此，本文对此分析从略。

（三）创新理念与对策方案

基于上述认识和分析，我们认为，在进一步完善杭州市现有的宗教文化旅游产业的规划和建设的同时，杭州宗教文化旅游应着重思考如何适应现代旅游业的发展趋势，确定未来的发展方向和发展战略。

就目前的现状来说，杭州市有关部门对于杭州宗教文化旅游景区的规划建设以及管理运作已经有着良好的基础和丰富的经验。诸如包括"天竺香市"在内的新灵隐景区规划建设已经基本完成，净慈寺及"南屏晚钟"等著名宗教文化景观已经或正在规划建设之中。但在发展理念、管理机制及产品体系等方面都需要不断创新。如何推陈出新、确立创新理念、推出创新产品体系是杭州宗教文化旅游发展战略的重点所在。

在理念创新方面，确立新的发展战略和目标。

首先，应深入发掘杭州宗教文化遗产的文化价值，大力提升和丰富杭州宗教文化旅游产品的文化内涵，以期实现杭州宗教文化旅游的品质转型。

中国传统宗教（包括佛教、道教和民间宗教）不仅是指一种宗教信仰，更是与中国文化（包括哲学、历史、文学艺术、建筑、饮食服饰、音乐等）和中国人的社会生活有着千丝万缕的联系。正因此，它才吸引了众多的中外游客（而不仅是香客）的广泛兴趣。而且，杭州众多的宗教文化遗存在国内宗教界多具有相当重要的地位，特别是佛教遗存如灵隐寺、净慈寺等多为禅宗祖庭，其中蕴含着丰富的物质的和非物质的文化遗产。可以说，这些都为我们提升杭州宗教文化旅游的档次和品位提供了可能。

其次，结合现代体验式旅游的发展趋势以及杭州建设"生活品质之城"的大背景,可以重点发展"现代宗教体验游",作为杭州市宗教文化旅游的发展方向之一。

中国传统宗教文化遗产,特别是非物质的文化遗产,如佛教的坐禅、道教的养生气功等,对于净化社会道德、缓解快节奏下的现代人的身心压力方面都有着重要的价值。在海外(特别是韩、日)及我国的港台地区,面向非宗教徒的"宗教体验修学游"还是比较流行的。开展类似的修学游项目,也可以从宗教文化角度,为当代杭州创建"生活品质"之城提供新的资源。

第三,实施品牌战略。大力整合资源,将资源优势转化为产品优势,以期实现杭州宗教文化旅游的品牌和规模效应。

第四,发展现代杭州宗教文化旅游,应立足本土,面向海外市场,且重点在于开拓海外市场。这对我们着力提升杭州宗教文化旅游的国际品牌和文化含量十分重要。

推出具有独特魅力的杭州宗教文化旅游创新产品体系和品牌项目。

杭州佛教文化旅游的品牌定位为——"东南佛国"。

早在吴越国时期,以杭州为中心的吴越地区就有"东南佛国"之称。如今这一称号也代表了杭州佛教文化遗存在全国甚至于国际的地位和形象。

打造"东南佛国"品牌,一方面,应继续发挥或恢复已有的品牌效应,如灵隐景区的"灵隐飞来峰"、三天竺的"天竺香市"、净慈寺的"南屏晚钟"、余杭径山寺的"径山茶宴"以及雷峰塔、保俶塔、六和塔"西湖三塔"等等;另一方面,可结合现代"宗教体验游",面向广大游客推出以下系列具有独特魅力的"心灵环保之旅"系列文化旅游产品和项目:

1. 坐禅:佛教禅定实践十分有益身心健康,是现代瑜珈术的鼻祖;

2. 素食:佛教素食不仅是佛教徒的斋戒行为,而且具有环保、保健功能,目前在国际上也比较流行;

3. 佛教音乐:佛教梵呗独特的净心、放松功能是其他音乐所无法比拟的;

4. "短期出家体验游":"做一日和尚撞一天钟",品味出家人的生活体验;

5. "讲经说法":听高僧大德讲经说法,感悟佛门的般若智慧;

6. 放生:放生习俗流行于江南,宋代时西湖曾一度被辟为放生池;

7. 茶道:佛教有"茶禅一味"之说,如今日本茶道乃起源于"径山茶宴"。

另外,在旅游线路的设计上,可以联合浙江省内的普陀山、天台山以及国内其他省市著名的宗教文化名胜共同推出以佛教文化遗存为主题的精品线路,使游客在修学游中亲身感受中国佛教文化丰富的内涵和价值。如中国佛教"五山十刹游"（南宋时评定下"五山十刹"，"五山"分别为径山寺、灵隐寺、净慈寺、天童寺、阿育王寺，均集中在浙江省）、"禅宗文化寻根游"、"江南佛教石刻文化一日游"等。

此外，鉴于杭州目前道教文化旅游的开展明显滞后，还应加大杭州道教文化遗存的现代旅游开发力度。推出"西湖三大道院一日游"的专题产品，以探索杭州道教文化遗存的深刻内涵和价值。另外，还可以联合杭州的胡庆余堂中医博物馆、黄龙洞以及玉皇山八卦田等文化遗存，推出"道教文化与养生"、"道教文化与风水"、"周易与道教文化"专题的道教文化修学游。

二、杭州古雷峰塔的佛教文化渊源①

位于杭州西湖之滨的雷峰塔与保俶塔、六和塔合称"西湖三塔",是美丽西湖的历史见证和象征。由五代吴越国王钱弘俶始建于公元 975 年的杭州雷峰塔,因与之相关的白蛇与许仙的爱情故事在民间广为流传而名噪江南,又因该塔于 1924 年倒塌之后鲁迅先生有感而写了两篇《论雷峰塔的倒掉》之杂文而在现代中国人心目中留下了深刻而复杂的印象。然而,本文以为,从历史上看,雷峰塔实际上是一座典型的佛塔,其中蕴含着丰富的佛教文化内涵。本文即通过分析吴越王钱弘俶建塔动机、塔砖中所庋藏的佛经及地宫中发掘出的众多的佛教文物,来探讨其中的佛教文化渊源。

(一)建塔动机:奉佛螺髻发舍利

古雷峰塔位于西湖畔净慈寺前夕照山上之中峰,据宋潜说友《咸淳临安志》卷八十二记载,此处"旧有郡人雷就筑庵所居,故名雷峰",塔因此而得名。雷峰塔另有多个名称,因位于杭州的西城门(又称"涵水西关"),因之塔初建时名"西关砖塔";旧志又称塔在"黄皮园",其地尝植黄皮木,故民间又称"黄皮塔"。又传吴越王钱弘俶因祝贺黄氏王妃得子(暨封妃盛典)而建,故名"皇(王)妃塔"。

由分析雷峰塔之得名,可以帮助我们认识吴越钱王建造雷峰塔的动机。据《咸淳临安志》卷八十二的记载:雷峰塔系吴越钱王钱弘俶为贺王妃得子着宫监所建,故又名"黄妃塔"。此说多为今人著作采纳,如冷晓、陈荣富等的著作中皆取此说。② 但是,在二十世纪二十年代雷峰塔倒塌之后不久,著名学者俞平伯先

---

① 本文原载《人文旅游》第一辑,浙江大学出版社 2005 年 4 月版。
② 如冷晓著《杭州佛教史》(下),百通出版社,杭州市佛教协会 2001 年 12 月版,第 451 页;陈荣富著《浙江佛教史》,华夏出版社 2001 版,第 263 页。

生就曾撰文指出:钱王并无黄姓妃子,所谓"黄"乃"王"(皇)之误读。在钱弘俶所作的塔记碑文及塔砖中署名众多,说明雷峰塔系众人合力所为;以"王妃"名塔,其义乃是将吴越王与王妃并列,似不当专属王妃。① 俞平伯先生此说不无道理。不过笔者以为,从当时史料记载来看,钱王建造此塔也确有纪念王妃之意义,然而此说并未能充分说明钱王建塔之根本动机。

　　而在江浙一带民间,则广泛流传着以雷峰塔镇压水妖白蛇以祛西湖水患之传说。清代陆次云在《湖壖杂记》中说:"俗传湖(指西湖)中有青鱼、白蛇之妖,建塔相镇,大士嘱之曰'塔倒湖干,方许出世'。崇祯辛已,旱魃久虐,水泽皆枯,湖底泥作龟裂,塔顶烟焰薰灭,居民惊相告曰'白蛇出矣!'互相惊惧,遂有假怪以惑人者。后得雨,湖水重波,塔烟顿息,人心始定。"② 由中国传统风水学的角度来看,建雷峰塔以镇妖去西湖水患之说,或许有一定道理,但镇压"白蛇"一说当为后出。其实,雷峰塔原本与白蛇无关。最早将雷峰塔与白蛇联系起来的是《淳佑临安志辑逸》之一则记载,后来才逐渐敷衍成一完整的传说。《淳佑临安志辑逸》(清湖敬辑)卷五《显严院》条引《庆元创修记》云:"建炎(1127—1131)末,有司欲毁之,度其材以修城,忽巨蟒出,绕其下,而止。其后军寨于此,环塔为藏甲处。一日烈风震霆,摄兵器于外而局键如故,主将怪其事,迁而它之。"③ 时人也将令"四众惊异"的"灵迹章章"归于"佛髻菩萨与种种严饰,胜妙殊绝,得未曾有。"④ 正是这些"灵异"事迹使得已经在方腊起义中遭受损毁的雷峰塔,在战乱频仍之际得以残存。于是,在宋代话本《西湖三塔记》中,开始有了蛇妖的故事,不过此时的蛇妖主要是指危害人们生活安宁的西湖水妖,蛇之被镇压只是它行恶害人的报应。至明代冯梦龙《白娘子永镇雷峰塔》,故事已经十分丰满,而白蛇之形象也日趋净化,终于成了人们心中美丽善良、勇敢执着地追求爱情自由的可爱的姑娘形象,且演绎了一段白娘子与许仙之间动人美丽的爱情传说。

　　随着"白蛇与许仙"故事的流行,雷峰塔也名噪江南,然而雷峰塔的本来面目却逐渐淡出了人们的记忆。那么,吴越国王钱弘俶建塔动机究竟是什么?笔者以为,从钱弘俶一生的行为、思想及信仰来看,最为准确的说法应是钱王为奉

　　① 参见《雷峰塔考略》,载《俞平伯散文杂论编》,上海古籍出版社 1990 年 4 月版,第 230 页。

　　② (清)陆次云著《湖壖杂记》,载施奠东主编"西湖文献丛书"之《清波小志外八种》,上海古籍出版社 1999 年 7 月版,第 17 页。

　　③ 见(清)湖敬辑《淳佑临安志辑逸》卷五,《武林掌故丛编》第二十四集,第三册,第 23 页。光绪庚子春三月钱塘嘉惠堂丁氏刊于楚北,浙江大学图书馆藏。

　　④ 同上。

安佛螺髻发舍利而建。在由钱王撰写的雷峰塔《建塔碑记》①中明确表示："（钱弘）俶于万机之暇，口不辍诵释氏之书，手不停披释氏之典者，盖有深旨焉。诸宫监尊礼佛螺髻发，犹佛生存，不敢私秘宫禁中。恭率宝贝，创窣波于西湖之浒，以奉安之。"《淳佑临安志辑逸》卷五《显严院》条引《庆元修创记》也有记载："浮屠氏以塔庙为像教之盛，钱王时获佛螺髻发，始建塔于雷公之故峰。"亦明确说明了建塔之动机。

在佛教文化中，"佛舍利"是一种至高无上的神圣之物。为了表示对佛陀的虔诚信仰，佛教信徒无不争相供奉佛舍利。佛舍利又分为两种：一是法身舍利（即佛经）；二是生身舍利，即释迦牟尼圆寂后火化时遗留下来的固体结晶状特殊物质。通常所说的舍利，即指生身舍利。而作为一种建筑形式，"塔"本原于印度，它又称"窣堵波"、"佛图"、"浮屠"、"浮图"，是随着佛教的传入而出现。印度的塔有两种：一种是埋葬佛舍利、佛骨等的"窣堵波"，近似于坟冢的性质；另一种是所谓的"支提"或"制底"，内无舍利，称作庙，即所谓塔庙。

自从佛教传入中国并与中国传统文化和社会相结合，古印度孔雀王朝的阿育王广建佛塔以弘扬佛法的故事，就一直为历代崇奉佛教的帝王将相所仿效。阿育王是印度历史上著名的护法王（约前272—前232），他在位时，以佛教理念治国，曾造八万四千大寺，建八万四千座舍利塔，分送宇内。据说中国有多处"阿育王寺"内供奉的阿育王塔即为此时所建。吴越国自钱镠立国以来，历代钱王无不以"奉佛顺天，保境安民"为根本信条。在三代钱王之中，尤以钱弘俶（公元947—978在位）奉佛最为虔诚。钱弘俶继承王位以后，他曾多次将宁波阿育王寺中的佛舍利迎请至杭州供奉，并且还在王宫中专门供有"佛螺髻发舍利"。虽然吴越国偏安江南，但在赵宋王朝一统天下的趋势及西湖水患的背景下，为祈求佛祖"驱灾镇邪，保境安民"，钱俶仿效印度阿育王的故事，广造《宝箧印陀罗尼经》经卷，并依据该佛经所示，以金钢铸造八万四千佛塔（即俗你"金涂塔"），并在佛塔中间封藏《宝箧印陀罗尼经》（即法身舍利），以杭州为中心，颁发吴越国全境，分别供养，此事历时十年方成；其中最珍贵的一座金涂塔，在其中就供有原本深藏于宫中的"佛螺髻发舍利"，钱王将其移至西湖之滨，专门为建雷峰塔以奉安之。塔成之后，依塔还建有佛寺（即显严院），北宋二年（公元1065）曾有名僧广慈法师主持之。

在雷峰塔地宫中镇以佛螺髻发舍利，并在雷峰塔及塔砖中庋藏佛经——即

---

① 载（宋）潜说友撰《咸淳临安志》卷八十二。

佛之法身舍利,这些事实足以证明:雷峰塔本是吴越国王钱弘俶为奉安佛螺髻发舍利而建,其性质无疑当属"佛舍利塔"。

(二)雷峰塔砖与《宝箧印陀罗尼经》

据记载,1924年雷峰塔倒塌之时,杭州城中万人空巷,竞相奔赴现场寻拾塔砖。当时杭州附近一带乡民笃信雷峰塔的神灵,传言雷峰塔砖可利农蚕,渔民出海可保平安,可避蛇祸,甚至说以砖作枕,可以驱除恶梦,夜哭郎也不再啼哭。那么雷峰塔砖何以具有如此巨大的魔力呢?

实际上,从已出土的塔砖来看,由于雷峰塔几经修治,砖之大小不等,制作也并不精致。雷峰塔砖的特别之处乃在于部分塔砖中庋藏有佛经。雷峰塔倒塌之后,经专家确认为吴越钱王时的造塔之砖,有两种:有孔无字的,有字无孔的。有字之砖,上面所塑的字有一字、二字、三字或四字,字的内容或单字(如"大"、"千")或地名(如"西关")或人名(如"吴王""吴妃"),没有一定规律性,因而也看不出有何神奇之处。有孔之砖,砖呈长方形,孔之一端露在砖缘,一端入砖腹,此乃特制以藏佛经之用。显然,砖中所庋佛经比砖本身要珍贵得多,雷峰塔砖之所以如此神灵,正是由于其中藏经的缘故。砖中藏经是木刻印刷的《宝箧印陀罗尼经》,印经上署有"天下兵马大元帅吴越国王钱俶造此经八万四千卷,藏入西关砖塔(即雷峰塔)永供充养乙亥八月"。虽然号称有八万四千卷,但实际出土的不过千数,而且大多是残缺不全。但由于其年代确切可靠,亦为我国发现的最早的宋初木刻印刷品,因而仅从文物角度来看,就已十分珍贵。据说,解放前上海曾有收藏者出售,每张塔经标价达两千银元。如今,该印经已是寥寥无几。不仅塔砖中藏有佛经,在舍利塔地宫中也藏有《宝箧印陀罗尼经》经卷。

那么雷峰塔的建造者为何要在卷帙浩瀚的佛经中选择《宝箧印陀罗尼经》来供奉呢? 这里自然有其特别的理由。《宝箧印陀罗尼经》全称《一切如来心秘密全身舍利宝箧印陀罗尼经》,简称《宝箧印经》或《陀罗尼经》。"陀罗尼"是"密咒"、"神咒"之意,"宝箧"为珍藏密咒之具,"印"即佛之心印、法要,在此指"陀罗尼"。此经在《大藏经》中入秘密部,为唐代著名高僧不空奉圣旨翻译。虽然该经经文只有两千九百二十字,但依经中所说,却有着不可思议的殊胜功德。在该经文中,释迦牟尼佛如是说道:"一切如来俱胝如胡麻心陀罗尼印法要,今在其中","若人书写此经置塔中者,是塔即为一切如来金刚藏窣堵波(即塔),亦为一切如来陀罗尼心秘密加持窣堵波"。因此,该经为塔之法要,而塔则为经之宝箧。经文有一节还记载了佛祖的一段经历:佛祖应一大婆罗门(无垢妙光)请往彼所,至一园名曰"丰财"中之古朽塔,"尔时塔上放大光明赫然炽盛,于土聚中出'善哉'声"。于是大众异常惊怪,问其故,佛答曰"有无量俱胝'陀罗尼法要'在其中故"。并说,"若人作塔或土石木金银赤铜,书此法要安置其中,才安置已,其塔即为七宝所成"。经文还说,安置此"陀罗尼法要"的塔及佛形象所在之处,为佛及诸天所护,能免于一切魔鬼所害,乃至可以驱灾镇邪,风调雨顺,吉祥如意。此"法要"之所以有如此殊胜功德,皆因"以此宝箧印陀罗尼威神力故"。

　　一千多年前,吴越国王钱弘俶建造雷峰塔,并在塔中供奉舍利及佛经,其行为与该佛经中所说正相契合,可见钱王之意是籍此广植善根,以祈求佛祖护持吴越国,保境安民。在历史上,供有佛舍利的金涂塔确也扫除了钱俶内心里战争残杀的阴霾,"奉佛顺天",自愿"纳土归宋",保全了吴越境内的经济繁荣和百姓平安,从而成就了"东南形胜,三吴都会,钱塘自古繁华"(宋柳永词)。或许正是由于佛祖的护佑,雷峰塔建成以后,虽曾历经兵火雷击等种种劫难,塔之外部设施也曾多次遭毁并重建,然而塔之主体(即塔心)却历经千年风雨沧桑,一直矗立在西湖之滨。直至民国初(1924),庋经遭劫,状如"老衲"的雷峰塔终于坍圮。

(三)由雷峰塔地宫出土佛教文物看佛教中国化

　　古雷峰塔之建筑造型融合了中国民居的特点:檐角,走廊,已经完全汉化,是典型的中国式佛塔;而雷峰塔地宫出土的佛教文物则进一步印证了佛教的中国化。据了解,在雷峰塔遗址的考古发掘过程中,雷峰塔的地宫中总共出土文物70多件。除了藏于地宫铁函中的镇塔之宝——供有佛螺髻发舍利的金涂塔之外,另外还有鎏金银盒、鎏金龙莲底座佛像、小蓝玻璃瓶等堪称"国宝级"的文物,十分珍贵。由于出土文物较多且具有丰富的文化价值,因而雷峰塔地宫考古发掘被誉为2001年全国"十大考古发现"之一。

　　其实,早在1924年雷峰塔倒塌时,在雷峰塔砖窦中就曾出土过一种"塔图":图中起首为一图案画,中有一鹤。下绘有四塔,四面花纹不同,实为一塔之四面。当时专家学者即判定为"金涂塔图"。因其鎏金工艺,人们便习称之为

"金涂塔"。因其内藏有《宝箧印陀罗尼经》,为珍藏佛教密咒之具,又称"宝箧印塔";还因其是钱弘俶仿印度阿育王所造,故又称"阿育王塔"。雷峰塔地宫出土的金涂塔为鎏金银质工艺,其结构与印度阿育王所造塔大致相似,但为了符合本民族的文化心理和习俗,一些地方作了改变:塔基由原来的无佛改为有佛,塔上佛像全部汉化,俨然中国人的面孔及衣饰,造形也更加精美。不过与钱俶所造并分送各地供奉的其他金涂塔有所不同(近些年来在国内各地陆续有出土),藏于雷峰塔地宫中的金涂塔因庋藏有"佛螺髻发舍利",更显得非同寻常。

在雷峰塔地宫出土的文物中,还有一件造型罕见、十分耐人寻味的珍贵佛像——鎏金龙莲底座佛像。在我国的历代考古发掘中,造型优美、工艺精良的精制佛像并不少见,然而该尊佛像造型独特,在古今中外所有佛教造像中可谓绝无仅有,堪称稀世珍宝。从造型上来看,其独特之处在于:佛祖端坐于莲花之上,背后是象征着智慧之光的火轮。在莲花座下,一条巨龙昂首翘舌,身体扭曲盘缠在支撑着佛像的立柱上。龙鳞细密,四腿三爪刚劲有力。巨龙之下为双层基座。佛像静谧安详,巨龙则苍劲挺拔,佛与龙二者竟然如此和谐地融合在一件精美绝伦的艺术品中,实在神乎其技!这尊佛像寓意深远,蕴涵着丰富的文化内涵,无疑具有独特的象征意义。

雷峰塔地宫出土之鎏金龙莲底座佛像

在印度南亚次大陆文化中,"龙"生于水中,能在海中称王称霸。龙王还拥有大量的珠宝,是海里的富豪。就佛教教义而言,龙与诸天、药叉等所谓"天龙八部",皆为佛(法)的护卫和供养者,俗称护法神。雷峰塔中原有石刻《华严经》(已于1924年雷峰塔倒塌时散失),经文中有一段曰:"大塔庙处,无量佛刹,常为天龙人非人等,恭敬供养"。另外,雷峰塔中所藏《宝箧印陀罗尼经》,经文中更是说得明白:在佛祖与婆罗门及天龙八部金刚力士等护法神的对白中,佛以光明觉悟感化诸天龙神,使之得以解脱。根据宋代法云编写的《翻译名义集》,具体说来,龙的作用有:一是守护天宫殿,二是兴云致雨,三是决江开渎,四是伏藏,即保护佛教经典。因龙宫中有巍峨宫殿,无量珠宝,种种庄严,故而龙王常常迎请佛祖来龙宫供养，或随侍在佛菩萨左右。然而，在佛教的信仰体系中，龙与诸天（神）的地位并不高，在佛、菩萨、罗汉等得道正果之下，仍然属于三界之内的六道众生。

　　然而，在中国传统文化中，"龙"却有着特殊的地位和象征意义。在上古时代，中华民族先民视龙为图腾而加以崇拜，至今我们还称作为炎黄子孙的中华民族为"龙的传人"。龙作为一种神灵般的动物，在十二生肖中，它是唯一虚构的。但"龙"的原型究竟是何物？如今我们已不得而知。中国古人将龙与麟、凤、龟合称"四灵"，传说它能致雨。《说文解字》则解释龙为"鳞虫之长，能幽能明，能细能巨，能短能长，春分而登天，秋分而潜渊"。因而在中国传统文化龙逐渐被奉为圣物，代表帝王和王权，并进而成为中华传统文化中的尊贵、祥瑞之象征。印度文化中的"龙"与中国文化中的"龙"从原型到寓意都有不同，但随着佛教东至中国以后，中国人很容易用自己心目中的龙的形象来诠释佛教中的龙神，把两个由不同的民族文化中产生出的概念融为一体，从而丰富了中国龙的概念的内涵。佛祖身边的诸护法神因护驾有功，连同佛菩萨一起被中国人所喜爱和崇拜，如天王殿中的"四大天王"（又称四大金刚），而"韦驮天"因功勋卓著甚至被中国人尊为"韦驮菩萨"，并设道场供奉之。佛教在中国普及以后，民间传说中关于龙王和龙宫的描述，以及守护天宫，兴云致雨，决江开渎……凡此种种，显然曾受到佛教文化的影响。可以说，雷峰塔地宫的鎏金龙莲底座佛像是印度佛教与中国传统文化相融合的一个具体典范，也充分反映了中华民族的文化习俗和信仰心理。

　　就吴越王钱弘俶本人来说，铸造该尊鎏金龙莲底座佛像并将其永久庋藏于雷峰塔地宫，至少反映了如下两种思想和动机：第一，吴越国三代钱王虽然一直是吴越地区的实际的最高统治者，但在名义上一直臣服于南唐、后周等王朝，是附属国小朝廷，一直未能正式登基称帝。"有实而无名"成为吴越国数代钱王的帝王霸业之一大遗憾。铸造该尊龙座佛像，在某种意义上，或许可以说是以一种隐喻和象征的形式来表达和满足其追求帝王之尊的愿望和心理。据了解，在浙江省博物馆，还曾收藏有一座出土于西湖之中的鎏金铜质金龙，它是吴越国王为祈求国泰民安、霸业永固而投入西湖水中的信使。其造型独特，形似骏马，又像麒麟，浑身饰以金鳞。其中寓意也是十分鲜明的。第二，吴越国三代钱氏国王历世奉佛，尤其是钱弘俶，亦通晓佛法，其对佛之尊崇，历代帝王之中，鲜有出其右者。例如，关于二晋以来就十分流行、并且本土的儒学渐趋主导地位的三教论争中，他依然将佛教奉为至尊。他在为名僧永明延寿的名著《宗镜录》所作的序言中说："儒，吾之师也；道，儒之师也；佛，道之师也"，崇佛而抑儒道之心，灼然若见。无怪乎钱弘俶要命人铸造出这尊佛祖端坐于龙首之上的造型独特的"龙佛"，并用它来作为雷峰塔的镇塔之宝。

　　吴越王钱俶弘扬佛教之种种事迹表明：其用意在于要做中国的"阿育王"（护法王）。然而因国力所限，以及当时战乱频仍的社会背景，钱俶弘实际上不可能像印度的阿育王那样大规模地弘扬佛教，甚至连原本要造十三层的雷峰塔，在建了七层之后，也不得不草草收尾。不过，因历代钱王之倡导，确实带来了吴越国佛教文化的繁荣：五代之吴越，"寺塔之建，倍于九国"，号称"东南佛国"。这段历史不仅对五代以后江南佛教的发展演变影响深远，而且也在中国佛教文化发展历史上占有相当重要的地位。

　　古人有"盛世建塔"之说。在古雷峰塔倒塌78年之后，伴随着新中国的"和平崛起"，2002年10月，一座融现代的建筑设计工艺和古朴的中国古建筑风格于一体的崭新的雷峰塔重又矗立在西湖之滨，对海内外游人开放。据工程的设计和建设者称，为了使雷峰塔能够永久屹立在西湖的南岸，不再重蹈被毁倒塌的覆辙，塔的主体采用了全钢架结构，而在瓦片、斗拱和装饰柱等装饰方面采用的均是现代的铜雕工艺。然而，当游人乘坐豪华电梯，缓缓地登上仅有数十米高的夕照山，然后乘观光电梯登上塔楼，凭栏远眺西湖美景，感受到的更多是科技的力量与现代人的审美趣味。而作为一个名闻大江南北的佛教名胜，其独特的宗教意义和神圣的庄严却因此被解构了。当人们充分领略了西湖的秀美之后将要离开时，有心人会忽然发现，在塔的附近的一排厢房内，置放的却是当年作为镇塔之宝的藏有"佛螺髻发舍利"的金涂塔。虽然，通过新塔的展览部分，人们还可了解雷峰塔的历史变迁。然而，金涂塔与同其他出土文物一样，也只是作为一般的历史文物被游人欣赏着，品鉴着。这不能不说是新雷峰塔的建设者的一个关键的疏忽。因此，如何充分发挥雷峰塔的人文旅游（宗教文化旅游）功能，让人们在登塔领略西湖美景的同时，既能了解其中悠久的文化内涵，且能感受到其中神圣的庄严，仍是摆在现代人面前的一个重要的课题。

三、北高峰灵顺寺与三教合一的财神信仰[①]

(一)"天下第一财神殿"

杭州北高峰灵顺禅寺,始建于东晋咸和年间,其开山祖师为来自印度的慧理禅师,与灵隐、灵峰、灵山、灵鹫等并称为杭州市最早建立的"五灵"之一[②],距今已有一千六百余年历史。据《太平广记》记载:唐天宝年中(742-756),寺僧子捷在灵顺寺旁建北高峰塔,高七级,灵顺寺即为其塔院。据说在子捷建塔时,曾有这样一段传奇故事:灵隐寺有一只花犬,每每随着工徒自山下衔砖石以至塔所。某日,工徒于荒榛间得一石佛,惟缺左耳。该犬即自古寺基中跑出一石耳,合之正是所缺之耳。塔成之后,犬毙,于是寺僧将其葬于寺门八面松下。[③]唐会昌年间,北高峰塔毁于"会昌法难"。吴越国钱武肃王重建该塔。现西湖十景中的"双峰插云",原为北高峰塔与位于南高峰顶的南高峰塔高耸入云的写照。后因塔毁,人们遂误以为双峰是北高峰与南高峰两座山峰。

宋时,为奉祀五显神,灵顺寺内增建华光殿。因殿内供奉"五显财神",故世人多呼之为"财神庙"。又因寺内设殿别名"华光",故民间又称之为"华光庙"。

灵顺寺地处杭州最高峰,风景秀美,古刹庄严,历史悠久,故历代帝王及文人墨客多有登临题赋者。北宋徽宗大观年间御赐寺额"灵顺",清康熙皇帝留有"华光庙"墨宝,乾隆帝则赐"财神真君"并赋诗一首。唐代诗人方干、宋代文豪苏东坡、明代才子邓林、姚肇等均留诗词于寺院之中。特别是江南才子徐文长,他在登山游寺时称该寺所供奉的财神为其平生所仅见,故留下了"天下第一财

① 本文原为笔者与印旭法师合著《中国财神文化》一书的"绪论",收入本书时文字上有所修订。
② 参见孙治辑:《灵隐寺志》卷一,杭州出版社 2006 年 4 月版,第 1 页。
③ 参见清翟灏辑《湖山便览》卷五"北高峰",上海古籍出版社 1998 年 12 月版,第 131 页。

神"的墨迹。

建国后的灵顺寺曾为杭州市佛教协会自管寺院。不过,在"文革"期间,寺院被有关部门挪作它用。尽管如此,由于民间对财神的信仰不绝,每年春季到灵顺寺朝拜进香者仍络绎不绝。因此,在杭州市有关部门的关心和支持下,自2005年以来,灵顺寺按明清建筑风格重新修复并正式对外开放。

灵顺寺现存主殿为明末清初所建,规模宏伟,堪称华夏财神庙之最。寺院内除按佛殿格局设置天王殿、佛殿以供奉弥勒菩萨、释迦牟尼佛等之外,还特别供奉有"财神真君"赵公明、武财神关公、文财神范蠡,以及华光财神、藏传佛教五姓财神等,在这些财神旁边还供有许多中国民间流行的吉祥之神,如我们熟悉的福、禄、寿三星神,招宝、纳珍、招财、利市等等,将人们所期盼的"福、禄、寿、喜、财"等良好的意愿均包容其中,故而得到了广大游客的青睐。近年来灵顺寺香火日盛,成为风景如画的杭州美景中一道独特的人文景观。

众所周知,财神庙遍布在我国南北各地。与其他财神庙相比,杭州灵顺寺的财神信仰有何特色呢? 与国内一般的佛教寺院不同的是,历史上灵顺寺曾以财神庙著称,是一座集佛教文化与民俗信仰为一体的独具特色的古刹。该寺除弘扬佛教文化之外,亦将华夏民族民俗文化融入其中。特别需要指出的是,由于明代著名文人徐文长曾题写了"天下第一财神",故灵顺寺亦有"天下第一财神殿"之说。

图1　明徐文长书"天下第一财神"匾

灵顺寺地处杭州西湖景区的最高峰,于风景秀美之中不失险峻,是西湖景区周围登高远眺之最佳处,故能成为宋以来著名的杭州西湖"十景"之"双峰插云"的关键部分。唐代诗人方干有诗《夏日登灵隐寺后峰》曾这样写道:

绝顶无烦暑,登临三伏中。
深萝难透日,乔木更含风。
山叠云霞际,川倾世界东。

　　那知兹夕兴，不与古人同。

　　新中国成立以后，开国领袖毛泽东主席曾三上北高峰，并题诗一首。朱德委员长亦于一九六一年登山并赋诗一首。有关部门还将毛泽东主席的诗作刻碑立于北高峰，并建立一座重檐四方的毛泽东诗碑亭。亭内的汉白玉毛泽东诗碑的南北方向都镌刻着同一首诗：

　　　　三上北高峰，杭州一望空。
　　　　飞凤亭边树，桃花岭上风。
　　　　热来寻扇子，冷去对美人。
　　　　一片飘飘下，欢迎有晚鹰。

　　现在，游客除可以步行登山之外，还可以从山下的灵隐乘坐杭州唯一的北高峰索道缆车，直达北高峰顶的灵顺寺。登临灵顺寺，秀丽的西湖山水，繁华的杭城美景，一览无余，尽收眼底。
　　由此可见，灵顺寺作为"天下第一财神殿"之美名当之无愧。

（二）"三教融合"与中国民间的财神信仰

　　在不少财神庙，常有这样一幅对联描述财神："天地神日日聚宝，儒释道家家通灵"。有着"天下第一财神殿"之称的灵顺寺，其财神文化也比较典型地体现了唐宋以来我国民间信仰中的"三教合一"之特色。
　　财神的起源已难以准确考证。不过，大致来说，在民间信仰的诸神系统中，财神是出现得较晚的神灵。虽然不少神灵之原型很早就已经出现（如赵公明），但其财神身份的确定最早仅能追溯到大约北宋时期，其后逐步流行，在民间有广泛的信仰基础。中国民间所信仰的财神并非只是一"人"，而是一个群体，一个来源极不相同的各种神灵的集合。诸财神之中最常见的是文武财神，一般说法认为有所谓武财神赵公明、关公，文财神比干、范蠡，他们在民间都是属于所谓"正财神"的范畴。其他的财神则被立为偏财神、准财神。一般来说，人们通常将众位财神纳入道教神谱之列，将财神信仰归于道教信仰的范畴。然而，实际上很多财神在儒、佛之中也有同时被供奉的。

　　在民间信奉的诸位财神之中,赵公明、关帝等虽是位列道教神谱,但都有最后皈依佛教的说法。特别是"关帝圣君"关羽,乃儒、释、道三教共尊其为神灵者。在儒教里,关羽也称"文衡帝君",是五文昌帝之一,为文教之守护神,亦为能保佑考生顺利录取之神明,俗有"山东孔夫子作春秋,山西关云长读春秋"之说,亦即关羽熟读春秋,当能助儒家学子解题。故尊关公为"文卫圣帝",或称"山西夫子",或尊他为"亚圣"或"亚贤"。道教则奉关公为玉皇大帝的近侍,尊他为"翊汉天尊"、"协天大帝"或"武安尊王"等等称号,为论定善恶的监察神。佛教以其忠义足可护法,并传说他曾显圣玉泉山,皈依佛门。因此,尊他为"护法伽蓝"、"盖天古佛"。

　　由此可见,中国民间的财神信仰是唐宋以来中国文化中儒道佛"三教合一"之背景下出现的信仰形式,反映了中国文化中三教合一的信仰习俗。

　　在儒、道、佛三教之中,儒家文化主要体现为一种入世的人文精神和价值观念。而财神信仰本身即是反应了普通民众对世间美好的物质生活的追求和向往,因而其内在地包含了儒家文化的观念,自不必多说。财神信仰中所体现出的道教与佛教之关系,就本文来说,杭州北高峰财神庙与佛教文化之间的内在关联是我们关注的重点。

　　杭州北高峰财神庙全名"灵顺禅寺",顾名思义,可见其现为一座佛教寺院。至宋时,因财神庙内供奉作为"五显神"之一的华光大帝,故民间又称之为"华光庙"。实际上,"华光大帝"亦道亦佛,"华光庙"之说亦可典型体现了灵顺寺"三教融合"之信仰特色。

　　一般人易将"华光"简单地等于道教中的灵官马元帅。实际上,华光大帝的身份和来历比较复杂,可以说华光大帝亦佛亦道,在佛教和道教中皆各有来头。佛教称之为"华光如来",而道教则称作"五显灵官马元帅"。在道教神谱中,华光大帝被玉帝敕封为道教护法"护法四元帅"之一。

　　明代余象斗创作的小说《华光传》,即《五显灵官大帝华光天王传》(又称《南游记》)中称华光大帝原是灵山如来弟子妙吉祥化身的神,被玉皇大帝封为火部兵马大元帅。故民间传说中也有以为马天君原本来自佛教,是佛祖释迦牟尼法堂上的一盏油灯,后为道教真武祖师收服,成为道教的护法神。

　　上述道教传说中的灵官马元帅与佛教有着不解之缘。而在佛典中,亦有"华光佛"的说法,因而,亦有学者认为华光大帝源出佛典,而后来方为道教及中国民间宗教所用者。①

　　"华光"乃佛典中常见的用语,又名"华光如来"、"华光佛",在历代译经中屡见不鲜,民间常称之为"华光菩萨"。"华光"的本意为莲花光明,是佛家的祥瑞。而在佛典中,这位华光菩萨一般是特指佛祖释迦牟尼的所谓十大弟子之一、号称智慧第一的舍利弗。后秦鸠摩罗什译《妙法莲华经》卷二《譬喻品》载"尔时佛告舍利弗,汝于未来世过无量无边不可思议劫,供养若干千万亿佛,奉持正法,具足菩萨所行之道,当得作佛,号曰华光如来。"在北魏菩提流支译《佛说佛名经》中,除"南无华光佛"以外,带有"华光"二字的佛名号就有很多。至迟在南北朝时,华光菩萨就已成为中土人士崇奉的对象。

　　民众本有根据现实需要,为某一位神明修庙设殿单独奉祀的传统。自佛教流行后,这位神通广大的舍利弗亦即华光菩萨,同样也成为民间专门奉祀的对象。宋人笔下就时常提到各地的华光寺或华光殿,如苏轼在《东坡志林》卷十一"绍圣元年九月二十六日"条记载他在惠州时,曾经到过当地的华光寺。《咸淳临安志》、《淳熙三山志》等宋代方志也屡屡提及在都城杭州等江南一些地区的多处华光庙或华光殿。今杭州北高峰灵顺寺,当年寺内供奉有华光菩萨,故民间俗称其为"华光庙"。由此,我们也就可以发现杭州灵顺寺之称为"华光庙"的另一层含义了。

(三)作为非物质文化遗产的灵顺寺财神文化

　　财神,在世人的心目中是贫富的主宰者,也是中国民间供奉的招财进宝之神。世人向往美满富贵的生活,而这种追求的实现与否往往与个人占有财富的多寡有关,于是许多人虔诚敬奉财神,期望财神能够满足其发财的美好愿望。人们对财神的祈盼尤其表现在种种祈财习俗和仪式上。迄今为止,这些传统仪式大多仍较完整地保留着。

　　就灵顺寺来说,尤其是每到新年(春节)期间,前来灵顺寺祈财的香客蜂拥前来,香火特别旺盛。相传每年正月初五是财神的生日,来自各地特别是江浙沪一带的善男信女,络绎不绝地前来灵顺寺进香许愿、迎请财神。每年的春季,是杭州地区所谓的"春香"季节,各地香客也是成群结队、络绎不绝地前来进香。

---

① 参见贾二强:《五显灵官和华光天王》,《中国典籍文化》2002年第3期。

其场面热闹非凡,有时甚至是十分壮观。

图 2　正月初五前往灵顺寺迎财神的人群

　　勿庸置疑的是,自古及今,尽管众多的善男信女虔诚地年复一年地进香许愿,祈求财神满足其发财的愿望,但实际上所谓的财神并不能真正给人们带来财运。如果寄希望于祈求财神来发家致富,当属"迷信"无疑。既然如此,那么我们今天探讨传统文化中的财神信仰的意义何在?

　　一方面,我们不难发现,作为民间信仰对象的财神,在其赐财降福之神通之外,大多还渗透着扬善惩恶的理念,其道德教化的义蕴不言自明。如比干的公正无私、关公的忠勇信义、范蠡的经营智慧和对待财富的超越的心态等等,都蕴含着深厚的人生哲理,带有正面的教育和启迪意义。

　　另一方面,我们还要看到,财神信仰是中国古代民俗文化中的重要现象。迄今为止,在春节等我国很多重要的传统节庆和习俗中还保留有很多祭祀、迎请财神的习俗仪式。很多传统的年画、吉祥画,传统的庙会、赛会等岁时习俗,甚至春节期间全家人要围坐在一起吃饺子(饺子象征财神爷赐给的元宝)等习俗也无不与民间的财神信仰有着千丝万缕的联系。而且这些祭祀仪式、祭祀方法在南北各地差异很大。如北方地区春节时,家家请回财神(实为一张简陋的财神像),供奉财神像,焚香上供品;南方敬祭财神则特别讲究供品的内容等等,这些都使得财神信仰具有了区域和地方色彩。因此,我们以为,中国民间的财神信仰习俗实际上也构成了中国传统"非物质文化遗产"的重要组成部分。

　　一般来说,文化是由两部分组成的:一部分是有形的,一部分是无形的。美国人类学家克莱德·克鲁克洪说:"(文化)是指整个人类环境中由人所创造的那些方面,既包括有形的也包含无形的。"①我们今天所说的物质文化遗产和非物质文化遗产,正是克鲁克洪所说的文化的两个组成部分。以往,在谈到文化遗产时,我们比较注重物质文化遗产,或者是主流的思想观念。而"非物质文化遗产"是近十年来才出现的一个新的概念,它与我们经常使用的"民间文化"、"民俗文化"概念有类似之处,但又不完全相同。2003 年 10 月联合国教科文组织通过的《保护非物质文化遗产公约》对"非物质文化遗产"下了这样的定义:"'非物质文化遗产'指被各社区群体,有时为个人视为其文化遗产组成部分的各种社会实践、观念表述、表现形式、知识、技能及相关的工具、实物、手工艺品和文化场所。这种非物质文化遗产世代相传,在各社区和群体适应周围环境以及与自然和历史的互动中,被不断地再创造,为这些社区和群体提供持续的认同感,从而增强对文化多样性和人类创造力的尊重。"

人类非物质文化遗产和物质文化遗产一样,是一个民族或群体的文化及其传统的两个组成部分,对于人类社会或群体以至民族和国家的文化认同,民族精神的传承和延续,都具有十分重要的作用。在当代世界中,以增强"文化多样性"和"对人类创造力的尊重"为共同理念,人类非物质文化遗产的保护受到了前所未有的重视。而要对非物质文化遗产实行保护,就要探讨和了解非物质文化遗产的生存特点和发展规律,只有认识并理解非物质文化遗产的生存特点和发展规律,才能做到正确、有效的保护。

目前我国的非物质文化遗产的研究和保护工作起步不久,还有大量的工作要做。特别是对民俗文化,尤其是在民间信仰层面,我们的工作还远远不够。这也是今天我们研究探讨灵顺寺财神文化的一个重要意义和价值所在,也是本文写作的一个重要动机。

---

① (美)克鲁克洪:《文化与个人》,高佳等译,浙江人民出版社 1986 年版,第 4 页。

四、径山茶宴与中国禅院茶礼[①]

前言　"径山茶宴"的研究、保护的意义和价值

　　茶道最初产生于古代中国,是中国传统饮茶习俗和佛教文化(尤其是中国禅宗)、儒家文化(礼)相结合的产物。自隋唐以来,浙江地区的茶文化和佛教文化就十分盛行。中国传统茶礼、茶宴的发展,在进入佛教寺院,成为佛教僧人(特别是禅僧)的日常规范之后,逐渐形成了自己的独特面貌。茶与禅两者的有机融合,最为著名的成果便是南宋时期的余杭径山寺的"径山茶宴",此即茶道的直接渊源。以"径山茶宴"为代表的中国禅院茶礼还以《禅门清规》的形式成为佛教徒日常生活中的重要内容,对中国佛教文化和茶文化产生了重要影响,成为了我国非物质文化遗产领域中的一朵绚丽的奇葩。

　　径山茶宴于宋元时盛行于杭州径山万寿禅寺。南宋时评定天下禅院"五山十刹",作为中国临济宗祖庭的径山寺名列"五山"之首,有"东南第一禅寺"之称,"由宋迄元,为禅林之冠"[②]。作为寺僧日常修行活动,以及遇大型庆典而举行的禅院茶礼——"径山茶宴"不仅在宋元时期的中国佛教界声名远扬,而且还东传到日本、韩国和东南亚等地,著名的日本茶道就是由径山茶宴暨中国禅院茶礼演变而来的,从而使之成为世界性的文化遗产。

　　自近现代以来,特别是"文革"时期,径山茶宴亦随着径山寺的衰落而衰落。改革开放以后,伴随着茶文化的复兴,茶礼、茶宴、茶道的表演也呈方兴未艾之势。国内各地的茶道表演虽然精彩纷呈,然而大多演变为一种以茶馆内的沏茶

　　①　本文为浙江省文化厅委托项目"径山茶宴暨中国禅院茶礼的研究与保护"研究课题成果之一,项目编号 N0703。

　　②　影印明天启四年(1624)原刊本《径山志》卷十二,《中国佛寺史志汇刊》第一辑第 31 册,第 1005 页。

技艺的表演和形式的追求,其中蕴含的禅的精神和核心理念正在逐步丧失。从目前的现状来看,杭州径山寺已得到修复,并且也在力图恢复昔日举行茶宴的传统。虽然中国寺院僧人饮茶的习俗依然如故,但"径山茶宴"作为古代禅院茶礼的典范和重要的非物质文化遗产,却几近消失。甚至连关于禅院茶礼的具体礼仪过程,也难以从现有的相关文献中找到完整的记载。

因此,保护、发掘径山茶宴,正本清源,使之得到合理的传承和推广,不仅对于径山寺的文化传统的恢复和中国佛教文化建设,而且对于当代中国茶文化的深化和发展,都具有重大而深远的意义。

(一)"径山茶宴"的形成及其东传日本

1. 中国茶文化的起源与茶道的形成

中国是茶文化的发祥地。据《神农本草经》记载,相传早在神农氏时就已发现了"茶"(即"茶"之古体字)。不过,这时的"茶"主要不是作为日常生活饮料,而是作为药物而食用的。而饮茶成为中国人的生活习俗和一种文化则是两汉以后的事。汉代的文人(贵族)饮茶已开始成时尚,如扬雄、司马相如等就是当时著名的饮茶名家。魏晋南北朝时期流行清谈之玄风,饮茶之风也成了当时文人们的普遍时尚,特别是在南方。此时道教已经创立,佛教也已传入我国并普遍流行,除文人以外,僧人、道士也有饮茶的习惯了。值得注意的是,此时的饮茶,已不仅只为提神、解渴等生理作用,而是开始成为以茶待客、用以祭祀并表示一种精神和情操的手段,即饮茶已经成为了一种文化。

隋唐时期,我国茶的生产进一步扩大,饮茶风尚也从南方扩大到全国。隋唐是中国茶文化的正式形成时期,饮茶之风也从文人普及到民间,成为中国老百姓的一种生活习俗。从此以后,饮茶习俗在唐宋以降的中国社会中普遍盛行,经久不衰。茶也成了中国文化的重要象征物。由此可见,中国茶文化经历了一个从茶的药理、保健作用到精神享受(包括禅修),再到礼仪习俗这样一个演进过程。

我们认为,唐宋以来中国人饮茶习俗的广泛普及与流行还与中国佛教文化的广泛传播有着特别的内在关联,特别与禅宗的盛行以及陆羽《茶经》一书的写作和传播是紧密相关的。

据唐人封演《封氏闻见记》一书记载:"唐开元中,泰山灵岩寺有降魔师,大兴禅教,学禅务于不寐,又不夕食,皆许其饮茶,人自怀挟,到处煮饮,从此转相仿效,遂成风俗。"①茶所以和佛教特别是禅宗结下如此深厚的不解之缘,原因可能是多重的,但最主要的是因为茶有兴奋中枢神经、驱除疲倦的功能,从而有利于禅僧清心坐禅修行。禅宗的修行者坐禅时除选择寂静的修行环境外,还特别强调"五调",即调食、调睡眠、调身、调息、调心,饮茶往往能够达到"五调"的修行要求,因此,禅宗僧众尤尚饮茶,饮茶习俗首先在佛门得到普及。与封演同时代、被后世尊奉为"茶圣"的陆羽也是在寺庙里长大,并隐居在寺院附近写出了中国历史也是世界历史上第一部茶书——《茶经》。《茶经》一书系统地阐述了唐及以前茶的历史、产地、栽培、制作、煮煎、饮用及器具等知识,对后世中国茶文化(包括寺院茶礼)产生了深远的影响,并被中日两国茶人共同尊奉为最高的茶学经典。与陆羽为忘年交的诗僧皎然在题为《饮茶歌诮崔石使君》诗中写道:"一饮涤昏寐,情思爽朗满天地。再饮清我神,忽如飞雨洒轻尘。三饮便得道,何须苦心破烦恼……孰知茶道全尔真,唯有丹丘得如此。"在一首诗中两次提到了茶道一词。封演在《封氏闻见记》"饮茶"一章中又写道:"有常伯熊者因鸿渐之论,广润色之,于是茶道大行。"从上述文献可知:是《茶经》确立了茶道的表现形式与富有哲理的茶道精神;而释皎然和封演赋予了"茶道"名称。

　由陆羽、常伯熊及释皎然等人所倡导的唐代饮茶之风主要流行于当时的上层社会和禅林僧侣之间,并且主要以"茶宴"、"茶礼"形式表现出来。唐人诗句中有关茶宴的记录就有不少,如钱起的《与赵莒茶宴》、鲍君徽的《东亭茶宴》、李嘉祐的《秋晚招隐寺东峰茶宴送内弟阎伯均归江州》等。在良辰美景之际,以茶代酒,辅以点心,请客作宴,成为当时的佛教徒、文人墨客以及士林(尤其是朝廷官员)清操绝俗的一种时尚。在茶宴上,人们不仅可以领略品茗的滋味,而且还可以欣赏环境及茶具之趣,是一次物质与精神的享受。

2. 中国禅院茶礼与"径山茶宴"的形成

　中唐以后,随着佛教的进一步中国化和禅宗的盛行,饮茶与佛教的关系进一步密切。特别是在南方地区的许多寺院里,甚至出现了无寺不种茶、无僧不嗜茶的禅林风尚。佛教对饮茶很讲究。寺院内设有"茶堂",是禅僧讨论教义、招待施主和品茶之处;禅堂内的"茶鼓",是召集僧众饮茶所击之鼓,寺院有"茶头",负责煮茶献茶,寺院前有数名"施茶僧",施惠茶水。佛寺里的茶叶称作"寺

---

① 封演:《封氏闻见记》卷六"饮茶",丛书集成(初编本)。

院茶",寺院茶按照佛教规制还有不少名目:每日在佛前供奉茶汤,称作"奠茶";按照受戒年限的先后饮茶,称作"普茶";化缘乞食的茶,称作"化茶"。而僧人最初吸取民间方法将茶叶、香料、果料同桂圆、姜等一起煮饮,则称为"茶苏"。到宋代,余杭径山寺还举行"茶宴"和"斗茶"活动,并且发明把嫩芽茶研成粉末并用开水冲泡的"点茶法",对促进民间饮茶习俗普及有重大作用。

而茶宴、茶礼在僧侣生活中的地位和作用也日渐提高,甚至有禅僧"一日不可无茶"之说,饮茶甚至被列入"禅门清规",被制度化。唐代百丈怀海禅师首订的《百丈清规》现已不传,但从后世作为禅门规式的《禅苑清规》中,我们不难发现其中有大量的以煎点、点茶、茶汤、茶状式等的规定,以茶汤为载体的寺院交际礼仪在清规中占有相当大的篇幅。可见,"茶礼"、"茶宴"已经成为唐宋以来中国禅僧修行生活的重要的组成部分。寺院的禅僧一般在早起盥漱后,即先饮茶,然后再礼佛;饭后又先饮茶,然后再作佛事。据成书于宋景德元年(1004)、道原所撰的《景德传灯录》卷二十六记载:"(禅僧)晨朝起来洗手面盥漱了,吃茶;吃茶了,佛前礼拜;佛前礼拜了,和尚主事处问讯;和尚主事处问讯了,僧堂里行益;僧堂里行益了,上堂吃粥;上堂吃粥了,归下处打睡;归下处打睡了,起来洗手面盥漱;起来洗手面盥漱了,吃茶;吃茶了,东事西事……"。在《五灯会元》更载有所谓饭后三碗茶的和尚家风。由此可见,至少在唐五代时期,饮茶已成为禅师们普遍的习惯与爱好。

我们知道,中国是茶文化的发祥地,传统儒家文化最重"礼仪"。而禅宗的出现,代表了佛教的中国化。因此,可以说在中国佛教禅院之中举行茶礼、茶宴,充分体现了佛教制度的中国化,是儒家礼仪、佛教理念与中国茶文化有机结合的象征和标志。

到了宋代,随着禅宗的盛行,以及种茶区域的日益扩大,制茶方法的创新,饮茶方式也随之改变,"茶宴"之风在禅林及士林更为流行。当时几乎所有的禅寺都要举行"茶礼"、"茶宴",其中最负盛名且在中日佛教文化及茶文化交流史上影响最为重要的,当推宋代杭州余杭径山寺的"径山茶宴"。

余杭径山寺创建于唐天宝(742—755)年间,由法钦禅师开山。南宋时名僧大慧宗杲曾住持该山,弘传临济杨岐禅法,提倡"看话禅",由此道法隆盛,享誉海内外。南宋嘉定年间径山寺还曾被评列为江南禅院"五山十刹"("五山十刹"是指我国古代禅林官寺制度中最高与次高等级之寺院,南宋时始立)之首,号称"天下丛林之冠"、"东南第一禅院"。径山寺的茶文化亦历史悠久。据编于清康熙年间的《余杭县志》记载:法钦禅师曾手植茶树数株,采以供佛,逾年蔓延山岩。径山茶"色淡味长",品质优良,特异他产。宋以来还常被用来皇室贡茶和招待高僧及名流。唐陆羽隐居著《茶经》之地即为径山寺附近的苕溪。由于唐宋径山寺高僧辈出且地位重要,加之南宋时都城南迁杭州,因此当时有不少宫廷显贵以及社会名流,如苏轼、陆游、范成大等人都曾慕名到径山寺参佛品茶。宋孝宗皇帝还偕显仁皇后亲临径山品茗参禅,改寺名为"径山兴圣万寿禅寺",且亲书寺额。所题"孝御碑",历 800 年至今残碑犹存。朝廷还多次假径山寺举办茶宴招待有关人士,进行社交活动。由此,使得"径山茶宴"名扬天下。

因此,"径山茶宴"之名冠东南,一是因为宋代以来禅宗文化的普及和世俗化,二是径山寺作为五山十刹之首的特殊地位所致。此外,还与余杭径山的茶文化的发达有关。

3. 径山茶宴的东传日本

中国的茶和饮茶礼仪是伴随着中国文化(特别是中国佛教文化)而传到东邻日本的。日本学者以为,在日本圣武天皇时代,中国僧人鉴真东渡扶桑,带去大量药品,茶即其中之一。这是日本文献中有关茶的最早记载。[①]

在宋代,随着中日禅僧来往的增多,寺院饮茶习俗也被传到日本。据统计,南宋至明末,有 443 位日僧来华求法,其中有 129 人史册留名。这 129 人中大部分都到过径山。其中嗣法于径山祖师的有 11 人,另有 41 人嗣法于径山派三传以内的弟子。由此,将径山寺的临济禅法和包括茶礼(宴)在内的禅门清规等传播至日本。[②]

1168 年,日僧明庵荣西(1141—1215)入宋求法,由明州(今宁波)登天台山。当年,荣西携天台宗典籍数十部归国。1187 年,荣西再次入宋,登天台山,拜万年寺虚庵怀敞为师。后随其师迁天童寺,并得虚庵所传禅法。传到日本,从而形成日临济宗黄龙派法系。荣西在中国的数年时间内,除习禅外,还切身体验到中国僧人吃茶的风俗和茶的效用,深感有必要在日本推广,于是带回天台茶种、天台山制茶技术、饮茶方法及有关茶书,亲自在肥前(今佐贺)背振山及博多的圣福寺山内栽培,并以自己的体会和知识为基础写成了《吃茶养生记》一书,这是日本最早的茶书。由于该著在日本的广泛流传,促使饮茶之风在日本兴

---

① (日)樋口清之:《日本人与日本传统文化》,王彦、陈俊杰译,南开大学出版社,1989 年,第 111 页。不过,自 17 世纪起,在日本也有人陆续提及日本茶之自生说。参见(日)松下智:《日本茶的传来》,日本淡交社 1980 年版,第 94～100 页。

② 参见滕军《径山茶礼对日本的影响》,《东方研究》2001 年第 1 期。

起,荣西亦被尊为日本的"茶祖"、"日本国的陆羽"。

诚然,荣西来到中国时见过并研究过陆羽《茶经》及众多的中国茶典籍,其《吃茶养生记》中详细介绍了茶的形态、功能、栽培、调制和饮用,也谈到宋代人的饮茶方法,但据日本当代茶道里千家家元、千利休居士十五世千宗室研究认为,"有关荣西著《吃茶养生记》的意图可做如下结论:

(1)荣西所关心的只是茶在生理上的效能;

(2)对于饮茶这一行为所拥有的意义,即关于饮茶行为的思想问题,荣西没有附上什么含义。

对荣西来说,茶只是饮料之茶,除了茶的药学上的效用外,荣西不抱任何兴趣。偶尔引用陆羽以及其他的中国文献时,也是为了明确茶的如上效用。"[1]另外,日本学者铃木大拙在其《禅与茶道》一书及村井康彦在其《茶文化史》[2]一书中也有类似观点,兹不赘述。应当说,上述观点是有道理的。不过,也应看到,正是荣西第一个系统地向日本人介绍了中国茶文化,其《吃茶养生记》一书也被日本史书《吾妻镜》称为"赞誉茶德之书",其对于后世日本茶道的形成和流行功不可没。

荣西之后,曾为荣西之弟子的禅僧希玄道元(1200—1253)于日贞应二年(1223)与荣西另一弟子明全相伴入宋。道元在宁波阿育王寺、余杭径山寺习禅后,入天童寺师事曹洞宗十三代祖如净禅师,受曹洞禅法而归,在日本建永平寺、兴圣寺等禅寺,倡曹洞宗风。道元还依据《禅苑清规》制订出了《永平清规》,作为日本禅寺僧侣的礼仪规式,其中就有多处关于寺院茶礼的规定。如"新命辞众上堂茶汤"、"受请人辞众升座茶汤"、"堂司特为新旧侍者茶汤"、"方丈特为新首座茶"、"方丈特为新挂搭茶"等等,皆有详细的规定。[3] 道元所订立的《永平清规》是最早记载日本禅院中行茶礼仪的日本典籍。其对于日本镰仓幕府时期寺院茶的普及,进而对日本茶道的形成起了关键作用。不过,道元虽到过径山寺,但从他所学的是与径山寺大慧宗杲禅师所倡"看话禅"相对立的曹洞宗的"默照禅",可以判断,他对"径山茶宴"特别是行茶礼仪中的茶具和室内布置重视是不够的。真正将径山茶宴移入日本,从而使日本禅院茶礼完整化、规范化的是道元之后的日僧圆尔辨圆(1201—1280)、南浦昭明(1236—1308)和东渡日本的径山寺僧兰溪道隆、无学祖元。

---

① (日)千宗室:《茶经与日本茶道的历史意义》,萧艳华译,南开大学出版社1992年版,第83页。

② (日)铃木大拙:《禅与茶道》,沈迪中选译,载《佛教与东方艺术》,吉林教育出版社1989年版,第851页。(日)村井康彦:《茶文化史》,岩波书店1979年版,第79页。

③ 见(日)千宗室:《〈茶经〉与日本茶道的历史意义》,萧艳华译,南开大学出版社1992年版,第52页。

　　1235 年,圆尔辨圆(谥号圣一国师)因慕南宋禅风入中土求法,在余杭径山寺从无准师范等习禅 3 年,于 1241 年嗣法而归,并带去了《禅苑清规》1 卷、锡鼓、径山茶种和饮茶方法。圆尔辨圆将茶种栽培于其故乡,生产出日本碾茶(末茶),他还创建了东福寺,并开创了日临济宗东福寺派法系。他还依《禅苑清规》制订出《东福寺清规》,将茶礼列为禅僧日常生活中必须遵守的行仪作法。其后径山寺僧、曾与圆尔辨圆为同门师兄弟的兰溪道隆、无学祖元也先后赴日弘教,与圆尔辨圆互为呼应。在日本禅院中大量移植宋法,使宋代禅风广为流布,禅院茶礼特别是径山茶宴即其中之一。

　　南宋端平年间,日僧圆尔辨圆在径山万寿禅寺求法,回国时带去了茶种籽,播种于安倍川一带,并传播了径山茶研制法。随后南宋开庆元年(1259),在日的兰溪道隆门下弟子日僧南浦昭明(谥号元通大应国师)入宋求法,在杭州净慈寺拜虚堂智愚为师。后虚堂奉诏住持径山法席,昭明亦迹随至径山续学,并于咸淳三年(1267)辞山归国,将中国茶典籍多部及径山茶宴用的茶台子及茶道器具多种带回日本崇福寺,从而将径山茶宴暨中国禅院茶礼系统地传入日本,并在此基础上逐渐形成了日本"茶道"。从此,径山茶宴就在异域得以完整地保存和传承下来。

　　而径山"茶宴"这种"茶道",本来只是日本幕府高层社会的一种仪礼,公元 16 世纪中叶,日本的千利休禅师将"茶道"推广普及到民间,于是流传更广,千利休成了"茶道匠祖"。如今在日本饮茶已被公认为文明的表现,出现各种流派,并把"茶道"视为清高的精神享受和礼法教育。至今日本佛教界仍认为日本"茶道"的故乡在径山。

(二)日本"东福寺茶礼"及《禅苑清规》中所记载的禅院茶礼

1. 明清以来径山寺暨"径山茶宴"的衰落

　　南宋时期是江南禅林最繁荣的时期,也是径山寺历史上最为鼎盛的时期。入元以后,径山寺便开始走向衰落。元初至元十二年(1275 年)、十七年(1280 年),经历两次火焚,元末至正元间,又由战乱,径山万寿禅寺再次毁于兵火。

　　明清以降,中国佛教开始呈现出衰败之势,中国禅院茶礼亦随之呈现出衰落之势。明洪武年间,明太祖朱元璋兴佛,令各地重建寺院,征集名僧校点佛经。但此时径山万寿禅寺已趋于衰落,虽重建部分寺宇,寺内却无名僧应召入京。为整顿佛教,明太祖曾命令各地僧徒讲习"三经":《心经》《金刚经》《楞伽经》,并命名僧呆庵普庄等到各地名山讲经,曾专程来径山讲解"三经"。明正德六年(1511),径山寺僧"惠诚等瓜分为十八分(房)后,遂倾废。今所存者,唯三四房而已,此祖庭衰相之始也"。①

明万历年间,高僧紫柏在五台山以明《北藏》为基础,校明《南藏》,刊刻方册《大藏经》,因北方寒苦,特移至径山,而此时径山万寿禅寺已经衰落,紫柏等人只能移入径山寂照庵继续刊刻,因此该藏也被称为《径山藏》(即《明藏》万历版)。在此期间,径山万寿禅寺大殿出现倾颓,也由紫柏发起邀富绅集资整修。清康熙帝玄烨曾五巡江南,并于康熙四十四年(1705 年)四月第四次南巡时,顺道登上径山,由松沅房僧人白峰世鉴迎驾奏对,玄烨亲书"香云禅寺"四字,改悬寺额。据说,乾隆帝弘历在六下江南中也曾到过径山。然而,由于满清皇帝对江南文化既爱又恨的矛盾心理,径山寺的影响也随之逐渐衰微。

径山寺自法钦开山至民国时期,共历八次毁建,二次大修,至民国廿二年(1933 年)由本沅法师重建,已是第八次重建,但"所复原远非旧观",一次比一次衰落。原有明朝时正德十六房,民国时大多已不复存在,至民国三十二年(1943 年)前后,只剩下妙喜、梅谷、松沅三房。1949 年后,径山万寿禅寺因年久失修,逐渐倾圮,"文革"时进一步受到破坏,原有寺院建筑荡然无存。"文革"结束后,为保护永乐大钟曾造过钟楼,并将三尊铁佛和"历代祖师名衔"石碑供于钟楼。1991 年钟楼失火被毁,仅剩寺前宋孝宗御碑。改革开放以来,经海内外佛徒信众和旅游者倡议,由政府批准,经佛教协会筹划,后又重建,然寺院规模及其影响,已远非昔日可比。

尽管如此,即使到了中国佛教呈现出总体衰败之势的清末时期,甚至到了辛亥革命以后,在径山寺仍保留"茶宴"这一形式。② 无疑,保存至清末的径山茶宴之规式自然是无法与宋元时期的盛况相媲美。如今,虽然径山寺及茶宴之风有所恢复,但我们已不见当年的作为五山之首的禅门巨刹里举行"茶宴"时的风雅及盛况。

2. 日本"东福寺清规"与径山茶宴

然而,在宋代时就已东传日本的作为禅院茶礼的径山茶宴,却在东瀛日本的禅寺里得到了很好的传承并发扬光大,这便成了当前我们试图复原"径山茶宴"的一个重要的现实依据。

---

① 影印明天启四年(1624)原刊本《径山志》卷十二,《中国佛寺史志汇刊》第一辑第 31 册,第 1005 页。
② 参见滕军《中日茶文化交流史》,人民出版社 2004 年 9 月版,第 104 页。

南宋末,日僧圆尔辨圆从径山参访回国时带去了《禅苑清规》一册。他以此为基础,结合日本的实际,制定了《东福寺清规》。其中就有仿效"径山茶宴"仪式的茶礼,是全寺僧人务必遵守的日常生活规范的重要内容。在圆尔辨圆临终前(1280 年),曾对其传法的东福寺、承天寺、崇福寺、水上万寿寺等定了八条内务规范,其中第三条说:"圆尔以佛监禅师(无准师范)丛林规式一期遵行,永不可退转矣"。① 据日僧无著道忠(1653～1744)编的《禅林象器笺》第十六类"报祷门"载:

"《备用清规·达磨祖师忌》云:'住持专诚,山门执事备辨,维那、侍者、提点,法堂敷陈玩具书画。'忠曰:'祖师会在岁旦,其达磨忌张列祖像,亦是祖师会而已。《备用》称敷陈书画,似不局祖像。日本东福寺,每岁十月十七日,圣一国师忌,展挂名画珍墨数百轴,观者如堵,盖攀中华仪也。'"②

从中,我们还是大致可以看到元代《敕修百丈清规》所述茶礼的缩影。由此,仿效径山茶宴而举行的寺院茶礼也就得以一直传承下来。如今,圆尔辨圆去世至今已有七百余年,但在每年的圆尔辨圆的忌日(10 月 17 日),日本东福寺都要举行"方丈斋筵"。在日本留学生活多年的中国学者滕军在其所著的《中日茶文化交流史》中,对日本东福寺"方丈斋筵"的过程和细节作了比较具体的描述③。

可见,"东福寺茶礼"在日本至少已有七百余年的历史。但东福寺禅僧为什么要这样做,连东福寺的僧人也说不清楚,他们只是一代一代地传承着。也许正是日本文化中所特有的注重传承的特点,才使得源自古代中国的禅院茶礼得以保留至今。

3.《禅苑清规》中所记载的禅院茶礼的主要内容

一般认为,"禅门清规"是由唐百丈怀海禅师(720—784)首创,故又称为《百丈清规》。不过,由怀海所创制的《百丈清规》的原本今已不存。现存的《敕修百丈清规》是元朝东阳德辉奉敕重修,其内容已经与当年的百丈清规有很大的不同。此外,保留至今的宋代撰述的清规资料还有宗赜的《禅苑清规》、无量寿的《入众日用》(成书于宋宁宗嘉定二年 1209)、佚名《入众日用》(1263)和惟勉《丛林校定清规总要》(成书于 1274 年)等等多种。以下分别对各本"清规"中有关茶礼的内容作简要叙述和分析。

---

① 转引自滕军《中日茶文化交流史》,人民出版社 2004 年 9 月版,第 105 页。

② 无著道忠《禅林象器笺》(上)第十六类,载《禅宗全书》第 96 册,文殊文化有限公司 1991 年出版,第 567 页。

③ 参见滕军《中日茶文化交流史》,人民出版社 2004 年 9 月版,第 105－108 页。

在现存的诸种禅门清规著作中,最古的是宋宗赜编订的《禅苑清规》。该书约成于1103年,被认为保存了最多的百丈古规的精神。举行"茶汤"之礼,是宗赜生活时代的寺院僧侣内外接待之时常用之礼仪,是当时禅师日常生活中相当重要的一项活动。同时,它也是僧人之间,乃至寺院与士大夫之间交流思想、联络感情的重要场合。《禅苑清规》对此作了特别系统的说明。如该书卷五的"堂头煎点"、"僧堂内煎点"、"知事头首煎点"、"入寮腊次煎点"、"众中特为煎点"、"众中特为尊长煎点"以及卷六之"法眷及入室弟子特为堂头煎点"、"通众煎点烧香法"、"置食特为"、"谢茶"等节,对午点茶的不同情况分门别类地作了极为细致的说明。

在《禅苑清规》卷一之"赴茶汤",则详细记载了寺院举行茶礼(宴)的礼仪情况,原文如下:

> 院门特为茶汤,礼数殷重,受请之人不宜慢易。既受请已,须知先赴某处,次赴某处,后赴某处。闻鼓版声,及时先到。明记坐位照牌,免致仓遑错乱。如赴堂头茶汤,大众集,侍者问讯请入,随首座依位而立。住持人揖,乃收袈裟,安详就座。弃鞋不得参差,收足不得令椅子作声,正身端坐,不得背靠椅子。袈裟覆膝,坐具垂面前。俨然叉手,朝揖主人。常以偏衫覆衣袖及不得露腕。热即叉手在外,寒即叉手在内。仍以右大指压左衫袖,左第二指压右衫袖。侍者问讯烧香,所以代住持人法事,常宜恭谨待之。安祥取盏囊,两手当胸执之,不得放手近下,亦不得太高。若上下相看一样齐等,则为大妙。当须特为之人,专看主人顾揖,然后揖上下间。吃茶不得吹茶,不得掉盏,不得呼呻作声。取放盏囊,不得敲磕。如先放盏者,盘后安之,以次挨排,不得错乱。右手请茶药擎之,候行遍相揖罢方吃。不得张口掷入,亦不得咬令作声。茶罢离位,安详下足,问讯讫,随大众出。特为之人,须当略进前一两步,问讯主人,以表谢茶之礼。行须威仪庠序,不得急行大步及拖鞋踏地作声。主人若送,回身(原作"有")问讯,致恭而退。然后次第赴库下及诸寮茶汤。如堂头特为茶汤,受而不赴(如卒然病患,及大小便所逼,即托同赴人说与侍者)。礼当退位,如令出院,尽法无民,住持人亦不宜对众作色嗔怒(寮中客位并诸处特为茶汤。并不得语笑)。[①]

---

① 见《禅苑清规》卷一,《卍续藏》第111册,第883页。另见中州古籍出版社2001年点校本,第15页。

　　而在宋《丛林校定清规》中的相关内容则更为具体,对应请赴茶宴吃茶过程中的诸多要求和礼数作了比较详尽的说明。《丛林校定清规》又作"咸淳清规"、"婺州清规"、"校定清规",宋代僧人后湖惟勉编,宋度宗咸淳十年(1274)成书,但到了元世祖至元三十年(1293)时方刊行。本书系将百丈古清规以降之禅门诸种清规,参校其异同,去芜存菁而重编者,所以有关内容更加丰富、细致。由《咸淳清规》来看,当年在禅寺之中,无论是"知事请新住持"、"住持请新首座""解冬、结冬年"、"住持特为首座大众"、"知事特为首座大众"、"前堂特为后堂大众"、"诸山法眷特为住持"、"特为新旧两班茶汤管待"、"前住持特为新挂搭"、"前知事头首特为新挂搭"等活动都要在僧堂举行"煎点茶汤"的仪式。寺院举行茶礼是一件经常性、很正式且比较复杂的活动,《清规》中针对不同对象的茶汤状式、茶牓式(即茶礼邀请函),出入茶寮的礼仪,宾主座次排列,点茶的过程等都有许多严格的规定和要求。

　　在《咸淳清规》中,还绘有在不同场合举行茶宴时的位序图、礼仪状式图多幅。兹摘录两幅茶宴图如下:

　　"四节住持特为首座大众僧堂茶图":

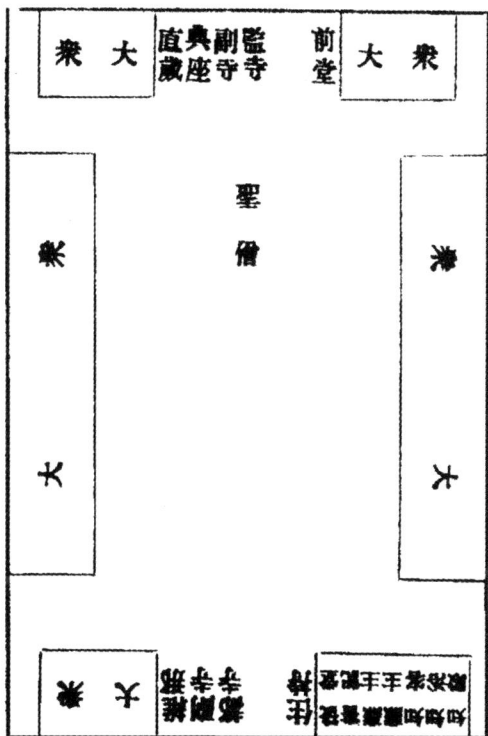

"夏前住持特为新挂搭茶六出之图":①

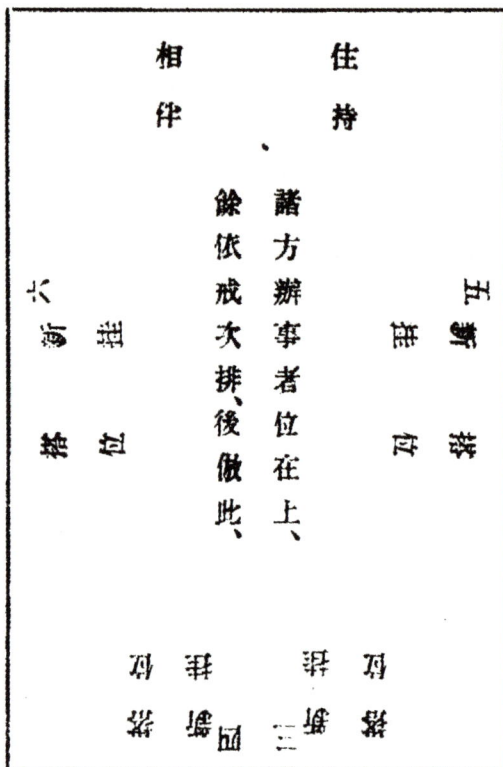

相伴　　　　　　　　住持

諸方辨事者位在上、
餘依戒次排、後做此、

五新挂搭位

另,《丛林校定清规》所列几款"茶汤狀式"、"茶牓式"(即茶礼请贴)如下:

　　知事請新住持特為茶湯狀式
　　當寺知事比丘某等。　右某啟。取今晨齋退。就雲堂特為點茶。用伸陳　賀之儀。伏望　尊慈。俯賜　降重。謹狀　年　月　日。具位某等狀(可漏。與齋狀同式)。
　　住持請新首座特為茶牓式
　　堂頭和尚。今晨齋退。就　雲堂點茶。特為　新命首座。聊旌陳　賀之儀。仍請　諸知事大眾。同垂　光伴　今月　日。侍司某敬白(請客侍者名)。
　　四節茶湯牓狀式(方丈庫司。用牓七行。首座。用狀九行)

---

① 载《咸淳清规》卷上,收于《卍续藏》第一一二册,第 592—593 页。

　　堂頭和尚(今晨齋退。今晚)就　雲堂點(茶湯)一中。特為　首座(空一字)大眾。聊旌　(結制。解制。至節。歲節)之儀。仍請　諸知事。同垂　光伴　今月　日。侍司某敬白(請客侍者名)。

　　庫司(今晨齋退。今晚)就　雲堂(點茶煎湯)一中。特為　首座(略空)大眾。聊旌　(結制。解制。至節。歲節)之儀。伏望　眾慈。同垂　光降

　　今月　日。庫司比丘某等敬白。

　　前堂首座比丘某。　右某。今晨齋退。就　雲堂點茶一中。特為　首座大眾。(無後堂。則書記藏主)　聊旌(結制。解制。至節。歲節)之儀。仍請　諸知事。伏望　眾慈。同垂　降重。謹狀。

　　今月　日。前堂首座比丘　某　狀。

　　可漏　狀請　首座暨大眾。　前堂首座比丘某。謹封(如有後堂。當用前堂二字)可漏。粘於狀頭。貼僧堂前下間版上。[①]

　　通过分析上述这些茶位图、礼仪状式,我们也不难发现,禅僧在禅寺中吃茶,是一件礼仪繁复而又严肃的事情。宋代禅寺内对于举行茶宴(礼)活动的时空秩序(顺序)、长幼尊卑、僧俗界限等有着极其严格的讲究,甚至给人以繁文缛节之感。"径山茶宴"作为宋代以来中国禅院茶礼的典型代表,为禅门一系列茶礼的规定,而非仅指某一种规式。它渗透在古时禅僧日常生活的方方面面,实为唐宋以来禅僧寺院生活的重要内容。

　　同时,我们试将禅门清规与古代一般茶书作一比较,不难发现,历代禅门清规不像一般茶书那样,规定如何辨别茶叶的好坏、水质的优劣、乃至茶具的粗雅。这意味这些吃茶清规,不必专为吃茶而立;也意味禅门中的吃茶礼仪,一方面固然是作为佛教内部乃至佛门与世俗之间的交往礼仪,——这一点无疑深受中国本土儒家文化的影响;但更重要的是,它重视的是僧人内在的禅修,亦即对"本心"的追寻,而非茶叶或水质的好坏,乃至茶壶的优劣等等外表的、仅仅和"术"有关的技巧。这样看来,吃茶只是禅门行、坐、语、默、动、静当中,众多"借假修真"的媒介之一而已。无疑地,这才是禅门茶道的本质所在,是禅茶的突出的特点。因此,在径山茶宴中,如果把吃茶视为一种严格的禅修工夫,实不为过。

---

　　①　见《咸淳清规》卷上,载《卍续藏》第一一二册,第594页。

中国禅宗的思想从"不立文字、直指人心"立宗,到《百丈清规》的建立,禅寺中的礼仪规定从无到有,从少到多,由简到繁。从现存的若干部宋元以降的禅门清规的内容来看,总体呈现出系统化、复杂化的倾向。其中的茶礼的规定也是如此。在宋代的《禅苑清规》、《入众日用》和《咸淳清规》中,茶礼的应用范围、规模都不大,大致有十多种。而到了元代的至大清规、敕修百丈清规中,茶礼的应用范围扩大,花样翻新,种类达到三十余种,比宋规多了一倍。

我们认为,包括"径山茶宴"在内的复杂的禅门茶礼等礼仪规制,既是中国禅寺发展到一定的规模之后所出现的必然结果,同时也是儒家礼仪文化传统对禅寺进一步渗透所致,亦即佛教禅宗的彻底的中国化的必然选择。

(三)关于"径山茶宴"的恢复及保护对策

通过以上研究分析,我们发现,与一般的非物质文化遗产相比,作为中国禅院礼的"径山茶宴"有其独特的文化和宗教内涵:它不仅是一种茶文化,更是一种佛教文化;不仅是属于余杭径山,更是属于中国佛教文化遗产。准确地说,是属于宋元以来中国佛教礼仪文化之一种。

作为中国禅院茶代表的"径山茶宴",其命运与明清以来,特别是近现代以来的中国佛教(禅宗)的命运是息息相关的。由于近现代以来传统文化的命运多舛,出现了文化断层,径山茶宴的传承也被迫中断。而伴随着21世纪中国佛教的复兴之势,相信"径山茶宴"也一定会有重现辉煌的那一天。

因此,径山茶宴的恢复和保护是一个系统、综合的文化工程,需要多方力的协调和配合才能完成。

由于近现代以来径山茶宴的几近中断,因此关于径山茶宴的恢复和保护实际上是一个在研究的同时加以恢复的过程。这一研究过程,除通过对《禅苑清规》等有关文献研究之外,还需结合针对现今中国佛教寺院生活的田野调研来进行。此外,还应通过借鉴日本东福寺的"方丈茶筵"的礼仪进行比较研究。

基于上述思路,本课题提出如下发掘与保护对策:

首先,应加大对《禅苑清规》与径山寺历史文化的研究力度,这是径山茶宴研究的基础性工作。虽然有关专家和人士都认识到《禅苑清规》对于"径山茶宴"的恢复和保护具有十分重要的意义和价值,然而关于《清规》及径山寺史的研究,目前还很薄弱。很多问题尚有待厘清。如《清规》中所谓的"汤"与"茶"是否是一回事？禅门茶礼与世俗茶礼的不同之处？禅门茶礼的精神和核心理念是什么？明清以来特别是近现代径山寺的历史变迁情况如何？等等。只有通过对《禅苑清规》（包括日本《东福寺清规》）和径山寺的历史的进一步深入研究，才能弄清楚"径山茶宴"的详细内容，从而完整地恢复中国禅院茶礼的完整仪式。

其次，关于本课题田野调查工作的特殊性。这一点，主要指对径山寺及其他有关寺院茶礼的调研和考查。特别是要加强有关径山茶宴的口述历史的调查工作，深入发掘径山寺及其周围一带的茶文化遗存。此外，宋元时期以来，佛教茶礼在我国佛教寺院里基本上都曾有过。因此，除余杭径山寺以外，其他重要的禅宗寺院也曾有过茶礼之规式和传统，甚至教门的讲寺，如天台山国清寺，佛教茶礼也曾十分盛行。然而，由于文革以来佛教传统的中断，如今的年轻僧人大多已没有寺院茶礼的经历，而年长僧人又是可遇不可求，这无疑给本课题的调研带来了相当大的难度。

第三，加强与日本、韩国佛教界和茶道界的文化交流。

日本、韩国的佛教界，特别是日本佛教界（主要是禅宗寺院）对源自中国的传统茶礼习俗和制度保存较为完整，可谓是活态的文化遗产。近几年来，日本、韩国以及台湾省茶道界与中国大陆的交流日益增多。然而，与径山茶宴有着密切联系的日本禅寺的茶道却很鲜见来我国交流。因此，我们尤须关注与径山寺有着密切关系的日本东福寺之寺院茶礼之现状。

第四，做好有关部门的协调和沟通。

"径山茶宴"（佛教茶礼）的研究和保护涉及的部门很多。除茶业（茶厂、茶馆）之外，既与文化部门，也与宗教界，特别是佛教协会、寺院等有关。此外，还涉及中、日（韩）之间的佛教文化交流。因此，恢复和保护径山茶宴，决不仅是文化管理部门的事情。它尤其需要政府文化管理部门、茶界、宗教界乃至艺术界的通力合作，需要中日之间有关单位的协作，才能把这一工作做好。

鉴于此，我们建议，由政府有关文化管理部门牵头，以余杭径山寺为依托，杭州市佛教协会、茶文化研究会以及有关专家学者参与，成立专门的"径山茶宴"恢复和保护工作专门机构，以确保这一工作科学合理地展开。

第五，为有效保护"径山茶宴暨中国禅院茶礼"这一重要的非物质文化遗产，在深入发掘、研究的基础上，我们建议待条件成熟时，以余杭径山寺为依托，以目前的余杭径山寺的主持僧人作为"径山茶宴"的主要传承人，与国内其他主要禅宗寺院联合申报"径山茶宴暨中国禅院茶礼"为国家级、乃至世界非物质文化遗产。

五、绍兴佛教文化旅游资源的历史与现状[①]

内容提要 绍兴地区的佛教文化旅游资源十分丰富。本文在介绍了源远流长的绍兴佛教文化概况之后,分别对绍兴籍或长期居住在绍兴地区的历史上重要的佛教名人(高僧)、绍兴地区历史上影响十分重大的佛教名胜作了概括和归纳。作者还结合绍兴佛教文化旅游开发的现状,简略分析了绍兴地区开展佛教文化旅游的存在问题和发展对策。

关键词 绍兴佛教文化,旅游资源,佛教高僧,佛教名胜

绍兴地区的宗教文化资源,包括历史上在绍兴曾经流行的著名的宗教派别、宗教人物、宗教名胜等方面。虽然世界五大宗教(佛教、道教、基督教、天主教、伊斯兰教)在绍兴都有传播和流行,不过影响较大的,可作为旅游资源开发的,主要集中在中国传统佛教、道教文化上,尤其是佛教文化资源十分丰富,在中国佛教史上影响也十分重大。

"吸引力就是(旅游)资源。"从旅游资源学的角度来说,佛教文化的名胜古迹,如寺观等毫无疑问是旅游资源的重要内涵,而在历史上具有重大影响的佛教派别、宗教人物,作为非物质文化遗产,无疑也构成了文化旅游资源的重要组成部分。在当前,开展宗教文化旅游,不仅可以弘扬优秀传统文化,发展地方经济,而且也有助于建构"和谐社会"。基于这一认识,本文拟对在绍兴历史上曾十分流行的佛教宗派,绍兴籍或长期生活在绍兴的名僧,以及佛教名胜(名寺、名观及塔、洞窟等遗址)情况作系统而又扼要的整理和分析,以期为以后进一步的开发和合理利用提供一个基本的依据和论证。

(一)源远流长的绍兴佛教文化

绍兴,古称会稽,又称越州,是中国文化的一个重要起源地之一。东汉时

---

① 本文原载《人文旅游》第四辑,浙江大学出版社 2007 年 7 月版。

期,即佛教传入中国不久,绍兴地区便有佛教的传播和流行。随着绍兴佛教的逐渐兴盛,佛教文化成为绍兴传统文化的重要组成部分,构成了绍兴宗教文化旅游资源的主要部分。以下即对绍兴地区佛教文化源流之概况略作介绍。

东汉灵帝中平年间(184—189),安息国(今伊朗)高僧安世高游化会稽,宣说教义,收会稽人陈慧为徒,是为佛教传入郡境之始。三国吴赤乌二年(239),嵊县三界建广爱寺,初号正德院,是为绍兴地区最早的佛教寺院。此后,佛教在绍兴地区有了快速的发展,除了不断有高僧来此游化,在建立寺院的同时,一些重要的佛教宗派、学派也在此创立并传承下来。

东晋永和六年(350),名僧支遁(即当时般若“即色宗”的创始人),避世江东,云游会稽,驻锡灵嘉寺。后来他在沃洲小岭立寺行道,著书讲经。曾注《安般》、《四禅》诸经,著《即色游玄论》等著作,从而创立般若学即色义。

隋时,名僧吉藏来会稽,居嘉祥寺15年,著《中论疏》、《百论疏》、《十二门论疏》,创三论宗。人称嘉祥大师。慧远、智凯、智拔、慧灌等名僧,均出其门下。唐代境内三论宗、律宗、天台宗、禅宗等诸宗交融,嘉祥、云门、大善三寺高僧荟萃。如吉藏门徒智凯,于嘉祥寺继师承传三论。灵澈禅师于会稽云门寺撰《律宗引源》27卷,昙一法师于大善寺弘扬《四分律》。天宝七年(748),天台宗九祖湛然大师驻锡大善寺(时更名开元寺),弘扬天台宗义。

五代十国时期,全国各地战乱不断。然地处东南的吴越国却相对稳定繁荣。吴越王钱镠及其继承者累世信佛。而越州为吴越国辖地,因而佛教也得到发展和繁荣。钱氏诸王于境内广立寺院,并延请高僧驻席,绍兴地区的净土、天台、律、禅诸宗亦转盛。如钱镠于新昌石城修殿建阁,装裱金像。吴越文穆王元瓘亦于州治东建永福院等。此一时期,中国佛教文化由西北向东南地区拓展,重心南移,江南佛教渐成为中国佛教文化中心,而会稽、沃洲、东峁诸山,成为江南佛教胜地。入宋后,绍兴地区主要流行禅、净两宗。云门寺、能仁寺、大善寺等名刹之寺僧,参禅诵经,注重修持。大能仁寺禅宗临济派最为发达,独步绍兴。净土宗则广布民间,形成台、净融合,禅、净双修局面。明、清两代,承继两宋传统,禅宗成为绍兴佛教主流,净土宗亦较流行,多与禅宗融合而流传。然而,总体而言,佛教呈现衰退之势。

从中国佛教史及浙江佛教史的角度来看,绍兴地区的佛教亦占有相当重要的地位。中国佛教八宗,在绍兴地区都有流传。另外,本文根据有关文献资料,统计了绍兴历史上佛教比较兴盛的两晋南北朝、隋唐时期会稽郡的佛寺和绍兴籍高僧数目,亦从一个侧面也可以看出当时绍兴佛教的兴盛和发达。

东晋南朝佛寺,在慧皎《高僧传》、道宣《续高僧传》两书中涉及53所,在今浙江境域的有15所,占总数的28.3%,这些佛寺全在会稽郡。按《宋高僧传》记载隋唐时期高僧共518名,其中浙江籍共计69人,占19%,排名居全国各地区之首位,而今绍兴地区的为最多(20名)。佛教寺院亦然。据统计,累计地方志所载自东汉至隋朝的寺院共计1434所。最多的为吴郡(治今江苏苏州)有寺院156所,会稽郡(治今浙江绍兴)88所,名列第三。唐朝所建佛寺见于地方志记载的有3901所。按照代代相因的原则,自东汉至于唐朝,寺院共有佛寺5335所,其中浙江境内共计937所,除杭州212所外,其次越州160所,为全国佛寺分布最密集、数量最多的地区。[①] 由此可见,绍兴的佛教在六朝时期发展迅速,隋唐时期则是以六朝为基础,并由此而确立了它在佛教界的重要地位。到了五代吴越国,人们仍然笃信佛教,为了弘扬佛教,在境内大事修建寺院,根据清雍正《浙江通志》"谨择其最著者"即收录了197所,其中杭州最多为45所,越州24所,名列第三。

此外,值得一提的是,绍兴佛教在对外佛教文化交流史上也有重要地位和影响。隋、唐时期,越州系江南佛教中心之一。日本佛教著名的"入唐八家"中,最澄、圆珍、空海三家,均至越州求法。唐武德年间(618—626),高丽学僧慧灌访道会稽嘉祥寺,从吉藏习三论宗教义,学成返国后,旋转赴日本,在飞鸟、元兴寺弘传三论宗。其弟子福亮(中国江南人),于日本出家后,曾返国诣嘉祥寺,习三论。后复东渡扶桑,于元兴寺弘传空宗等等。隋唐以来,绍兴与日本、朝鲜的佛教文化交流不断。这些亦构成了现在开发绍兴地区佛教文化旅游海外市场的重要依据。

(二)绍兴历史上著名的佛教名僧

在绍兴佛教历史上,佛教各宗派均有流传,其中影响较大的是禅宗和三论宗。历代名僧辈出(包括绍籍名僧及客籍名僧)。从旅游资源的角度来说,构成旅游资源的主要是名僧和主要宗派。因此,以下内容依年代先后,择取绍兴历史上的比较著名的高僧,并结合其所属宗派情况略作介绍。

名士型高僧支遁。支遁(约314—366),东晋高僧、诗人。字道林,俗姓关,

---

① 以上统计数字参见张弓《汉唐佛教文化史》上卷,中国社会科学出版社1997版,第92～153页。

原籍陈留(今河南开封一带)人。一说河东林虑人。其家族世代奉佛。25岁投洛阳白马寺出家。他在吴郡立支山寺,后至会稽郡,曾与会稽内史王羲之谈《庄子·逍遥》篇。抵达剡县后,先在沃洲小岭立寺行道。又曾驻会稽山阴灵嘉寺,讲《维摩经》。晚年到会稽石城山(今新昌县东北)立栖光寺。晋哀帝即位(361)后,支遁被征召入京,在东安寺讲经。三年后又回到剡山,不久病逝。

支遁深谙佛理,他创立的"即色义"为当时佛教"六家七宗"之一。又雅好老庄,尚清谈。所作《逍遥游注》,见解独到,自成一家,卓然标新理于郭象、向秀之外,群儒旧学,莫不叹服,称为"支理"(即"支遁义"),以此在晋代名士中获极高的声誉。当时名流如王洽、刘恢、王羲之、谢安、殷浩、许询等,都与他交好。他在会稽时,与谢安、王羲之、许询等大名士经常"出则游弋山水,入则言咏属文"。① 性爱山水之美,是这一时期进入浙江境域高僧的一个特点。

著名佛教史学家慧皎。释慧皎,梁代会稽上虞(今浙江上虞县)人,俗家姓氏失载,生卒年月不详。他学问渊博,兼通佛学与儒道百家之学,对于经、律尤为擅长。作为嘉祥寺僧人,他于春夏两季弘传佛法,秋冬则专心从事著述。曾著《涅槃经义疏》和《梵纲经疏》,流行于当时,可惜今已失传。传世的著作唯有《高僧传》14卷。其《自序》云:"自前代所撰,多曰名 僧。然名者,本实之宾也。若实行潜光,则高而不名;寡德适时,则名而不高。名而不高,本非所纪;高而不名,则备今录。故省'名'音,代以'高'字。"书成,通行于世,内容 精审,义例明确,条理清晰,文采斐然,为中国佛教史上第一部系统僧传。所创体例,为后 世历代僧传所效法。他为写作这部书竭精尽瘁,取得了超迈前人的成就,使其书成为佛教史籍中的名著,他本人亦因此书而名垂中国佛教史。

著名书僧智永、智果。智永名法极,生卒年代不详。常住山阴(今浙江绍兴)永欣寺,人称"永禅师"。是王羲之的七代孙,王羲之第五子王徽之的后代。智永严守家法,妙传祖法。他习字很刻苦。冯武《书法正传》说他住在吴兴永欣寺,几十年不下楼,临了八百多本《千字文》,给江东诸寺各送一本,目的就是要借佛门之力,流布乃祖书法。他用废的笔,埋起来像冢一样。后人讲"退笔成冢"的典故就是源于此。其字骨气深隐,体兼众妙。明董其昌《画禅室随笔》说他学钟繇《宣示表》,"每用笔必曲折其笔,宛转回向,沉著收束,所谓当其下笔欲透纸背者"。清何绍基说:"笔笔从空中来,从空中住,虽屋漏痕,犹不足以喻之。"智永的书法对初唐虞世南等的书法有很大影响。

---

① 载《晋书》卷79。

与智永同时而年少的释智果亦曾师事智永。智果亦剡人,住永欣寺。常诵《法华经》,颇爱文学,又善书,隶、行、草皆工,写铭石尤为瘦健。隋炀帝杨广早年以晋王为扬州总管时,爱其书法,召令写书。智果以为既已出家,不能再为世俗服役,辞以"眼暗,不能运笔",拒不从命。杨广大怒,囚之于江都,令守宝台经藏。后杨广入朝为太子,出巡扬越,智果上《太子东巡颂》,始得宽释,赐钱一万、金钟二枚,召入东都慧日道场。后终于东都,年六十余。其书法近似王右军,隋炀帝称"和尚得右军肉,智果得右军骨。"意思是智永书法圆润,智果笔法腴润不足,而骨力超过。智果的行书、草书,张怀瓘《书断》皆列为"能品"。

三论宗创始人吉藏。吉藏(549—623),祖籍西域安息。先世避仇移居南海,住在交广(今越南、广西)一带,后迁居金陵而生吉藏。吉藏七岁时(一说十三岁)即投摄山兴皇寺法朗师门下,学习经论。十九岁时开始为众复述,受到大众的称誉。从吉藏的经历可以看到,他的大半生是在江浙一带度过的。他是摄山三论学的传人。吉藏的学说渊源于摄山学系。他青少年时代的十余年中,在摄山打下了三论学的基础。隋朝平定江浙地方以后,吉藏移住会稽(今浙江绍兴)秦望山嘉祥寺。他在这里弘传佛法十多年,从他受学者多至千余人。他作为三论学大师的事业和声望就是在那时奠定的,所以后人尊称他为嘉祥大师。

吉藏博学多识、法华、华严,般若诸学皆通,然最精的还是三论学。他一生曾讲"三论"百余遍,并讲《法华》、《大品》、《智论》、《华严》、《维摩》等经论多遍,且各著注疏行世。他所创立的三论宗佛学思想,以及宗重《般若经》的风格,保留了印度大乘中观学说的传统精神,对中国早期佛教学者关于般若中观学说的错误理解作了批判与澄清。因此,他历受陈、隋、唐三代王室的尊崇。然而,吉藏却因恃才傲物;加以生活不拘细节,时或招受人们的非难。他在学问上虽有成就,并不善于处众。所以《续高僧传》的作者道宣对他的评价是:"御众之德,非其所长。"自吉藏去世以后,三论宗盛极而衰。三论宗虽在中土迅即衰微,但吉藏的弟子慧灌(高丽国人,曾于隋至会稽嘉祥寺从吉藏研究三论)将之传入日本,并在日本传播了很长一段时间,因此慧灌被称为日本三论宗的初祖①。慧灌的弟子智藏也曾经到中国来研习三论,为第二传。智藏的弟子道慈,来中国留学十八年,遍学法相、律、《成实》、《华严》、真言及三论,尝入元康之室,其学说传于日本,为第三传。因之此宗在日本的奈良时代甚为流行。

华严宗之集大成者澄观。释澄观(737—839),俗姓夏侯,越州山阴(今浙江

---

① 参见(日本)虎关师鍊《元亨释书》卷一"本传"。

绍兴)人。11岁时，从越州宝林寺霈禅师出家。14岁得度牒受具足戒。不久便离开宝林寺，"遍寻名山，旁求秘藏"，先后学律部、传三论、听受《起信》和《涅槃》、《华严》。大历七年(772年)，又往剡溪从慧量法师，重新研究三论。大历十年(775年)又往苏州从湛然法师习天台《止观》、《法华》、《维摩》等经疏。又参谒慧忠、道钦等，"咨决南宗禅法"，复又谒慧云禅师，研究北宗玄理。澄观一方面广学律、禅、三论、天台、华严各宗的教义以及天竺悉昙诸部异执；另一方面又博综经、传、子、史、小学，可以说是儒佛俱通、博学多识。然而，其最擅长的还是华严。在讲《华严经》时，鉴于《华严经》旧疏文繁义约，撰成《华严经疏》(即《大方广佛华严经疏》)20卷。澄观又为其弟子僧睿等撰新疏的演义数十卷，即现行的《大方广佛华严经随疏演义钞》。后世或将这两部书合在一起，简称《华严经疏钞》。澄观也因此被称为华严疏主，成为中唐华严宗的集大成者。

随着知名度的不断提高，澄观也越来越受到朝廷与文武大臣的重视。贞元七年(792年)，唐德宗遣中使召澄观入京。次年澄观入京后，奉诏入译场刊正克什米尔三藏般若译南印度乌荼国王所进《华严经》后分40卷(世称"四十《华严》")。德宗又令其为此经造疏。澄观还曾为德宗讲《华严经》，被授予"清凉国师"称号。此后，顺宗、宪宗、穆宗、敬宗各朝，他都很受尊重。唐文宗开成三年(838年)三月圆寂，世寿102岁(一说终于元和年间，世寿70余)。据说唐文宗为澄观之死"辍朝三日"，并撰《华严四祖清凉国师像赞》。澄观虽以振兴华严学说为己任，但思想上仍掺有禅宗、天台宗及《起信论》的成分。澄观这一诸宗融会、禅教一致的宗趣，对于中唐以后的中国佛教界影响很大。

禅门曹洞宗初祖洞山良价。洞山良价(807—869)，唐代越州会稽(浙江会稽)人，俗姓俞。幼从师诵般若心经，以无根尘之义问其师，其师骇然，即指往五泄山礼灵默禅师披剃。年二十一，诣嵩山受具足戒，寻谒南泉普愿，深领其旨，又访沩山灵祐，参"无情说法"之公案，不契。受指示诣云岩昙晟，问无情说法之义，辞归时，涉水睹影，大悟前旨。后嗣云岩之法，于江西洞山弘扬佛法，倡五位君臣说，门风颇振。咸通十年(869)，于丈室端坐长往。世寿六十三，法腊四十二。敕谥"悟本禅师"。其嗣法弟子有云居道膺、曹山本寂、龙牙居遁、华严休静、青林师虔等二十余人。尤以本寂之法系，称作曹山，合称之，即为曹洞宗。

良价的禅法，重在理事俱融，吸收了华严宗的看法，也是远承青原下石头希迁的思想。其思想构成了曹洞宗的基本特色。曹洞宗属禅宗五家之一，属青原一系。在历史上的影响仅次于临济宗。

除上述介绍的以外，其他绍兴籍的名僧还很多。如东晋及南朝时期的竺潜、竺道壹、帛道猷(或作白道猷)、竺法旷、洪偃、僧护、僧祐等。隋唐时期的智凯(吉藏之弟子)、文纲、玄俨、韩(今朝鲜)僧昙一、中兴天台宗的九祖湛然;画僧贯休;宋元时期的端裕、允若;明清时期的圆澄、净挺、弘瑜、大良、道忞,清末及民国时期的谛闲、弘一等,或是绍兴籍僧,或长期居于绍兴,对绍兴佛教文化的繁荣有着重要的作用。限于篇幅,本文就不一一介绍了。

(三)历史上重要的绍兴佛教名胜简介

下面对绍兴地区历史上著名的佛教寺院及塔及石刻造像等佛教名胜及其现状作简单介绍。

绍兴嘉祥寺。寺原址位于绍兴城南秦望山麓。东晋太元二年(377),郡守王荟所建。义熙初,僧慧虔投嘉祥寺,"克己守物,苦身率众,凡诸新经,皆书写讲说"①。梁著名佛教史学家慧皎,在此潜心著述,撰成《高僧传》十四卷。陈末隋初,三论宗创始人吉藏于此主持讲席,其弟子智凯及朝鲜籍僧慧灌,亦在此精研三论。嘉祥寺以佛教三论宗祖庭,名扬海内外。宋以后,佛教三论宗开始衰微,逐渐为天台宗替代,嘉祥寺渐见冷落。如今,虽然秦望山风景区已开发在即,但境内的嘉祥古寺,早已不存。

大善寺及大善塔。寺址在今绍兴城区西营。相传南齐一钱姓女(唐开元年间敕封钱女为"肇兴夫人"),愿捐奁资而建,天监三年(504)成,寺名"大善"。唐时寺内建筑规模宏大,有僧舍数十间,看经道场、罗汉天王堂、浴院、经院、库堂等。还辟有肇兴庙,以纪念钱氏。后唐同光元年(923),吴越王钱镠移地另建开元寺,复大善原名。

大善塔位于今绍兴市区子余路,原建于大善寺内,与寺同时建造,故名。今寺毁塔存,为浙江省级重点文物保护单位。塔屡兴屡废,现存大善塔为1957年修缮。塔六面七层,底层边长year 3.8米,壁厚1.6米,以上逐层递减,木檐砖砌楼阁式。塔高40.5米,古塔砖砌而成,旧时有梯可登,现已空心。大善寺及大善塔建成至今已有一千五百多年的历史,是当年绍兴市内最主要的寺院之一。又因大善寺曾是日僧空海、最澄法师等所到之地,大善寺在日本佛教界也有一定的影响。

---

① (梁)慧皎:《高僧传》卷五,"晋山阴嘉祥寺释慧虔"。

开元寺。寺址在今绍兴城区东街,原为五代董昌故宅。后唐长兴元年(930),吴越王钱镠建,奏以原开元寺复为大善寺,而以此为开元寺。北宋时,这里的香火十分兴旺。每年元宵佳节,旁数十郡及海外商贾皆云集于此。寺内还曾设昭庆戒坛,岁遇佛诞,即于寺内传戒度僧,盛极一时。南宋以来,屡遭战乱,后虽重建,规模大不如前。现已不存。原址建有绍兴市人民医院。

绍兴戒珠寺。寺址在今绍兴城区昌安门内王家山南麓,原为东晋王羲之故宅,或曰别业。嘉泰《会稽志》称"其为寺不知所始。陈太建二年有僧定光来寓寺中。"寺初名昌安,唐大中六年(852),改称戒珠。咸通三年(862),衢州刺史赵璘书"戒珠讲寺"额,今存。该寺以讲寺名。1984年修复,基本保持原有格局。1989年,全寺建筑面积2076平方米,尚存墨池、山门、大殿。殿内辟有王羲之史迹陈列室。

新昌大佛寺及千佛禅院。寺址在今新昌县城西南1.5公里,南明山(石城山)麓。东晋永和(345—356)初,释昙光(帛僧光)隐迹结庐于此,自号隐岳,渐成寺舍,寺亦名"隐岳"。齐永明四年(486),剡人释僧护游隐岳,誓凿百尺弥勒像。逾年,成面部雏形,建寺号"石城"。齐永元二年(500),僧俶继之,因战乱频繁而止。梁天监十二年(513),律师僧祐奉敕来剡造佛,十五年竣工。佛像历经护、俶、祐三世共30年刻就,故世称"三生石佛"。唐会昌五年(845),建三层阁,赐号瑞象阁。后梁开平三年(909),赐名瑞象寺。宋大中祥符元年(1008),改赐宝相寺额。

石佛原为立像。元元统二年(1334),僧普光以条石砌块,以铜丝为网护于其前,砌成双膝,改为坐姿。佛座高2米,身高13.7米,头高4.8米,耳长2.8米,食指长1.8米,两膝相距10.6米,体态匀称,气度娴雅,匠心独具,壮丽殊特,被学界称之为"江南第一大佛"。

明正统年以后至清末,大佛寺屡建屡毁。至光绪十九年(1893),重建大殿高楼,历时十年,方复旧观。1961年,被列为省级重点文物保护单位。"文化大革命"期间,大佛几遭损失。1978年后,政府拨款并劝募重新修复。并被国务院确定为全国重点开放寺院。大佛寺景区现为国家4A级旅游风景名胜区。

千佛禅院位于大佛寺西北约300米,紧邻大佛寺的外山门,是除大佛之外的另一处石窟造像。因石窟内佛像总数达1075座,大的有1米之多,小的仅数寸,故名千佛禅院,俗称千佛岩。千佛禅院前身是高僧于法兰创建的元化寺,成寺于公元345—356年。

嵊州惠安寺。座落在嵊县鹿胎山南。始建于东晋义熙二年(406),原名般若台寺。宋大中祥符元年改今额。南宋时朱熹游于此,在上方轩照壁题有"溪山第一"四字。2003年重新修复,现与城隍庙相邻。

诸暨五泄禅寺。寺址位于诸暨西北23公里,五泄山七十二峰处。唐元和三年(808),为迎曹溪第四代灵默禅师建。初名三学(戒学、定学、慧学)禅院,咸通六年(865),赐五泄永安禅院额。禅寺高僧云集。曹洞宗创始人良价,在此披剃,师事灵默。唐高僧心境禅师参谒灵默,传承衣钵。天祐三年(906),改应乾禅院。唐末五代著名诗僧贯休在五泄寺隐住了九年。宋嘉祐元年(1056),复改五泄禅院。抗战时,寺院遭毁严重。1970年,重修五泄禅寺。

绍兴地区还有一些现存的佛教造像,如:

维卫尊佛。存市文物管理处。佛高0.58米,齐永明六年(488)成像。面相庄严慈祥,服饰清晰可辨,作全跏趺坐式。佛像初曾安放在石佛妙相寺、后迁戒珠寺等。解放后移藏文物管理部门。

绍兴柯岩石佛造像。位于柯桥镇东南柯岩风景区。像高10.60米,雕凿于高30余米的巨形孤岩上,与"云骨"东西对峙。造像右手作说法印,为善跏趺弥勒佛坐像。据地方志记载:山产石,为民所采,成岩洞,巧匠琢为佛。唐以来创寺覆之。即柯山寺,普照禅寺。晋永和年间敕建。寺今废。按其造型,属唐代造像。

羊山石佛造像。位于齐贤镇山头村羊山石佛寺。像高4.50米,雕凿于三面环水、一面与禅院相连之孤岩上。造像脸形丰满,全跏趺坐于仰莲,下设须弥座,为释迦坐像。彩塑剥落,双手已残。明万历三十二年(1604)所题《羊山石佛庵碑记》载:隋开皇年间(581～600),越国公杨素派人开山取石,扩建罗城,留下孤岩。唐时在此建灵鹫禅院。今称石佛寺。按其造型,当为晚唐造像。

石屋禅院造像。位于绍兴县城南乡九里村山道,为明代摩崖石刻造像。像共四龛七尊,大小不等,分布于东西两处,相距80余米。西首第一龛3尊坐佛,像高1.20米。第二龛2佛,像高1.60米。第三龛布袋弥勒坐像,高1米。东首佛龛,有像高1.20米,为地藏佛全跏趺坐,右边有一孔。

余　论

2004年下半年,笔者曾在浙江省旅游局办公室的大力支持下,就浙江省宗教文化旅游资源的现状及问题作过一次比较深入的问卷调研和统计。根据此次的调查资料,绍兴地区现有的佛教旅游资源计有 60 余处,道教资源 9 处,其他民间宗教资源 13 处。在绍兴地区各大宗教旅游资源之中,佛教资源数量最多,游客最多,门票收入也最多。然而,从整个绍兴佛教文化旅游资源的保护和开发的现状来说,仍然存在很多不足之处。

第一,从历史的角度来说,无论是从规模还是影响来说,目前的绍兴佛教文化旅游,比起繁荣兴盛的古代绍兴佛教文化,无疑要衰落得多了。

第二,从横向比较来看,即从绍兴地区文化旅游开展的现状来看,绍兴市的其他非宗教类文化旅游资源(如鲁迅、陆游等名人的旅游文章)开发得较为成熟,佛教旅游资源虽然比较丰富,潜力巨大,市场前景广阔,但市场开发却显得要滞后得多,有待进一步的开发和论证。

第三,绍兴地区各市县之间,佛教文化旅游发展也不平衡。相对来说,新昌县的大佛寺开展得较为早,属省内宗教旅游文章做得较为成功的范例。而其他地区则显得滞后得多。

不过,上述不足之处也正好从反面说明:绍兴宗教文化旅游的开发潜力是十分巨大的。有鉴于此,本文在此特别建议,尤其是作为三论宗祖庭的秦望山嘉祥寺,恢复重建之则是当务之急。

本文认为,恢复秦望山嘉祥寺的意义十分重大,至少有如下几点:

1.作为三论宗的祖庭,在中国佛教史上具有特殊的地位,影响深远;

2.在中日、中韩佛教文化交流史上也有重要地位,因此它的海外(香客、游客)市场潜力也很大;

3.在绍兴市区,尚无一家比较有规模的佛教寺院,而位于原址正在开发建设的秦望山景区,据说规划中也缺少一家有如此高知名度的宗教人文景观。

六、德清宗教文化资源及其现代休闲养生价值^①

       宗教是一种文化。德清宗教文化包括原德清县及今属德清县的原武康县所辖区域内历史上曾经出现和流行的宗教派别、宗教人物以及有关的宗教名胜、遗存等,内容十分丰富,在中国宗教文化史上也产生过重要影响。在历史上,佛教、道教、基督教、天主教等在德清地区均有传播和流行,不过影响较大、且可作为旅游资源开发的,主要集中在中国传统的佛教、道教文化。

      "吸引力就是(旅游)资源。"从旅游资源学的角度来说,宗教文化的名胜古迹,如寺观等物质文化遗产毫无疑问是宗教旅游的重要资源,而在历史上具有重大影响的宗教派别、宗教人物,作为非物质文化遗产,无疑也构成了宗教旅游资源的重要组成部分。因此,系统地考察德清的宗教旅游文化的历史与现状,分析其历史地位和影响,发掘探索其现代价值,不仅对德清历史文化的保护和开发,开展德清"人文旅游",而且也对进一步深化德清"乡村旅游"、构建和谐社会意义重大。

      基于这一认识,本文拟对德清宗教(佛教与道教)文化的历史演变,德清籍或长期生活在德清的名僧名道以及佛教、道教寺观及塔、洞窟等宗教遗存情况作系统而又扼要的整理,分析其历史地位和现代价值(特别是在休闲养生方面的价值),以便为今后进行合理的开发利用提供依据。

---

      ① 本文曾以《宗教文化资源及其现代休闲养生价值——以德清为例》为题刊于《休闲评论》第 2 辑,浙江大学出版社 2009 年 12 月版。

（一）源远流长的德清宗教文化

德清佛教历史悠久。早在三国赤乌年间（238－250），佛教就传入永安县（于282年改名武康县——今属德清县）境内，这也是佛教传入湖州之始。东晋咸和年间（326－334），德清建有半月庵。南北朝时德清佛教逐渐兴盛，不少著名高僧曾在此驻锡弘法。刘宋元嘉年间（424－453）初，高僧法瑶南渡，居武康小山寺凡十九年。法瑶每年讲经说法一次，四方学者负笈盈衢（刘宋著名法匠昙斌即于此期间从其研习佛经）。宋大明六年（462）法瑶奉诏赴京建康（今南京）新安寺讲经时，孝武帝还亲率文武百官前往聆听。当时武康的不少沈氏名流也与佛教关系密切。如沈约就有不少佛教题材的文学作品和论著。永安县（武康）东北15里凤凰山后为东汉述善侯沈戎的故居。刘宋元嘉三年（426）沈戎之八世孙沈庆之、吏部尚书沈昙庆、五兵尚书沈怀宁、光禄大夫沈孟𫖮请以始祖故居辟为怀德寺。梁大同二年（536），奉佛的梁武帝诏令于武康凤凰山下建报德寺。另一所德清古寺寿圣寺的额名亦为梁武帝所赐，乾元寺"释迦宝殿"四字亦为梁武帝所书。

唐宋时期是德清佛教的鼎盛时期。德清高僧辈出，著述甚多。释赞宁（德清人）撰写了著名的《宋高僧传》，而另一湖州籍的高僧唐释道宣（长兴人）撰有《唐高僧传》。中国佛教史上三部著名的"高僧传"中，有两部即出自湖州地区。以念佛为特征的净土宗，北宋时也在湖州地区盛行，居士姚约则在新市觉海寺组织净业社念佛。南宋时临济宗名僧高峰原妙（1238—1296）曾于咸淳十年（1274）至咸淳十六年（1279）住武康双髻峰，后入天目山狮子岩隐修。至宋末时，德清武康新建及原有的寺院共计约70余座。两宋时帝王还常赐额、改额德清、武康的寺院，时有圣寿寺、广福寺多所，不少贵族也在此置功德院。

宋末元初的赵孟頫、管道升夫妇既是德清历史上的文化名人，同时也都是佛门俗家弟子。赵孟頫的皈依师是元代最为有名的高僧中峰明本禅师，而管道升撰写有《观音菩萨传略》，该著被认为是中国历史上观音菩萨形象女性化完成之象征。

据《德清县志》记载，历史上武康地区著名的寺院有证道寺、定空寺、大慈寺、皇觉寺、翠峰寺、天泉寺、千佛寺、大佛寺，德清则有永宁寺、八胜寺、乾元寺、大善寺、延寿寺等等。① 明清时期德清佛教也很兴盛。据同治《湖州府志》等记载，德清有佛教寺院122座，在湖州地区仅次于乌程县。

德清、武康佛教多属禅宗，主要有临济、曹洞二派。

德清道家道教文化的历史也很悠久。早在春秋时期，曾师事老子、后来又被越大夫范蠡尊为师的著名思想家、经济学家计然曾隐居在此筹度国势，久之道成仙去。为纪念他，其隐居地就被称"计筹山"，在今德清三合乡境内。相传东汉建安年间名士、精通神异之术的蓟子训也是武康人。

在计然隐居计筹山一千年后，东晋著名道士葛洪（284－364）也曾在此炼丹。在今德清三合乡上杨村的计筹山百步口，还留有元赵孟頫题写的崖刻石雕——"子昂碑"上就曾记录下"葛仙翁炼丹在此"之句。南朝宋元嘉（424－453）时，性喜道术的乌程东迁（今浙江吴兴人，一说东迁今属德清新市镇）人陆修静尝出没于乌程县东水潭，后得道升仙。此地因而称为"仙潭"。后世居民因陆氏移此，遂号仙潭为新市。

南宋咸淳（1265－1274）中，著名道教学者杜道坚被南宋皇帝度宗赐与"辅教大师"称号，诏令住持吴兴（今德清三合乡）计筹山升玄报德观。在此期间杜道坚大兴玄学，制建清规，甚得道徒拥戴，声名日显。

明清以降，德清道教呈衰落之势。至清末民初，德清地区有道观宫共计18座。其中德清县存观7座，宫2座；武康县道院2座，观5座，宫2座。②

德清道教派别以北派龙门宗（属于全真道）为主，金丹宗（南宋时形成的道教内丹派别）次之。龙门宗设坛于县城紫阳观，名"梵云坛"。金丹宗设坛于县城祖师殿，名"溪秀坛"。

（二）德清历史上重要的宗教文化名人及名胜

在德清历史上，出现过不少著名的宗教人物，还留下了众多的宗教名胜。在此，选择比较重要、影响重大的予以介绍。通过这些名人和名胜，我们可以看出德清宗教文化资源的历史地位和重要影响。

首先介绍宗教名人。需要说明的是，本文所谓的德清宗教名人，就籍贯来说，包括德清籍（含武康籍）的以及长期在德清的宗教名人；而就身份来说，这些

---

① 参见《德清县志》，第608页，浙江人民出版社1992年版。
② 参见《德清县志》，第608页，浙江人民出版社1992年版。

名人皆为宗教徒。其中有些是名僧、名道,也有一些虽然不是出家人,但属于在家信徒,因此也在本文所说的德清宗教名人之列。

以下为德清佛教名人。

1. 释法瑶

释法瑶,南朝刘宋时高僧。河东人,俗姓杨。生于东晋安帝之世,少而好学。出家后,不远万里四处游方问学。其戒行精严,学问贯通佛教群经,且傍及异部。刘宋景平年中(423—424)南游兖豫一带。元嘉年(424—453)中渡江南行,受到吴兴沈演之礼请并器重,居住在武康小山寺,前后凡十九年之久。法瑶在武康期间潜心佛学,若非祈请,从未出门。他每年开讲一次,四方学者慕名负笈前来,致使听者盈衢。其弟子当中亦不乏名僧,刘宋著名法匠昙斌即于此期间从其研习《泥洹》《涅槃》、《胜鬘》等经。刘宋大明六年(462)奉诏入京(即建康,今南京),居止于新安寺。虽年届暮龄,而蔬苦不改,戒行清白。在佛学思想上,法瑶主张“渐悟”之说,与当时主张“顿悟”之竺道生之学说相互抗衡。他还曾奉敕至京师与道生之弟子道猷各申顿、渐之义,临讲席之时,銮舆降跸,百官陪筵。元徽年间示寂,世寿七十六。著有《涅槃经》、《法华经》、《大品般若经》、《胜鬘经》等义疏。梁慧皎著《梁高僧传》卷七有“宋吴兴小山释法瑶”传。

2. 赞宁律师

释赞宁(919—1001)宋代律宗高僧。浙江德清人,俗姓高。唐天祐中生于吴兴之德清金鹅别墅,出家于杭州祥符寺,后入天台山受具足戒。赞宁法师博涉三藏,尤精南山律,谈论之间,辞辩宏放,挫他论锋,时人以“律虎”誉称之。除佛学之外,他还旁通儒道二家之典籍,文辞颇善,声誉日高,因此备受当世王侯名士敬仰。吴越王钱弘俶钦慕其德,任命他为两浙僧统,复赐以“明义宗文大师”之号。太平兴国三年(978),宋太宗闻其德名,召赞宁进京,对问于滋福殿,延问数日。宋太宗对其礼遇有加,赐以“通慧大师”之号,诏修《大宋高僧传》三十卷,及诏撰《三教圣贤事迹》一百卷。先后被任命为翰林史馆编修、左街讲经首座、西京教事、右街僧录等职。咸平四年(1001)入寂,世寿八十三。生平著作颇丰,除最为著名的《宋高僧传》之外,还有《鹫岭圣贤录》、《大宋僧史略》、《内典集》、《事钞音义指归》、《外学集》等著作。特别是其《宋高僧传》一书,在中国佛教史上有着极其重要的影响和地位。

3. 释思义

释思义,北宋天台宗高僧。字和甫,俗姓凌,武康人。因考试《法华经》得第一名而得度出家。依止明智韶法师学习佛法,领悟理解的能力超过常人。曾修习四种三昧行,后来颈子上生出一个肉瘤,夜里梦见功德天拿桃子给他吃,他的疾病随即消失。北宋神宗熙宁四年(1071),皇上赐紫色袈裟,赐号"净慧",丞相苏颂在统理杭州的时候,曾迎请思义居住于天竺寺,在当地弘扬佛法正道达二十三年。

北宋哲宗元祐三年(1088)二月十八日夜,忽然结跏趺坐,告别大众而往生。大众在旁诵念佛号,一段时间之后,忽然又苏醒过来,说:"侍观音大士行,见一沙门。金色长身垂臂,谓我曰:报缘未尽,过七日当遣迎。"到了二十五日,又结跏趺坐而往生。安葬时赤云垂布,如引导之状,向西而隐。在宋释志磬撰写、专门记载天台宗正史的《佛祖统纪》卷十一载有"思义"的传记。

4. 赵孟頫、管道升居士

赵孟頫(公元1254—1322),字子昂,自号松雪道人,宋太祖十一世孙,秦王德芳之后,孟坚从弟。因赐第居湖州,故为湖州人。由于他的聪明才智和诗、书、画、印的超绝,曾受元代帝王五世荣宠,官至翰林学士承旨,荣禄大夫,封魏国公,谥父敏。著有《尚书注》、《琴原》、《乐原》、《松雪斋集》。管道升(1262—1319),字仲姬、瑶姬、遥姬,德清县茅山村(今属干山乡)人,浙江湖州人。元代著名的女书法家、画家、诗词创作家。自幼聪慧,能诗善画,嫁赵孟頫,册封魏国夫人。元仁宗延祐六年五月十日病卒。赵孟頫、管道升夫妇之墓位于德清洛舍镇东衡村东衡山南麓,现为浙江省重点文物保护单位。管道升擅画墨竹,笔意清绝,又工山水、佛像、诗文书法。著有《墨竹谱》1卷,传世作品有《水竹图卷》、《秋深帖》、《山楼绣佛图》、《长明庵图》等。据说元仁宗尝将赵孟頫、管道升及子赵雍之书法合装一卷轴,藏之秘书监,曰:"使后世知我朝有一家夫妇父子皆善书,亦奇事也。"

众所周知,赵孟頫夫妇为湖州暨德清名人。但二人皆是在家佛教徒,与佛教文化关系十分密切,这一点可能一般人知道的并不多。《元史》卷一七二"赵孟頫传"载其"旁通佛老之旨,皆人所不及。"据说其十二岁时便喜欢写《金刚经》,"后但与僧语,便若眷属"。他与当时不少高僧有往来,并十分敬仰高僧中峰明本禅师的禅学,皈依之成为其在家弟子,"每受师命,必焚香望拜;与师书,

必自称弟子。"中峰明本有《劝修净业谒》,赵还为之作赞偈曰:"三千大千世界
中。恒河沙数之众生。一一众生一一佛。一一惟心一净土。……我师中峰大
和尚。慈悲怜悯诸众生。殷勤为作百八偈。普告恒沙诸有情。如是受病等痛
切。若人依师所教诲。一念念彼阿弥陀。一念念已复无念。自然往生安乐
国。"[①]此谒也表明赵孟頫接受并信仰的是禅宗唯心净土的教义。时日本高僧雪
村友梅入宋住湖州道场山时,亦与赵孟頫过从甚密。

　　赵孟頫一生写过不少佛教文字,如曾为《御集百本经》作序,为长兴大雄寺、
天目大觉正等寺、济南福寿禅院作记,为敕建的大兴龙寺、大普庆寺等作碑铭,
为中峰明本和尚作赞,还奉敕撰《临济正宗之碑》,充分发挥了作为一个文人居
士所应尽的护法之功能。

　　而赵孟頫的夫人管道升对佛教亦颇有研究,信仰也更加虔诚。作为女性画
家,她是最早用"水墨"的方法画了一幅女性的观音像。而她所作的观世音菩萨
的传记,也在中国历史上最为有名,正因此,她在中国佛教文化(主要是观音文
化)史上的贡献要更大一些。

　　中国历史上历来就有不少人为观音作过传记的,但管道升的《观音菩萨传
略》在此后的文人学士中广为传布,以至于今天很多佛教学者研究认为,自该传
记之后观音菩萨也就完成了在中国的女性化历程。自此,观音出家成道前作为
妙庄王三公主的身份也为中国广大老百姓普遍接受。而作为女性画家,管道升
本人也是最早用"水墨"的方法画了一幅女性的观音像。

　　明清以来,湖州地区的观音信仰十分盛行,可以说与赵孟頫管道升夫妇的
努力和贡献不无关系。

5. 玉琳禅师

　　玉琳通琇(1614—1675),清初临济宗僧。江阴人,俗姓杨。字玉林,世称玉
林通琇。十九岁投磬山圆修出家受具,任其侍者且嗣其法。后住持浙江武康报
恩寺。清顺治十五年(1658)奉清世祖之诏入京,于万善殿弘扬大法,受赐号"大
觉禅师",翌年又加封为"大觉普济禅师",并赐紫衣。顺治十七(1660)年秋,顺
治帝在京城建立皇坛,挑选一千五百僧受菩萨戒,特请玉琳禅师为本师,并加封
为"大觉普济能仁国师"。后来回到浙江临安西天目山,重修殿宇,将山麓之双
清庄改为丛林,因袭该山祖师高峰原妙所创师子正宗禅寺之名称,称为师子正

---

① 见《佛法金汤编》卷16。

宗派,即禅源寺。康熙十四年(1675)七月圆寂,年六十二。有《玉林琇国师语录》十二卷行世。

以下为德清道家道教名人。

1. 计然

计然是春秋时期著名的战略家、思想家和经济学家。计然,一作计峨,又作计倪,本姓辛,名研,字文子,葵邱濮上人。尝师事老子,在文子《仙传》一书中详细记载了计然向老子问道及治国之本的故事。后赴越国,为越大夫范蠡之师,相传曾授范蠡七计。范蠡佐辅越王勾践,用其五计以灭吴。后隐居武康,因在此筹谋国计,此山亦被命名为"计筹山",山在今德清三合乡境内。在山阳之白石顶通玄观故址,乃其隐居旧址。

2. 蓟子训

蓟子训,东汉乌程余不乡(今属德清武康镇)人,建安(196—220)年间名士。相传其明方术,解分身之法。据说有次尝抱邻家婴儿,故失手堕地而死,其父母惊号怨痛,不可忍闻,而子训仅称以过失,终无它说,遂埋藏之。后月余,子训乃抱儿归焉。父母大恐,曰:"死生异路,虽思我儿,乞不用复见也。"儿识父母,轩渠笑悦,欲往就之,母不觉揽取,乃实儿也。虽大喜庆,心犹有疑,乃窃发视死儿,但见衣被,方乃信焉。于是蓟子训之大名流布京师及北方各地,士大夫皆承风向慕之。①

有次驾驴车携诸生路过荥阳,休息用餐时,而所驾之驴忽然卒僵,并有蛆虫流出。子训闻状不为所动,待食毕,徐出以杖扣之,驴应声奋起,行步如初。其追逐观者常有千数。既到京师,公卿以下候之者,座上常常有数百人之多,然子训皆为众设酒脯,竟能终日不匮。

后因遁去,遂不知所终。时有百岁翁,自说童儿时见子训卖药于会稽市,颜色不异于今。后人复于长安东霸城见之,与一老公共摩挲铜人,曰:"适见铸此,已近五百岁矣。"顾视此人而去,犹驾昔所乘驴车也。又有以之为八仙之铁拐李的门人的。

3. 陆修静

陆修静(406—477),字符寂,东晋著名道士。南朝宋乌程东迁(今浙江湖

---

① 见《后汉书》"本传"李贤注。

州)人。三国吴丞相陆逊之后裔。少宗儒学,又性喜道术。及长,遗弃妻子,入山修道。为搜求道书,寻访仙踪,乃遍游名山,声名远播。宋文帝刘义隆钦其道风,召其入内宫讲道。时陆修静大敞法门,深弘典奥,道教之兴,于斯为盛。后因避太初之乱南游,于庐山隐居修道。历史上有"虎溪三笑"之传说即发生在此时。相传晋僧慧远居东林寺时,送客不过溪。一日陶潜、道士陆修静来访,与语甚契,相送时不觉过溪,虎辄号鸣,三人大笑而别。刘宋元徽五年(477)卒,时年七十二岁。弟子奉其灵枢还庐山。诏谥简寂先生。宋徽宗宣和元年(1119)七月一日被封为"丹元真人"。其著作甚丰,有关斋戒仪范者尤多。

在中国道教史上,陆修静有着十分重要的地位。就派系来说,陆修静属于道教之符录派(天师道),是南北朝时南天师道的祖师。在北魏嵩山道士冠谦之改革北方天师道后,刘宋道士陆修静针对南方天师道组织涣散、科律废弛的情况,提出一系列改革和整顿天师道的办法,以加强和完善道教组织,并制订了一套较为完善的斋醮规仪。所撰写的《三洞经书目录》为中国道教史上第一部目录学著作,具有开创意义。此后道经之编目与《道藏》之分类,皆以其"三洞"分类法为基本原则。陆修静对道教的整顿和改革,扩大了道教的影响,使道教在南方得到进一步发展,统治者亦日益宠信道教。经陆修静改革后的南方道教,学术界称之为南天师道。

陆修静是湖州人,他亦经常隐居于此。湖州金盖山梅花观亦尊其为开山祖师。相传陆修静还曾出没于德清的东水潭,有时入水后数月而出,故此潭名曰"神驾潭",现俗称陈家潭,为今新市镇三潭之一(三潭即陈家潭、跃龙潭、仙潭)。该镇亦以此名"仙潭"。当地居民因陆氏移此,遂号仙潭为"新市"。是为新市镇名之由来。

4. 杜道坚

杜道坚(1237—1318年)字处逸,自号南谷子,当涂采石(今安徽当涂)人,西晋著名学者杜预之后。少有超凡脱俗之志,年十七辞母寄迹郡之天庆观,师事陈元实。后入茅山,为上清派第三十八代宗师蒋宗瑛所重,授其大洞经法,成为茅山宗的嫡传弟子。时丹阳谢道士玄风远播,法海傍沾,道坚不辞辛苦前去问道,受益匪浅。之后又远游各地,广交名士,"蓟丘李衍,吴兴赵孟頫,金华胡常孺,实与之游,执弟子礼"①。南宋咸淳(1265—1274年)中,因承宣使入内都知

---

① 任士林《松乡集》卷一《通玄观记》。

邓惟善引荐,皇帝宋度宗赐其"辅教大师"称号,入住吴兴计筹山(今属德清县)升玄报德观。在此期间,杜道坚大兴玄学,制建清规,甚得道徒拥戴,声名日显。

宋端宗景炎元年(公元 1276 年),元兵大举南侵,所至震慑。道坚冒矢石叩军门见元军统帅太傅伯颜,以不杀无辜相请。伯颜乃下令禁止士卒劫掠。江南既平,乃随伯颜至上都觐见元世祖忽必烈,上疏陈当务之急,在于求贤、养贤与用贤。至元十七年(1280 年)奉诏护持杭州宗阳宫、纯真观、武康升玄报德观。大德七年(1303 年)授杭州路道录教门高士,奉旨改建披云庵为通玄观,主持杭州四圣延祥观。皇庆元年(1312 年)成宗宣授"隆道冲真崇正真人"。依旧住持杭州崇阳宫、武康计筹山之升玄极德观、通玄观。其间,道坚潜心著述,广搜道教经籍。杜道坚身老吴邦,访寻文子(传老子弟子)遗迹,作览古楼,聚书达万卷。赵孟頫在《隆道冲真崇正真人杜公碑》中谓其"作揽古之楼于通玄(观),聚书数万卷,《道德》注疏何啻千家"。传有弟子四十余人。仁宗延祐五年(1318年)辞世,时年 82 岁。

杜道坚生逢宋元兴替之际,目睹世运之更转,心系民众之疾苦。他倾心于道教理论的研究,撰写了《文子缵义》、《道德玄经原旨》、《玄经原旨发挥》等著作。在所著书中,既对《道德经》"无为而治"之旨进行阐发,也对上清派的修炼方法赋予了新的内容。他虽为符箓派道士,但并不以符法咒术见称,在修持方法上最终由"形神兼养"发展至"性先命后"。

宗教名胜:虽然历史上德清县寺观众多,佛教道教文化十分发达,但目前总体上呈现为破坏后的恢复阶段。据统计,现在德清境内经合法登记的佛教活动场所 34 处,基督教场所 223 处,道观则无。其他未经登记的小庙庵等有 200 多处。在此,仅就现在且影响较大的几处佛教寺塔及莫干山的佛教文化遗址作一介绍。

1. 云岫寺

云岫寺是目前德清县境内现存的规模最大、保存最为完好的佛教寺院。

云岫寺坐落在德清县二都乡云岫山中。云岫山旧有青云塔,故又名塔山。宋淳熙八年(1181)由为音禅师创建,后几度兴废。元至正五年(1345)由僧文粹重修。寺背倚玉屏峰,周围有大牛山、轿子顶、猢狲山、宜秋岭等,群峰环抱,竹翠松茂。寺内侧有宋梅和四季古桂,景色宜人,为游览胜地。自古远近香客慕名前来,络绎不绝,历代文士亦多有题咏。明洪武 24 年(1391)寺曾被并入龙山寺(位于德清二都,今已不存)。永乐元年(1403),僧起宗复立。明万历间

(1573—1619)普容禅师驻锡于此,礼部侍郎顾瑞屏曾在此读书,得其布施后重建,时琳宫宝刹,岿然改观。寺内僧众最多时数以千计。

清光绪十三年(1887)云岫寺住持广严禅师奉旨进京,得钦赐"龙藏"(清雍正乾隆年间刊印官版大藏经,又称《乾隆大藏经》)12 部及全副銮驾,回山传戒。慈禧太后及光绪帝、恭亲王分别手书题额,慈禧书"藏经阁"、"清净圆通"、"大雄宝殿"匾额。其时有僧徒达七八十人,殿屋 99 间半,大钟 1 口,大香炉 1 只。近百年来,历经战乱,香火渐衰。解放初,尚存宋代风格的大雄宝殿以及清代修建的金刚殿、配殿、观音殿、藏经楼、斋堂、戒堂等 40 余间,面积 2200 平方米。1985 年,国家文物局拨款,省文物考古研究所古建筑维修中心设计,按宋代风格进行恢复修整,使 800 年古刹重现光彩。今朱门粉墙,翼角腾空,雄健古朴。1989 年 12 月被定为浙江省级文物保护单位。

2. 觉海寺

位于浙江省德清县新市镇北的觉海寺,始建于唐宪宗元和十年(公元 815年),初名"大唐兴善寺",由新市人钟思染购得南朝齐国大夫朱安期墓地而建。唐时曾有唐燕公手书直径达三尺的匾额,悬挂山门,十分壮观。当时兴善寺范围非常广阔,东至菩萨桥,西邻永灵庙。寺院建成后,几经毁坏和重建。至北宋治平二年(公元 1065 年)改名为"觉海寺"。当时的大雄宝殿为三开间,殿宇宏伟,后屡建屡毁。据说元初时,觉海寺有一方丈由南亚入印度游历取经,由印度佛教界送四株楠木,重建金刚殿(即天王殿)时,四株楠木做成四根殿柱,甚为壮观。

1995 年以来觉海寺开始集资重修。新建的大雄宝殿为仿唐式结构,气势宏壮。殿门悬赵朴初书"大雄宝殿"匾额。大雄宝殿前有"七宝池",传说池水可通市河。池底植宝藕,有绿色莲叶长成一片,池中开五色莲花。七宝池上建"接凡桥",二边左右石栏板,饰以石狮。当地有这样传说,"觉海寺里跑仙桥,免脱阴司奈何桥",因此人们都要来跑一跑这仙桥。

觉海寺有钟鼓二楼,钟楼建于明万历十年(公元 1582 年),建成时由新市人沈鉴作《觉海寺铸钟引》。钟楼曾在康熙年间重修过,后又毁于乾隆四十八年(公元 1783 年),至嘉庆五年(公元 1800 年),镇人姬璜、史元善等募金重建,可惜毁于太平天国时。2000 年重建钟楼。

历史上的觉海寺闻名百里,故历代名人如黄庭坚、杨万里、吴潜(左相)、薛昂(左相)、沈浚、何刿、俞樾等都曾临寺,其中常州通判沈浚、侍郎何荆,寓居觉海寺,而清代大学者俞樾,还对寺内大殿一些奇闻给予考证。据传连宋康王赵构(即高宗皇帝)亦到过此寺,故觉海寺灵泉山后,还曾建有康王祠(现已毁),是为了纪念这位皇帝的驾临。

3. 莫干山

莫干山是天目山支脉,也是德清境内最著名的旅游名胜。莫干山有着悠久的人文历史,它还是一座文化名山。相传春秋战国时吴王阖闾派干将和他的妻子莫邪到山上铸造了一对锋利无比的雌雄宝剑,铸成后在瀑布下面的水池旁磨剑。后人为纪念他俩,就称此山为莫干山。并留有剑池、塔山、芦花荡、荫山洞、天池等景点。这里气候凉爽,云雾缭绕,山上林茂竹秀,清泉满山,为避暑游览胜地。

历史上,莫干山的宗教文化十分发达。莫干山的寺院,肇始于东晋南北朝时期。相传晋代佛教盛行时,就有僧侣上山结庵采茶。据清代《武康县志》记载:"山有古塔遗址,俗呼塔山,实则莫干山之顶。寺僧种茶其上,茶啜云雾,其香烈十倍。"唐五代时,莫干山佛教得到了极大的发展,至康熙、乾隆时达到了鼎盛。在鸦片战争之前,莫干山有寺观400多处,"缁流云集",梵宫林立。有一说法,相传莫干山天池寺有一僧,日访山中一寺,期年后方返。历史上莫干山有"五大丛林"之说,分别是天泉寺、天池寺、铜山寺、高峰寺及石颐寺。其中天泉寺建于梁大同(535—547)年间,为莫干山最早的寺院。

然近代以来经太平天国及文革的破坏,大多寺观已被毁。清光绪二十年(1894)以来,西方传教士佛佛甲、梅生、霍士敦、史博德等相继来莫干山避暑,除陆续建起了不少有名的各式别墅之外,还建了不少天主教、基督教的教堂。现在这些大多保存完好的西式宗教建筑取代了传统的寺观,成为莫干山建筑名胜的主流风景线。

4. 计筹山

计筹山为道教文化名山,位于在浙江武康县东南三十五里,《吴兴记》谓"昔越大夫计然多才智,筹算于此,故名",其东南与钱塘县接界,故亦俗谓之界头山。山上有赵孟頫所书子昂碑(摩崖石刻)一处,镌有6行隶书:"吴兴武康计筹山,越大夫计然隐此成道。后千年,葛仙翁炼丹在此。又千年,当涂杜君道坚来登白石崖。两仙游侠,为四大域中建万古福地。"计然、葛洪、杜道坚三位道教名士相继曾来此修道隐居,为此山增添了浓厚的道文化色彩。在计筹山下,有资福禅寺、升玄观等宗教胜迹。资福寺始建于南宋初,一度为江南名刹,规模宏大庄严。寺院于 20 世纪四十年代毁于日本人之手。

升玄观是南宋绍兴二十六年(1156),和王杨存中寓居禺山之麓时建造的一所道观。观址位于计筹山峡口西侧的南麓,正门对着禺溪。门前有石池,池上有拱桥,规模虽然不大,但择址之幽,营建之精,至今仍有迹可循。南宋末叶,道士葛蒙庵主持升玄观。他在计筹山巅炼丹修道,打醮祈祷。至今,山巅尚有炼丹石池等古迹。宋元之际曾被南宋度宗赐"辅教大师"称号的杜道坚入住吴兴计筹山升玄报德观,他在此间大兴玄学,制建清规,升玄观亦声名大振。今仅存遗址,观前的石池犹在,池上有一顶小巧玲珑的石拱桥,桥心还凿刻一块可供人对弈的石棋盘,还能让人品味到清静福地的道家气息。

5. 古塔二座

塔本是佛教建筑,原是埋藏高僧舍利之所。佛教传入中国后,无论从外观还是内涵,佛塔也逐渐中国化。如后来有佛塔、风水塔等。塔现已成为中国古代建筑的一个重要代表。

在解放初期,德清全县有三座塔:二都的青云塔,城关的文明塔,戈亭的辉山塔。青云塔早已坍塌,连残迹都看不到。文明塔只剩残破的半截;辉山塔则尚属完整。

辉山塔位于德清钟管镇东舍墩村。原名镇北塔,因建于辉山南麓,故又名辉山塔。据《德清县新志》载:"清嘉庆二十三年(1818),知县何太青谓绅士云:'辉山为德清之门户,宜建高塔,以补缺陷。'遂纠建造,至二十五年(1820)告竣。"该塔面临龙溪,塔高约 18 米,7 层 6 面。塔基系花岗岩砌筑的须弥座。塔身用砖实砌,外粉铁红灰。底层面宽 3.2 米,自下而上逐层略有收小。每层转角有仿木结构的砖砌倚柱,装饰性的腰檐砌成棱角带,上翘外展,十分挺拔秀气。6 面塔壁除顶均置有方形砖雕魁星像。塔刹残留覆钵、露盘。现为县文物保护单位。

文明塔在德清县城东北 2 公里下兰山南,面临余不溪,为县级文物保护单位。塔建于明万历二十二年(1594)八月。建塔初意是堵塞下流,振兴文运,故取名文明塔,又名文风塔,塔身用厚砖砌成,高 18 米,七层八面。除下两层有小佛龛相间外,各层面中央有方砖魁星像。塔下原建有水阁,后已废。清道光初,塔刹被大风刮毁,塔顶生树木一丛。

(三)德清宗教文化资源的现代价值

与全国各地一样,自改革开放以来,德清的很多宗教名胜也在逐渐恢复和发展之中,但较之悠久深厚的德清宗教文化历史仍有很大的发展空间。我们认为,从当代社会生活的角度来说,德清宗教文化资源的现代价值不仅体现在其物质文化层面(如寺观塔等宗教遗址),更为重要的是体现在非物质文化层面(如历史名人、宗教派别等)。深入发掘探索德清宗教文化遗产,不仅对于当代德清的宗教文化建设具有重要意义,而且对于发展德清旅游经济,构建"和谐德清",提升德清人的休闲生活品质,不无重要的启迪。以下从几个方面分析德清宗教文化的现代价值,以便为我们进一步合理地开发利用提供参考。

1. 德清悠久的人文传统的历史见证

宗教是一种文化。中国文化历史有着儒道佛三教合一的传统。这一点在德清历史文化传统中也得到了充分的体现。可以说,如果抽取了德清历史文化中的宗教内涵,德清的人文传统也就显得苍白脆弱了。如前文所述的武康沈氏与佛教的关系;赵孟頫、管道升夫妇与佛教文化,陆修静与新市镇的道教文化;莫干山、计筹山的三教文化等等。本文在此不再重复上述内容,仅以现代史上著名的德清籍学者俞平伯与佛教的关系为例,说明宗教文化也是德清悠久历史和人文的见证。

众所周知,俞平伯是古典文学大家,新诗的先驱者,以研究《红楼梦》著称于世。其实,俞平伯的一生与佛教有着不解之缘。俞平伯是晚清朴学大师俞樾的曾孙,俞樾八十岁得之,十分欢喜,为之取乳名"僧宝"。四岁时,俞樾让曾孙开卷读书的同时,就送他进苏州塔倪巷宝积寺做了个挂名小僧人,以求得菩萨保佑,长命富贵。因此在幼年时得以经常往寺院游玩和观赏宗教仪式,很早就读过《坛经》、《楞严经》、《起信论》等经典,从此其一生对寺院、佛像特别偏好,与佛教界人士多有往来,直到晚年仍然对佛经有着浓厚的兴趣。

2. 开展德清人文旅游、乡村旅游的不可或缺的重要环节

历史悠久、内涵深厚的德清宗教文化,不仅是德清人文历史的重要组成部分,而且对于当今大力发展德清乡村旅游和人文旅游,具有重要的意义。

"宗教旅游"是人文旅游的一个重要内容。俗话说"天下名山僧占多",中国古代佛教属于"山林佛教",传统的宗教名胜,如寺观大多建在风景秀美的名胜区内,因此我国的旅游景区内多有寺院,有的寺院本身就是著名的旅游景点。德清也不例外,莫干山、云岫寺等均为风景秀丽的风景名胜。在此,作为宗教名胜的寺观不仅是旅游风景的点缀,更重要的是,通过僧人道士选择名山修习及长期的建设和维护,将文化引进山林,形成人文景观,从而扩大、提升名山的文化内涵,使得自然山水与人文历史相得益彰。

当代社会,旅游业已进入了休闲、体验时代。传统的宗教文化名胜无疑也可以且应该在其中发挥重要的作用。如今德清的乡村农家休闲旅游已经比较初具规模,如能将德清的乡村旅游与(宗教)人文旅游有机地结合起来,使得游客在尽情享受采摘、品尝的农家乐趣之余,还能参禅问道,体验"心灵之旅",品味人生真谛,无疑对提升德清乡村旅游的"软实力"不无裨益。

3. 合理开发利用德清传统宗教文化的休闲养生价值

我们认为,宗教文化旅游不仅是参观宗教名胜古迹,凭吊先人遗址,发思古之幽情。传统的"上山看庙,下车拍照"的方式已经不能满足休闲时代人们的旅游需求。面对当今天旅游业休闲游、体验游的发展趋势,我们应当大力发掘德清宗教文化在其休闲养生方面的价值,做到"古为今用"。

德清宗教文化的休闲养生价值主要体现为养生、养心两个方面。

中国传统文化主要有儒道佛三家,自古就有"以儒治国、以佛治心、以道治身"的说法。传统的佛教文化、道家道教文化在对治身心的烦恼、保持身心健康方面的确有着丰富的资源可资今人借鉴,对于我们今天开展休闲产业、提高人们生活品质具有重要的启示。

若要养心,先须治心。佛教认为"境由心造",世间一切烦恼痛苦的根源在"心"灵的染污。实际上,全部佛教的戒定慧三学之目的就在于通过种种认识上的转换和实践上的努力达到"自心清净"。历史上德清佛教宗派主要是主张"明心见性"的"禅宗",禅宗主张"看破"、"放下"、"自在"、"随缘",无疑是一贴对治快节奏、高消费的社会生活状态下的日益凸显的现代人的心理、精神问题的良药。

而中国传统道教则对现实的生命极为看重,也与中国传统医药关系十分密切。道教养生文化在探索人体生命的奥秘、提高人的生命质量方面,摸索出了种类繁多、行之有效的道教养生术。

　　道教养生术涵盖范围极广,总括为内丹(气功)、外丹(外服)二大方面,诸如服食(保健食品)、行气(气功)、导引(相当于现代的医疗保健体操,包括五禽戏、太极拳、按摩等)、存思(养神)、坐忘(守静)、房中(两性保健)等等都属于道教养生术的范围。在道教看来,人的生命是一个奥妙无穷、潜能无限的机体,对这一生命体采取一定的方式加以锻炼,便可出现各种意想不到的神奇效果。

　　如何发掘德清宗教文化中的休闲养生价值,并开发出适合现代人需要的相关产品?无疑这需要根据德清宗教文化的特点和优势进行相应的开发。如在德清道教历史上的陆修静、杜道坚等道士皆对养生术有重大贡献,同时德清的传统中医药文化也十分发达,这些都为我们进行开发利用提供了一种思路。

4. 传统宗教伦理与"构建和谐社会"

　　江泽民同志在 1993 年全国统战工作会议上曾明确提出了"积极引导宗教与社会主义社会相适应"的思想,这对于今天我们分析认识和判断德清宗教文化的现代价值具有重要的指导意义。特别是传统宗教中的伦理观念,对于今天"构建和谐社会"具有积极意义。

　　佛教作为一个典型的主张非暴力的宗教,它主张众生平等,强调慈悲戒杀。而大乘佛教更是主张自利利他、自觉觉人、普度众生,这种观念与中国儒家伦理的"己所不欲,勿施于人"的传统相结合,被视为当今全球伦理的"金规则"。佛教的和平、和谐社会的积极意义是十分明显的。

　　道家道教将天地人视为一个有机的统一整体,认为人与自然万物有着共同的本源和共同的法则,这是道家在生态伦理领域的突出贡献。其生态伦理思想有着十分丰富的内容,可以概括为物我为一的整体观念,知常知和的平衡思想,知止知足的开发原则,热爱自然的伦理情趣等几个方面。道家生态伦理中的有关理念和合理内核,不仅对于我们今天实施科学发展观,实现可持续性发展,而且对化解当今世界全球性的生态危机、能源危机,构建和谐世界无疑具有十分重要的现实意义,同时也为其与当代生态伦理、环境伦理思想的相互衔接提供了可能。

七、武义佛教文化遗产及其现代价值①

(一)武义佛教文化遗存概况

历史悠久:佛教最早传入武义的具体时间,有关方志文献并没有详细记载。1990 年出版的《武义县志》(浙江人民出版社出版)认为,武义佛教"晋代已传入"。晋代阮孚在明招山舍宅建寺,此即后来的惠安寺(明招寺),是为浙江地区最早的寺院之一。可见,这一时期佛教在武义已经十分流行。不过,我们认为这一说法并不能充分反映历史悠久的武义佛教文化之实际。

据有关文献记载,三国时期(吴国赤乌年间)浙江地区就建有不少佛教寺院。如海盐金粟寺、慈溪五磊寺等等。而与武义距离相近的仙居县,有座"石头禅院"则建造于东汉兴平元年(公元 194 年)。因此,我们有理由认为,至少在东汉时期,佛教就已经传入武义。

佛教传入武义之后,在两晋南北朝、隋唐时期,武义佛教文化得到了长足的发展。五代两宋时期是武义佛教发展的繁荣时期。在明清时期,武义佛教文化仍然比较兴盛。清末以来武义佛教呈现出衰败之势。

遗存丰富:武义的佛教文化遗存,包括特质文化遗存和非物质文化遗存。即使是在中国佛教整体上呈衰落之势的清代,据嘉庆《武义县志》统计,武义(不包括后来并入武义的原宣平县)仍有佛教寺院 43 座,庵(院、堂)27 座。另民国《宣平县志》录有宣平境内寺观 45 处,庵堂 8 处,且大部分为佛教寺院。除了一些保存完好的佛教建筑(寺、塔)之外,武义历史上也是高僧辈出。这些都构成了富于地域特色的武义佛教文化的重要内容。

---

① 本文为作者参加潘立勇教授主持的课题《武义历史文化保护》研究成果之一部分。

影响重大：武义现在的佛教文化遗存,其历史影响与现实意义都十分突出。这里既有全国重点文物保护单位的延福寺,也有省级重点文物保护单位的发宝象龙塔;而且明招德谦禅师在中国佛教史上,特别是在中国禅宗史上地位重要,影响重大。如此等等,不一而足。这些都为我们今天对其的保护和开发利用提供了重要的前提。

(二)武义佛教文化遗存的历史与现状

据 2005 年我们所作的调查统计,武义现有佛教文化场所(寺院等)十多处。不过,从历史文化保护的角度来说,我们着重关注的是那些保存较好,或具有较高文物价值、在历史上影响重大以及对武义文化产生重要影响的遗存。以下即按照物质文化遗存(主要指寺院、塔等)和非物质文化遗存(主要指佛教人物、佛教思想文化等)两大类的划分,重点介绍在历史上具有一定影响的武义佛教文化遗存。

1. 佛教物质文化遗存

(1)延福寺:位于武义县桃溪镇陶村东的福平山旁。后晋天福二年(937 年)僧宗一创建,原名福田寺,宋绍熙年间(1190 年—1194 年)赐名延福。清康熙九年(1670 年)重建观音堂和两廊。雍正八年(1730 年)至乾隆十三年(1748 年),多次修茸大殿,并增建天王殿和两廊厢楼。光绪三十一年(1905 年)重建观音堂。现存的大殿重建于元延祐四年(1317 年)。大殿内有南宋宝祐二年(1254 年)铸造的铁钟,观音堂前存元代石狮一对,寺内有元泰定元年(1324 年)刘演写的《重修延福寺记》和明天顺七年(1463 年)陶孟瑞写的《延福寺重修记》石碑两通。现在的山门是清道光十八年(1838)重建。延福寺建筑群,按中轴线依次排列为山门、天王殿、大殿和观音堂。两侧厢楼,殿间有长生池、观间堂,后有石涧井。

(2)明招寺:位于武义县城以东 3 公里处的明招山上。原系东晋咸和初年(326 左右)阮籍的曾孙阮孚弃官隐居明招山时舍宅而建,初名惠安寺。为浙江省境内最早的佛教寺院之一。六朝时,惠安寺废圮。五代后唐时期,高僧德谦禅师来此"开山聚徒,乃复其旧",改寺名为"明招寺"。德谦禅师驻席 40 余年,使之成为当时名闻东南的禅宗祖庭。南宋时,理学家吕祖谦等亦来此聚此讲学,明招文化由此勃兴。至元明时期,因主持无人,逐渐衰败,沦为荆棘蔓草,朱吕讲堂亦无存。至清康熙年间始重修明招寺大殿、朱吕讲堂、蜡屐亭等。乾隆年间奉敕改为"智觉寺"。至解放初期,明招寺尚有前殿、大殿、后殿和阮公祠,朱吕讲堂三进,东西斋房各五间,另有禅房、丈房、僧寮等建筑多间。

(3)台山寺:位于柳城北二十余里的云华乡台山顶,又称乌岩寺。据清乾隆《宣平县志》,台山寺始建于北宋乾德年间(963—968年),为号称伏虎禅师的高僧清辨禅师募建。伏虎禅师于此每骑虎下山,复于台山下创净妙寺。相传其募建二寺完工后,其虎为乡人所杀。后得知此为禅师坐骑,遂舍田十亩赔偿,至山中有"赔虎丘"犹存。明崇祯十二年(1639)改名真净庵。清乾隆五十九年(1794)僧悟洪重建,复名台山寺。光绪十一年(1885)僧云栋偕同潘登魁、陶鹤胜等募建前殿。现尚存有清前叶的建筑若干,寺壁上书"龙云虎风"四字,苍劲有力。东西有厢房,并有观鱼阁,池中有各种小鱼,称"观音鱼"。观音阁内有一水井,名曰"仙灵井",水清味甜,从不枯竭。

(4)普照寺:座落于武义县柳城镇西北。据民国《宣平县志》,寺建于唐会昌六年(846),僧月庵募建,始名"福田"。宋元以来迭有隆替,宋祥符元年(1008),敕为今额。至明成化十年(1474)以来,僧大广等先后重建了禅堂、大殿等。至康熙二十六年(1687)僧挺然重振该寺,制甚显敞。道光十九年(1839)住持僧空翠,董事郑怀贤、俞宗焕、郑成贤、潘忠精等募捐重建前殿后堂,并建楼房十余间。该寺历史悠久、周边景致优美,相传曾有十二景:石犬眠云、午溪印月、隔浦村烟、沙湖百鹭、鹫岭丹枫、楄样雪献(加山字边)、迥龙松涛、碧池翠、鳌冈晴眺、云居梵馨、金山夕照、仙台晚霞。现仅存后殿,其余均废圮。

(5)龙福寺:位于武义柳城镇西,旧名隆福寺。清光绪十五年(1889)于龙潭中得明正德七年(1512)寺碑一块,据碑文记载:寺建于梁朝大同三年(537),时有乡人祷雨于此,岁得大稔。于是僧月鉴募缘创建隆福寺。并上其事于朝廷,改名"龙福"。得碑后,邑绅即募建前后殿三楹。数年后复建左厢弓楹。寺中有石池,圆广二丈许,水自石罅出,清冽异常,长流不竭。现代史上,龙福寺还是宣平人民革命的纪念地。据《柳城镇志》记载:1927年8月,第一个中共宣平党支部成立后,曾在龙福寺举办青年读书会。1928年4月,中共宣平县委在龙福寺召开区委、支部负责人会议,潘漠华、曾志达、吴谦等到此开会、讲课。1936年农历9月27日下午,红军挺进师政委刘英、师长粟裕带领150余人,从遂昌来到龙福寺开展革命活动。2003年经有关部批准寺院恢复重建。

(6)清修寺:位于云华乡清湖村。早在晋太和年间(366—371)寺已存在,为武义最早的寺院之一。南朝梁大通三年(529)年重建,后屡加修葺。清咸丰八年(1858)毁于兵火。同治年间(1862—1874)重建后殿。光绪三十年(1904)重建前大殿。民国五年(1916)复建山门,现仅存前大殿。寺对面有石溪,处石溪八景之中。溪边有古樟,老枝盘曲,有修竹,滴翠曳风,环境十分清幽雅静。

(7)石鹅岩:位于武义县城西七公里处的桃溪滩乡,景区内有多处佛教文化遗存。建于唐代天佑年间的慈航洞府,傍岩依洞,气势不凡,虽历经沧桑仍风貌依然,是浙中南禅林古刹的典型之一。景区内原有教隆寺,宋熙宗年间建,万历二十七年重建。

(8)发宝象龙塔暨香山寺:发宝象龙塔始建于明万历三十三年(1602),历时三年建成。塔本称浮屠,原是藏佛舍利之所。塔所在的武阳镇城金鞍山原有香山寺,是五代后周显德贰年(955年)由僧人道元建造的。宋淳熙十五年(1188)僧梵元等相继修葺该寺。明万历十一年(1583)僧德瑞及乡绅等建书院于此。相传新官到任,须于此更衣进城。然因香山寺一直无塔,故邑人据风水先生所言而募建此塔。不过此塔成之时,时武义县令张国裳在为之取名时却据儒家文化之义将其命名为"发宝象龙塔"。[①]

(9)万石院毓英宝塔:原名毓英塔,坐落于武义县城东十公里处的白溪乡万石院村北的坡岗上。整座塔保留较为完整,塔高约25米,六面七级,砖结构。造型与发宝象龙塔类似,然塔身略小,里面空心不能攀登。建造年月已失记载,然根据塔的建筑风格与造型特征,可推测为明朝时期的作品。现为县级文保单位。

(10)巽峰塔:坐落于柳城镇麻济村南的小山上。据民国《宣平县志》,该塔建于清道光年间,由知县李寿榛建。塔高约30米,七层六面,每层有窗口,现保存完好。

(11)其他寺庵遗存:金公岩、宝泉寺、汤山寺、云居寺、青云庵、大通寺、明王寺、福海寺、白云庵、扶龙庵、观音寺等等,由于影响不大,且大多已不存,因此此处仅列名录,其余从略。

2. 佛教非物质文化遗存

(1)明招寺与明招文化(武义文化)

五代以来,以明招寺为主要基地而形成的"明招文化",是武义历史文化的象征。传统的"明招文化",内容涵盖了儒(理学)、道(武义的隐逸文化)、佛(德

---

① 参见张国裳所撰《发宝象龙塔记》,载嘉庆《武义县志》,第904页。

谦禅师的禅学)三教文化,也突出地反应了唐宋以来中国思想文化中的儒佛道三教融合会通的大趋势。除明招寺以外,保存完好、作为武义城标的"发宝象龙塔"也典型地体现了"武义文化"的融合、和谐"三教"文化的特征。

(2)德谦禅师及其禅学思想

德谦禅师是武义历史上最重要的佛教人物。德谦禅师,义乌人。俗姓柳,年十二出家于资福院。后梁贞明(915—921)中至闽受罗山道闲之印可,为青原行思之法系。曾任婺州智者寺首座。后住于武义明招寺达四十余年,"道声远播。众请居明招山阐法。四方来禅者盈于堂室。上堂全锋敌胜,罕遇知音。"[①]以左眼残疾,人称"独眼龙"。

德谦禅师是中国佛教史(禅宗史)上的著名高僧,其事迹在《景德传灯录》卷二三、《联灯会要》卷二五、《传法正宗记》卷第八、《五灯会元》卷八〇、苏辙集《栾城三集》卷九、明河撰《补续高僧传》及清《雍正皇帝御选语录》等禅宗文献中均有记载。《全唐诗续拾》卷四十五还收录其诗三首。由此亦可见其在中国佛教史上的影响之大。

(3)台山寺与伏虎罗汉文化

降龙罗汉、伏虎罗汉是宋代以来在我国江南地区比较流行、富有中国特色的罗汉形象。在唐宋以来的罗汉画像、罗汉雕塑中多有表现。浙江地区是罗汉文化比较流行的区域。台山寺创始人清辨禅师有"伏虎禅师"之称,为"伏虎罗汉"之化身。国内的伏虎罗汉道场主要在江南一带,除武义台山寺之外,浙江境内的伏虎罗汉道场还有湖州的道场山万寿寺等。

(4)宣莲与武义佛教文化

宣莲因产于原宣平县(今属武义县)而得名,宣莲始种于唐朝显庆年间,至清嘉庆6年立为贡品,是我国的三大名莲之一。从文化的角度来说,莲花是佛教的象征。自佛教产生之初,莲花便与佛教之间有着不解之缘。如佛祖释迦牟尼的许多传说就与莲花有着密切的联系。在佛经中将荷花的自然属性与佛陀的教义相类比,在《华严经》中将荷花总结为四义(香、静、柔软、可爱)与四德(常、乐、我、净)相应。《三藏法教》中还将荷花的优点与菩萨的十善相比。将佛经称莲经,佛座称莲座、莲台,佛龛称莲龛等等,莲花的"出污泥而不染"的禀性得到了佛教的肯定。如今,作为佛教艺术的重要题材,莲花也是寺院中经常见到的吉祥物。在宣莲最初种植的唐朝,正是我国佛教(也是武义佛教文化)最为

---

① 见何德润辑《武川备考》卷八,第23页。

兴盛的时期。虽然目前还没有发现明确的历史资料记载宣莲的最初种植是否与佛教有关,但"宣莲"中所蕴含的文化内涵——佛教文化当是毫无疑问的。

(5)其他佛教人物

除德谦禅师之外,见诸史籍的其他武义佛教人物还有:

晋·支大士:又作支道士,晋时灵异僧。据《武川备考》"人物":"有支客(来自大月支的商人)贩石灰,一日见乡民祷雨,笑曰:何不来问我?问其所需,曰只作小粽为供足矣。少顷,设几筵置供具,呼众曰汝辈欲雨,可言其界。众遂指之。支取麻秸为标志,以手捆三按,继时大雨如注,而不出其标。既而隐白华岩石室中,僧服儒冠道履,人呼为支大士。逝后葬藤湖,仍为立庙。后墓发,只存铁拄杖,一白花甏瓶云。"①在武义县项店乡华山村的白革山有座"大士庵",相传为昔日支大士所居。此地原有大士岩等十景。庵前还有一座石窟,相传是支大士的佛座。

西晋·牧牛和尚:普宁寺僧,严戒行,通经律,尤善医术,富者授以方,贫者济以药,不望报答。

五代晋·义照禅师:温州人。晋开运二年(945)来武义,创建金柱寺。善解"回互"之说(指事物间相互涉入,相依相存,无所区别,相当于华严宗之理事无碍、事事无碍。)

徐元吉、无住禅师:元人徐元吉,字佑之,善法术,为武义双岩寺开山祖。据《双岩永镇庵记》、《双岩石室残庵记》、《无住禅师塔铭》记载,徐元吉"得秽迹如来真言",为人祈祷治病,救济众生,声名远播。武义西大慈寺的义然法师患足疮多年,多求医问药无用,忽然听说徐元吉的神妙,便远迎至山。徐元吉称乃双岩妖精作祟,于是登双岩驱邪祈祷,无不感应。各地的善男信女闻得如此神奇,于是广为布施,塑佛像,兴香火。元至正五年(公元1345年),徐元吉在双岩创"永镇禅庵"道场。时县尹许广大为此庵书写碑文,衢州路常山县的达鲁花赤(元代派出到地方的行政长官)伯颜(蒙古人)题写篆额、饶州路照磨(地方监察之官)刘文庆撰写碑记。后来,徐元吉在双岩石室授徒,至正二十四年(公元1364年),其弟子无住禅师修缮禅居,称其为"石室禅庵",并延请东阳文人陈樵作记。

无住禅师,名德定。吴江全氏人。十岁时在净慈寺出家,十五岁于金华圣寿山从千岩长公受具足戒。因痼疾而得徐元吉治愈,且因武义双岩之胜,然虫

① 见何德润辑《武川备考》卷八,第21页。

蛇为害,遂依徐元吉而师之,往双岩建道场,驱虫蛇。

明·深谷和尚:深谷和尚,乌伤(今义乌)人。自少随父亲至山中,性朴鲁,不读书而至孝天成。父殁后结庐于父墓所在的山麓,面壁二十余年。有石余和尚见而奇之,曰:"此翁梅熟时也",收为弟子,并授以云门宗风。初不识字,忽能诗,且善书。于佛陀庄严妙相三十二种无不通晓。住去门显圣寺,不立戒、不说法,终年在寺中趺坐如泥塑人一般。著有《漫言语录》行世。

(三)武义佛教文化遗存的保护现状

清末以来的中国近现代史上,由于战争(太平天国)及其他人为(特别是"文革"期间)的因素,我国各地的宗教文化破坏十分严重。武义的佛教文化遗存也同样在近现代遭遇到严重的破坏。改革开放以后,特别是落实宗教政策以来,武义的佛教文化遗存也陆续得到恢复。

1. 延福寺:延福寺的历史地位与文物价值十分突出。为全国重点文保单位,保存完好。中华人民共和国成立后,政府十分重视文物的保护,延福寺成为政府保护的重点对象。1961 年 4 月,浙江省人民政府公布延福寺为浙江省重点文物保护单位。1966 年,"文革"破"四旧",把延福寺佛像拆得一干二净,仅佛台幸存。1996 年 11 月,国务院公布延福寺为第四批全国重点文物保护单位。1998 年,国家文物局对延福寺大修进行立项。2001 年 12 月大殿修缮工程全部告竣。

寺内还另藏有其他重要文物多件,有些还与武义著名道士叶法善有关:

大历铜钟:属道教文物。唐大历十年(777)为纪念道士叶法善而铸造。用铜 1500 斤,高 1.28 米,原挂于冲真观内,后移柳城文化站。今藏于延福寺。

追魂碑:相传为唐开元 5 年(717)年道士叶法善为祖父叶国重所树。碑高 2.2 米,宽 0.8 米,厚 0.13 米。上呈半圆形,上部正中刻八卦符。碑文楷字竖书阴刻。关于该碑的来历,还有一段传奇故事。据《宣平县志》,叶法善尝请书法家李邕撰文,"文成,求书不允。于是夜追其魂书之。(书)未竟钟鸣,至丁字下数点而止。刻毕,法善持墨往谢。邕惊曰:'如以为梦,乃真邪。'"故此碑又称丁丁碑。[①]

----

① 转引自《武义柳城镇志》,第 251 页。

铁钟一件:宋宝祐二年,铁质,旧藏,完整。

石狮子一对:元代,青石,旧藏,完整。

附属文物还有,刘演撰《重修延福院记》石碑 1 只,元代,位于东厢房北次间。

2.明招寺:据《武义县志》和《武川备考》等文献,在解放初期明招寺尚有山门、前殿、大殿、后殿、禅房等,寺边有朱吕讲堂、亭阁等许多古建筑。然而在五十年代"大跃进"和十年文革期间,明招寺遭到严重破坏,许多建筑被毁。如今仅残存"朱吕讲堂"、传薪亭等。

3.台山寺:保留有清代建筑若干。与净妙寺一起被列为县级文物保护区,是县级重点文物保护单位。

4.发宝象龙塔:省级文物保护单位,保存完好。自建成后 380 多年内,未经修理,1984 年武义县人民政府拨款大修。《嘉庆武义县志》卷九载《发宝象龙塔记》(张国裳撰)。另,保存完好的万石院毓英宝塔,为县级文物保护单位。

(四)武义佛教文化遗存的价值分析与现实意义

武义佛教文化遗存的特色鲜明,价值突出。以下主要从佛教文化遗存的社会文化意义和经济及旅游价值等角度来分析。

1.佛教文化遗产保护的现实意义

历史意义:在中国佛教文化史上的地位和作用。武义佛教文化是吴越佛教的重要组成部分,如德谦禅师、明招寺及延福寺等,在中国佛教文化史上有过重要的地位和影响。特别是德谦禅师,值得我们进一步深入的研究和发掘。

现实意义:武义佛教文化是武义历史文化的有机组成部分,离开武义佛教文化,武义的历史文化就显得单薄得多了。探索和发掘武义佛教文化,弘扬其中的优良传统和积极内涵,也是今天我们建设"明招文化"的历史依据。

社会意义:"和谐世界,从心开始。"佛教文化的和谐社会功能尤为突出。

2.武义佛教文化遗存的文化及旅游开发价值分析

大多数武义的佛教文化遗存不仅具有较高的文化(文物)价值,而且还具有较高的经济(旅游)开发价值。如浙中胜地台山寺、石鹅岩慈航洞等皆是所在景区内的旅游亮点和吸引力。而作为武义县城标志性建筑的发宝象龙塔,保存完好,内设扶梯可登至塔顶。每年到此游览登塔者络绎不绝。这些都为我们整合旅游资源、进一步开发利用之提供了良好的前提。以下分别以若干重要遗存来说明其价值:

(1)延福寺、发宝龙象塔的佛教建筑价值

延福寺的佛教建筑价值十分珍贵。大殿于元延祐四年(1317年)重建,为江南已发现的元代建筑中最为久远的珍品,殿方形,分五间,重檐歇山顶。殿内柱为棱形,侧脚有防震功能。柱础,一为雕饰宝相花的覆盆柱础,上加石硕;一为硕形柱蠹前檐柱与金柱之间用乳栿蜀柱,下端雕刻似鹰嘴。平梁与金柱之间加弓形月梁,起搭牵作用,此法开江南弓形梁之先声。四周墙壁绘山水壁画和行草书作品,多为明代佳作。山门、天王殿和观音堂为清代建筑,装饰富丽堂皇。此外,寺内还藏有大历铜钟等珍贵文物多件。可以说,延福寺的独特的建筑价值不仅是省内仅有,而且也是保存完好的我国现存佛寺建筑中最为珍贵的杰作之一。

在武义佛教文化遗存中,除延福寺、发宝象龙塔等具有较高的佛教建筑价值之外,更值得我们重视和发掘研究的是其非物质文化遗存。

(2)德谦禅师、明招寺、发宝象龙塔与"明招文化"价值

"明招文化"的一个重要特征是儒、道、佛三教之间的"融合"、"和谐"。唐宋以后中国文化出现了三教合一的趋势,这在"明招文化"中也有着突出的体现。就本专题来说,主要体现了武义的佛教文化与儒家文化(理学)的"融合"、"和谐"的特征,此亦当为明招文化的特色和价值。到目前为止,"明招文化"尚未引起学术界的足够重视。然而,就其内在价值而言,它不仅可与历史上省内著名的永嘉学派、浙东史学等区域文化(学派)鼎足而立,而且在"三教融合"这一方面更具有代表性。

第一,德谦禅师与"明招文化":德谦禅师既是一位佛学大师,在中国佛教史,特别是禅宗史上有着重要的地位。同时他还是一位诗人、建筑学家等等。其思想与宋代武义理学文化的发达有着直接的关联,因此他对于明招文化的贡献巨大。

第二,明招寺、发宝象龙塔是"明招文化"的象征。作为名闻东南的禅宗祖庭明招寺的佛教文化及其理学思想文化、发宝象龙塔的佛教文化与儒家文化的关系,都十分具有象征意义。

(3)台山寺的潜力与价值

虽然台山寺现存的古建筑不多,文物价值有限。然而从文化旅游的角度来说其潜力巨大,值得重视。主要表现为两个方面:

第一,"伏虎罗汉"道场。据清乾隆《宣平县志》,台山寺为宋乾德年间(963—968)伏虎禅师清辨募建。此事又见载于(清)李仁灼所撰的《台山游记》,谓台山寺"山以台名,盖仿佛天台之胜也。其开山则伏虎禅师,今'显神岩'有遗像在"。台山上至今还保留有不少与伏虎禅师有关的遗迹,如"伏虎岩"、"赔虎丘"等等。因此,台山寺的"伏虎罗汉"文化,具有进一步发掘的价值。

第二,风景秀丽。寺院位于台山之顶,寺外古木参天,茶园翠竹郁郁葱葱,风景十分宜人。寺院西南的陡崖上,修有二百多级台阶,号称"步云梯",直达石板岭,沿梯而上,不禁使人有扶云登天之感。台山景区有著名的"台山八景":步云梯、来翠亭、悬镜屏、显圣岩、伏虎石、天然池、挂榜岩、双树门等旅游胜地。因此,该寺具有较高的文化旅游开发价值。

(4)"红色旅游"概念

从旅游开发的角度来说,武义的佛教文化遗存还具有特色鲜明的"红色旅游"概念。现存的武义佛教遗存之中,有不少遗存还曾是当年红军活动的场所,兼有"红色旅游"概念。如延福寺、石鹅岩景区内石洞(慈航洞)被称为"红军洞"。

以上内容,无不说明了武义佛教文化遗存的巨大的潜力和价值,这些都有待我们作进一步的发掘和探索。

(五)武义佛教文化遗产的保护及合理开发利用对策

总体原则:在科学保护的基础上,合理开发应用。

1.深入发掘、研究武义佛教文化遗存工作,打响"明招文化"的品牌。武义的佛教文化资源非常丰厚,然而研究工作却十分欠缺。特别是关于武义佛教文化遗产之非物质文化遗产方面的研究显得尤为不足。如关于德谦禅师等武义宗教人物的研究;"明招文化"的概念和内涵;从区域角度来说,武义南部即以柳城镇为中心的原宣平县属地的佛教文化遗存研究更为薄弱。

2.整合武义佛教文化资源,发挥综合优势,服务于武义的社会经济建设。

武义的佛教文化资源特色鲜明,潜力巨大。然而相比省内其他地方(如天台、新昌等),其整体优势还不太明显,亟待整合。尤其是境内以柳城镇为中心的原属宣平县所辖区域的宗教文化资源更为丰富,潜力优势也更为明显,更加具有整合潜力和开发利用的价值。

3.保护性开发的原则和设想:

(1)开发利用原则:根据目前武义佛教文化遗产的实际情况,对于大多数佛教文化遗产,应采取以保护为主的原则,根据具体情况有重点、有选择地开发利用若干处佛教文化资源;从区域角度来说,应加大武义南部文化旅游的开发力度。

(2)延福寺是全国重点文物保护单位,其特色鲜明、影响重大、潜力深厚,同时保护的难度也较大。鉴于此,可在延福寺文物保护的基础上,将其建成为中国首座独具特色的"中国佛教建筑博物馆":以图片,实物等形式,介绍中国佛教建筑中的精华部分。

(3)亟待恢复明招寺(智觉寺)、重点恢复建设台山寺。

理由与论证:

a.虽然武义的佛教文化遗产十分丰富,然而,目前武义宗教场所的现状却是:尚无一座具有一定规模的佛教寺院。因此,在武义境内恢复建设一座具有一定规模的佛教寺院,不仅可以满足当地信众从事宗教活动的需要,而且对聚集人气、发展武义的文化旅游从而带动武义的地方经济皆具有重要的意义。

b.从武义佛教文化遗产的历史影响和武义佛教寺院的整体布局来看,本课题建议重点恢复明招寺、台山寺两座寺院。

c.明招寺在中国儒学史、中国佛教史上皆有重要影响,是武义县有史以来的最高学府和武义文化的策源地。可以说,明招寺是"明招文化"的象征。因此,恢复明招寺当在情理之中。然而,由于明招寺与武义理学文化的独特关系,恢复明招寺必须考虑到其中所蕴含的理学文化的特色。

再从布局方面考量,本专题建议在恢复明招寺时,以发掘其中的儒佛道三教融合的"明招文化"为重点,在建筑上象征性地恢复,而重点恢复台山寺。

台山寺位于武义县南部山区,是原宣平县所辖范围,这里是山川秀丽、物产富饶、历史悠久的革命老区,自然资源比较丰富,境内奇峰林立、深谷幽潭、湖光山色。同时该区域有深厚的文化底蕴,文化资源多元而丰富,以往人们比较重视宣莲文化、畲族文化、道教养生文化、陶渊明的田园文化、茶文化等,而对佛教文化及其巨大的潜力优势有所忽略。

而台山寺本身也具有很高的开发利用价值和潜力。如前所述,台山寺历史悠久,是"伏虎罗汉"道场,同时其人文景观又与秀美宜人的自然景观相得益彰,比较适合发展生态旅游和宗教文化旅游。

另外,南部地区经济比较弱,重点恢复建设可以旅游带动武义南部经济的发展。

本文主要参考资料:

嘉庆武义县志(十二卷),(清)张营塽修、周家驹等纂,据清宣统二年(1910)石印本影印

武义县志,武义县方志办编,浙江人民出版社 1990 年 3 月

武义县地名志(内部资料),武义县地名办公室编,1986 年 3 月,浙江省图书馆藏

武义县文化志,武义县文化志编纂委员会编,浙出书临(92)第 111 号,1993 年 4 月

武义柳城镇志,武义柳城镇志办公室编,浙江人民出版社 1989 年 8 月版

武川备考,(民国)何德润辑,武义县图书馆藏

宣平县志,(清)陈加儒修、雷育仁纂,乾隆十八刊本,载《中国方志丛书》第一八一号,(台北)成文出版社 1975 年印行。

八、作为文化遗产的天童佛教文化^①

内容提要　佛教文化是一种文化遗产。基于这一认识,本文提出天童佛教文化这一概念,并从佛教物质文化和佛教非物质文化角度对天童文化作了简要分析。作为中国佛教文化的重要组成部分,天童佛教文化既指以天童禅寺为主体的天童佛教物质文化,更重要的是指其中所蕴含的无形文化遗产——天童禅宗文化。宏智正觉首创的"默照禅法",则是天童禅宗文化的核心成份,也是目前亟待保护和弘传的天童佛教文化之非物质文化遗产。

关键词　文化遗产　天童佛教文化　天童禅宗文化　默照禅

引言:问题的提出

"佛教是一种文化",这已经成为当前各界的共识。然而,如何从文化角度来认识、研究佛教,如何弘传佛教文化,却还值得我们作进一步的探讨和思考。

准确地说,佛教文化是一种"文化遗产",是历史和先人留给我们的宝贵财富。2005 年国务院颁发的《关于加强文化遗产保护的通知》以及今年 6 月 1 日正式实施的《中华人民共和国非物质文化遗产法》,以法律法规的形式对文化遗产的内涵及相关问题作了进一步的界定:文化遗产包括(有形的)物质文化遗产和(无形的)非物质文化遗产。物质文化遗产是即传统意义上的"文化遗产",指具有历史、艺术和科学价值的文物;非物质文化遗产是指被各群体、团体或有时为个人视为其文化遗产的各种实践、表演、表现形式、知识和技能,以及有关的

---

①　本文为笔者参加 2011 年"天童禅寺佛像开光暨宏智正觉禅师诞辰九百二十周年禅学文化交流会"交流论文。

工具、实物、工艺品和文化场所。

由此,"文化遗产"已成为目前我国文物、文化及旅游等有关部门和社会各界关注的一个热点话题,也可以成为今天我们认识、探讨佛教文化的一个重要视角和方法。在国家已公布的 5 批文化遗产保护单位中,佛教遗址、寺院庙堂占了很大比例。但非物质文化遗产方面,申报的多,进入名录的少,其实还有很多内容可以挖掘,比如佛教的传说故事,佛教法会、仪式和节庆,佛教寺院建筑及造像雕刻艺术,乃至禅修(禅法)、念诵(梵呗)的方法等等。实际上,物质文化遗产和非物质文化遗产常常是相伴而生、不可分割的。大多数佛教文化遗产,既是物质文化,也是非物质文化。因此,以文化场所暨地域特色来整合、发掘相关的佛教文化遗产,并从物质文化和非物质文化的角度来分析之,不失为一种思路和方法。基于这一认识,本文提出"天童佛教文化"这一概念,并试图从文化遗产角度来分析之。

天童禅寺历史悠久、梵宫巍峨、高僧辈出、宗风峻肃,享誉海内外。作为中国佛教文化的重要组成部分,"天童佛教文化"既包括有形的佛教物质文化,更蕴含丰富的佛教非物质文化。本文认为,有形的天童佛教物质文化,主要是指作为重点文物保护单位的天童禅寺以及寺内各种文物,以及保存至今的天童历代文献著述,乃至寺院周边的生态环境(国家森林公园)等等;无形的天童佛教非物质文化,主要指天童禅宗文化,包括天童历代禅师(高僧大德),天童禅学(禅法),天童宗风以及其在中国佛教文化史及中日文化交流史上的影响,等等。

本文认为,在天童佛教非物质文化暨天童禅宗文化之中,曹洞宗文化暨默照禅是其核心内容。可以说,作为非物质文化遗产的默照禅法,实乃天童佛教文化的核心和象征。

(一)天童禅寺:天童佛教物质文化

天童禅寺位于宁波市东郊的鄞县东乡太白山麓,是国务院确定的"汉族地区佛教全国重点寺院"之一,2006 年 6 月被国家认证为"国家级重点文物保护单位"。"重点寺院"和"重点文化"的称号,突显了天童寺作为佛教物质文化的重要价值。

天童寺始建于西晋永康元年(300),从义兴祖师结庐于此至今,已有近 1700 年的历史。期间几度兴衰,直到明崇祯四年(1631),密云禅师主持修建天童寺,经 10 余年时间,建成殿屋近千间,规模宏伟,建筑华丽,佛像高大,遂有"东南佛国"之誉,并由此奠定了目前天童寺的建筑规模和基本格局。

天童寺现存佛殿为明崇祯八年(1635)所建,系寺内最古老的建筑物,殿高21.5 米,宽 39 米,深 29.25 米,殿内三世佛坐像 3 尊,总高达 13.5 米,其中佛身高 6.38 米。迦叶、阿难侍立释迦佛左右,两翼为高约 2 米的十八罗汉坐像。天童寺法堂改建于 1931 年,上层为藏经楼,堂西为罗汉堂,内层高 1.5 米的十八罗汉石刻像碑,刀工精细,形象生动。传说在发生水灾时,这 18 罗汉拯救了该寺。从天王殿到法堂,两侧有庑廊与配殿相连。中轴线西有佛祖殿、选佛场、禅堂,后有东桂堂,又西为大鉴堂。中轴线东有钟楼、御书楼、御碑亭等。登上台阶,从寺院后面自上而下一眼望去,在两边青山的衬托之下,黑瓦红墙像波浪一般层层伸展开来,气势蔚为壮观。

寺内佛殿前,有清顺治帝书"敬佛"碑、康熙帝书"名香清梵"匾、雍正帝书"慈云密布"匾。寺内还保存有宋、元、明、清各朝遗存的碑刻 30 余方等,保存有大量的历史文物。

天童寺坐落在层峦叠嶂的太白山(天童寺所处的太白山,是首批国家级森林公园之一)下,寺院四面群山环抱,重嶂叠翠,古松参天,正所谓"群峰抱一寺,一寺镇群峰",东、西、北三方有六峰簇拥。其周边有"深径回松"、"凤岗修竹"、"双池印景"、"西涧分钟"、"平台铺月"、"玲珑天凿"、"太白生云"等十大胜景。宋王安石在鄞县任县令时,曾赋诗描绘天童:"山山桑枯绿浮空,春日莺啼谷口风。二十里松行欲尽,青山捧出梵王宫。"太白山与天童寺相映成辉、相得益彰,由此也彰显了天童佛教文化魅力无穷的生态特色。因此,本文认为,天童佛教物质文化还应包括天童寺周边良好的生态自然环境。

(二)天童禅宗文化:天童非物质文化

在中国佛教文化史,特别是中国禅宗文化史上,天童禅寺影响深远,地位十分突出。南宋时评定的天下禅院"五山十刹",天童寺为五山之第三山;明代洪武年间朱元璋册封天下名寺时,赐天童禅寺为"中华禅宗五山之第二山";清代天童寺与与镇江金山寺、扬州高旻寺、常州天宁寺一起为禅宗"四大丛林"。因此,"全国重点文物保护单位"等称号,远远不足以概括天童寺暨天童佛教物质文化的全部内涵。更值得我们重视的是,天童佛教物质文化背后蕴涵的丰富的内在价值。

本文认为,天童佛教文化的内在价值主要在于其中所蕴含的丰富的无形文化遗产,即天童禅宗文化。诸如,天童寺作为禅宗祖庭的特殊身份;天童寺的历代祖师、大德及其禅学思想;天童禅寺在中日文化交流史上的地位及影响等等。实际上,作为佛教物质文化的天童寺,正是天童佛教文化中丰富的佛教非物质文化内涵的物质符号及象征,是天童佛教文化得以传承至今的场所空间。关于天童禅宗文化暨天童佛教非物质文化的主要内容,可以概括为以下几个方面:

1. 天童寺的"祖庭文化":自唐大中元年(847),咸启禅师主持天童寺,开始弘扬洞山家风,时为天童寺曹洞宗文化发轫伊始。而宋宏智正觉住持天童以后,不遗余力地弘传曹洞宗风,并创立了默照禅法,由此使得天童寺成为中国曹洞宗的重要祖庭。而南宋长翁如净在竭力弘扬"默照禅"的同时,还将曹洞禅法及衣钵传与日籍弟子、后来成为日本曹洞宗始祖的希玄道元,从而使得天童寺成为日本佛教最大宗派曹洞宗的发源地,成为中日曹洞宗的祖庭。天童寺除弘传曹洞禅法之外,宋淳熙十六年(1189),日本僧人荣西来本寺习禅,承临济法脉,回国后创立日本临济宗;此外,天童寺史上还有不少临济祖师,如明代住持天童的密云圆悟禅师为临济正宗第三十世,被称为"临济中兴之祖"。因此,天童寺亦为临济宗之祖庭。由于与日本禅宗的渊源深厚,作为曹洞、临济二宗祖庭的天童祖庭文化,还带有鲜明的"国际化"的特色。

2. 天童历代祖师及高僧大德:自西晋义兴祖师开山以来,天童寺历代高僧辈出,灿若群星。近代现以来,天童寺依然法脉盛旺,道风隆盛。这里仅列举其荦荦大端者。

晋义兴祖师:又称为"太白祖师",为天童寺的开山祖师,于西晋永康元年(300)于此结茅潜修。相传其苦行感太白金星化作童子,每天给他送斋送水,后人便以太白名此山。

法璿禅师:又称为"天童禅师"。唐开元二十年(732),法璿禅师重建太白精舍,即今人所称之古天童(位于鄞县之东谷)。

藏奂禅师(790—866):为史书最早记载与天童有关的禅师,谥号"心鉴";相传于会昌大中之际,曾"徙清关之神龙于太白峰顶,镇毒蟒于小白岭上"。① 他生前虽未住天童寺,但却自称"昔四明天童山僧昙粹是吾前生也",圆寂后,其弟子遵照遗嘱葬之于"天童岩"。②

① 参见清嘉庆重刊本《天童寺志》卷三。
② 《宋高僧传》卷十二。

　　惟白禅师:常入皇宫宣扬禅法,并与神宗皇帝研讨禅理。建中靖国元年
(1101)编撰成《续灯录》,呈徽宗皇帝。徽宗亦为之赐紫,赐号'佛国禅师';并为
之书《天童景德寺惟白续灯录序》。

　　宏智正觉禅师(1091—1157):被称为"天童中兴之祖",住持天童凡三十年,
令寺观焕然一新,学徒盛集;弘扬曹洞宗法,首倡"默照禅"法,丕振曹洞宗风。
有《宏智觉和尚语要》一卷、《宏智觉禅师语录》四卷、《宏智广录》九卷、《天童百
则颂古》等书传世。

　　应庵昙华禅师(1103—1163):宋代临济宗僧,曾于天童山大弘临济宗风,时
与大慧宗杲并称临济宗之二甘露门。有《应庵和尚语录》二十卷传世。

　　长翁如净禅师(1163—1228):为曹洞宗第十三代祖。宝庆元年(1225)奉敕
住持四明天童山景德寺后,致力阐扬宏智正觉以来久已衰微的默照禅风。有日
本禅僧道元从如净受学并得曹洞禅法,回国后创永平寺,成为日本曹洞宗始祖。
著作有《如净和尚语录》二卷、《如净禅师续语录》一卷。

　　密云圆悟禅师(1566—1642):于明崇祯四年(1631)起住持天童,连续主寺
十一载,苦心经营,大振宗风,其法众遍于全国,奠定天童寺永久之规模,被尊为
"天童重兴之祖"。有《密云禅师语录》行世。

　　道忞禅师(1596—1674):嗣法于天童密云圆悟,为临济正宗第三十一世。
清世祖顺治帝赐之"弘觉禅师"之号。著作有《弘觉禅师语录》二十卷、《弘觉忞
禅师北游集》六卷、《弘觉忞禅师奏对录》、《山翁忞禅师随年自谱》及诗文集等。

　　近现代以来,天童寺仍然不断有高僧涌现。爱国诗僧、中国第一个现代意
义上的佛教组织——中华佛教总会的首任会长的寄禅敬安禅师(1851—1912)
于光绪二十八年(1902)住持天童,任满连任,主寺十一载,百废俱兴;善于说法、
力主参禅的现代奇僧慧明法师(1860—1930),曾在天童寺任行堂多年,后法缘
日盛,曾讲经于天童寺、普陀山等地,后来出任灵隐寺方丈达十一年;曾任新中
国第一任全国佛教协会会长的中国佛教界领袖圆瑛法师(1878—1953),天童禅
寺是他幼年参学、中年住持和最后圆寂的道场;圆瑛法师的弟子、曾任中国佛教
协会副会长的明旸法师(1916—2002)早年即随侍圆瑛法师在天童寺习经弘教,
努力不懈,1988年起住持天童寺;自幼出家、受具足戒以后一直留在天童寺的当
代高僧广修老和尚,受命于文化大革命劫难之后的1979年,担任起寺院整修、
恢复重任,终于使古刹得以振兴;2004年诚信大和尚住持天童禅寺,续传天童家
风,千年古寺得以重辉。

　　"人能弘道,非道弘人。"天童禅寺虽几经兴衰,却仍然薪火相传,绵延不绝,

历代高僧起了至关重要的作用。

3. 天童禅学：天童寺为禅宗名刹。唐开元二十年(732)，法璿禅师重建太白精舍，人称之"太白禅师"，名其山曰"天童"。① 至德二年(757)，宗弼、县聪等禅师将寺迁到太白峰下今址。由此可见，天童寺建寺之初，就结下了禅宗法缘。北宋景德四年(1007)，宋真宗赐寺名"景德禅寺"，寺归属禅宗，自兹肯定。② 虽然后来，寺名屡有更替，而禅宗之性质未曾有变。无疑，天童佛学的主体为禅宗。

自慧能建立禅宗以来，得到了迅速的发展。至唐末五代相继成立了禅门五宗：临济宗、沩仰宗、曹洞宗、云门宗和法眼宗。入宋以后，禅宗发展为中国佛学的主要流派。众所周知，在天童历代禅师之中，属曹洞宗者最多，其次为临济宗。因此，天童禅学之中，临济、曹洞二宗宗风最盛。除此二宗之外，天童寺亦有云门、法眼的弘传。如法眼宗的二传弟子有天童山子凝禅师、新禅师。而宋天童寺的宝坚禅师、怀清禅师则是云门文偃的三传弟子。③

4. 天童寺的道风传统：宋元以降，特别是明清之时，虽然中国佛教总体上呈现出衰落之势，但天童寺与镇江金山寺、扬州高旻寺、常州天宁寺一起，成为天下禅林的道风楷模，素有"天童的规矩、天宁的唱念，金山的腿子，高旻的香"之说。天童寺以极其严格的"天童的规矩"在明清以来的东南禅林中独树一帜，不是偶然的。本文以为，天童寺的"规矩"，不仅表现为一般意义上寺僧所持的清规戒律，还在于天童寺独特的道风传承：即"农禅"并重的禅林作风，以及宏智正觉以来弘传的默照禅法所倡导的"只管打坐"的坐禅之风。并且，天童寺这一古朴的道风和农禅的传统，在近现代以来仍有传承。

天童寺的禅寺、禅师、禅学与禅风，构成了天童禅宗文化亦即天童佛教非物质文化的基本内容。

(三)默照禅法：天童佛教文化的内核

天童禅宗文化，内容丰富，涉及面广。其中，曹洞禅应是天童禅宗文化最有特色的主体部分。作为天童禅学的核心，宏智正觉创立的默照禅法，实乃天童

---

① 参见志磐《佛祖统纪》卷四十。
② 参见清嘉庆重刊本《天童寺志》卷二。
③ 参见杨曾文《天童寺及其在中日佛教文化交流史上的地位》，《纪念如净禅师示寂780周年法会暨天童禅寺曹洞文化研讨会论文集》，2008年11月。

佛教文化的内核和象征。

本文认为,从非物质文化遗产保护的角度来说,天童佛教文化之"默照禅"法,是天童禅宗文化即天童佛教非物质文化遗产的核心成分,也是今天最值得我们保护和弘传的天童佛教文化之佛教非物质文化遗产。以下试从"非物质文化遗产保护"的角度,略述默照禅法的保护意义、保护内容和对策。

1. 保护意义:宏智正觉创立的默照禅,是与宋代临济宗大慧宗杲创立的看话禅相对立的而又同时流行的两种不同的禅观法门。默,指沉默专心坐禅;照,即以慧来鉴照原本清净之灵知心性。正觉倡导于禅堂坐禅习定,以"坐空尘虑"来摄心静坐、默然内照,以至于悟道。虽然默照禅在形式上体现为对达摩所主张的"凝住壁观"、"息心泯别"的传统禅法的回归,正如后来如净所说的"只管打坐",然而,默照禅并不必期求大悟,唯以无所得、无所悟之态度来坐禅,其实旨在纠正南宋时下禅风之流弊(如一般的狂禅,野狐禅或公案禅,文字禅等),故与"枯木死灰"不可同日而语。因此,默照禅的意义是与寺院禅堂的地位和作用密切相关的。历史上,禅堂在禅宗丛林中被称为"选佛场",其地位作用非常重要。而默照禅的保护和弘传,在一定意义上即体现为寺院禅堂功能的恢复。

近代禅门泰斗虚云大师,一身兼挑禅门五宗。虚云老和尚重振宗门家风时,就特别注重禅堂规矩。在他所复兴的寺院中(特别是在鼓山、南华寺等),将明清时期形成的禅堂规矩完整地保存下来并且整顿和重建,于是方有近代禅宗的复兴。

随着社会经济的发展,当代中国佛教也呈现出复兴之势。然而,当我们看见各地新建的美轮美奂、金碧辉煌的佛寺时,却并不容易找到一个理想的能供人禅修打坐的禅堂;即便有些寺院有禅堂之设,但大多数并没有发挥应有的坐禅功能,而是几乎成了一种摆设。有学者曾这样说道:"寺院没有念佛堂和禅堂,就好像理工科大学没有实验室一样,要想在这样的寺院开发悲田,满足信徒种福报的信仰需求,犹如缘木求鱼。"①鉴于此,如何恢复禅堂的功能,保护、发掘和发扬天童佛教文化中"默照禅法"等传统禅法的现代价值和功用,应当成为今中国佛教界的一个重要而又紧迫的任务。

2. 保护内容:从非物质文化遗产加以保护的角度来看,"默照禅"可以包括以下这样几个方面:

默照禅法:在此,主要以坐香、行香等程序为外在表现形式的传统默照禅

---

① 李尚全:《重塑当代僧尼的人天师表形象》,《和谐社会与道风建设》,宗教文化出版社 2008 年 2 月版,第 302 页。

法。包括默照禅法的基本理念、坐禅仪式以及坐禅要领等等方面。

默照禅相关文献：包括默照禅的创始人宏智正觉的《宏智禅师广录》（特别是其中的《坐禅箴》、《默照铭》）、长翁如净的《如净和尚语录》等文献。

默照禅相关文物：主要指天童寺东、西禅堂。西禅堂始建于明崇祯十年（1637），清光绪十七年（1891）重建，现为全寺僧人参禅修持场所，其规模之大在当今禅寺中罕见。堂中地面的印痕，乃是历代禅师长期坐禅习定而留下的。东禅堂重建于 1936 年，现辟为文物藏品陈列室，陈列着历代佛教文物和国外佛教徒所赠礼品。此外，位于古天童的《妙光塔铭》碑偈，原系南宋绍兴年间为宏智禅师所立。因年代久远正面碑文已漫漶不清，碑阴的"渊默雷声"（清顺治 11 年所刻）四字赫然醒目。亦为重要的相关文物。

天童寺历代祖师暨默照禅传承人名录：自宏智正觉之后，天童寺的曹洞宗属性最为突出。天童寺的历代祖师之中，为弘扬默照禅做出了杰出贡献者，当属默照禅传承人之名列。

3. 保护对策：首先，应在思想方法上认识并真正理解作为佛教非物质文化遗产的天童默照禅法的宝贵价值，只有这样方能更好地推进以默照禅为代表的天童佛教非物质文化遗产的保护工作；其次，要认真做好围绕"默照禅"为代表的天童佛教非物质文化遗产的调查与发掘整理工作，包括相关文献、文物以及历代祖师暨传承人名录等相关信息的收集整理和论证工作；在此基础上，按照《文化遗产法》的要求，做好规划保护和申报名录等工作。由于默照禅暨天童禅宗文化的国际性，相关工作内容亦可以由中、日双方的学者或佛教界联合开展进行。

文化遗产的保护和整理，是为了继往开来，为了更好地传承和弘扬传统文化。也许从"非遗"角度来认识和分析以"默照禅"主核心的天童佛教文化，并不足以把握天童佛教文化的全部内涵，但我们相信：从物质文化和非物质文化的角度来探讨天童佛教文化，对我们深入研究和论证天童佛教文化的理论价值和现实意义，为中国佛教的振兴和佛教文化事业的未来发展，可以提供一个有益的思考和借鉴。

九、作为文化遗产的民间信仰①

——以益乐观音寺及杭州古荡益乐村的观音信仰习俗为例

内容提要：本文以位于杭州市西湖区古荡街道辖区内的益乐观音寺的创建及其历史演变为主要线索，以口述历史为主要依据，并结合田野调查和文献分析的方法，对原古荡镇益乐村的观音信仰习俗的历史与现状作了比较深入的考察和整理，希望由此提供一个认识民间佛教寺庙的文化遗产价值和功能的新视角。

关键词：益乐观音寺，观音信仰，庚申会，文化遗产

引　言

　　益乐观音寺位于杭州市西湖区古荡街道益乐村内，始建于清朝末期，原属金氏家庙，也是清末以来该村唯一的佛教寺庙。然而，关于该寺的详细情况，既无寺志，在杭州市的各种方志史料中也一直没有查到相关记录，寺内也没有常住的出家僧人。因此一直以来观音寺的名气也不大，其影响范围也主要限于杭州城西的古荡益乐村及其周边地区，很多杭州本地市民都不曾听说观音寺之名。

　　然而，像观音寺这样的"三无"小庙在我国各地民间特别是江南地区随处可见，它们基本上是由当地的老年居士自发地管理和日常维护，大多数寺庙也没有取得合法的宗教场所身份。而且，随着城市化进程的加剧以及境外宗教影响的渗透，很多类似的民间小庙正在逐渐走向消失。与此同时，依托于各地民间

　　①　在调研考察过程中，笔者得到了益乐村原住民卢志林老先生、金洪兴老先生、金永贤老先生、王秀梅居士、金月娟居士等的大力协助和配合，在此谨致谢意。

寺庙传承下来的种种信仰习俗,也在逐渐走向衰落,归于沉寂。

宗教是一种文化,民间信仰亦是如此。中国的民间信仰植根于基层的广大民众,与老百姓的日常生活有着紧密的联系,实为各地民俗文化的价值内涵和精髓所在,从而构成了各地区历史文化的重要组成部分,成为传统文化的重要见证。在民俗学界以及非物质文化遗产保护等研究领域,越来越多的专家也认识到:庙会、民间信仰习俗的历史文化遗产价值,值得我们重视和研究。①

正是因为益乐观音寺的默默无闻、极其普通,故可视为江南民间观音信仰习俗的一个见证,从而也就有了典型的意义和分析的价值。鉴于有关观音寺的文献史料的缺乏(近乎空白),笔者通过连续多次实地走访若干位年逾古稀的益乐村原住民,以他们的口述史料为主要依据,并结合田野调查(遗址考察)、相关文献的分析等研究方法,对观音寺的历史、现状以及益乐村的观音信仰习俗的变迁作较为完整的考察和整理,以期深入探索和发掘民间信仰背后的文化属性和社会功能。

(一)益乐村的历史沿革与民俗

益乐观音寺位于杭州城西的西湖区古荡镇益乐村境内。在解放以前,益乐村原属杭县留下区履泰乡。1958 年 4 月杭县撤销,除瓶窑镇、长命乡划归余杭县外,其余皆划归杭州市。益乐村的建制即由此开始,由南沈塘、北沈塘、钱家村、莫家塘、周家蓬、金家浜、马家门、卢家湾、西斗门、南斗门、毛家桥、竹桥头、野荡头等十几个自然村合并而成。

就自然环境和生态来说,益乐村原属于湿地地貌,是西溪湿地的重要组成部分。全村的陆地面积约有 4000 余亩,同时河港湖汊遍布全村,其水域面积与土地面积相当。因此,自古以来益乐村的水路交通十分方便发达,益乐村与外地的往来交通也主要经由水路进行。作为典型的江南"鱼米之乡",这里的村民既是农民,也是渔民。除种植水稻、小麦、蚕桑、竹笋以及柿子等果树之外,水产渔业也占有相当大的比重。因此,益乐村的村民一年四季都十分勤劳,农闲之际则忙于水产渔业,几乎没有什么农闲的时间。

作为水乡,益乐村的很多传统民俗活动也与水有关。历史上,益乐村每年

---

① 参见盖新亮、周庆伟:《首届中国民俗学高层论坛会议综述》,《民俗研究》2008 年第 1 期。

都要举行赛龙舟盛会,并且远近闻名。近些年来,益乐村的赛龙舟盛会也得到了部分恢复。2011年端午节这天,有关部门发起在益乐村举行了隆重的祭奠仪式,在外经商或工作的益乐乡亲分别从昆明、四川、重庆等地赶了回来参加这次赛龙舟盛会。[①]

原益乐村的宗族文化比较典型。全村总共大约有四百余户人家,由聚族而居的各自然村构成。如沈姓村民大多居住在南沈塘、北沈塘,周家蓬多是姓周的,金家浜主要是姓金的等。虽然益乐村家族姓氏众多,但在历史上,该村的望族主要有金、周、马、骆"四大家族"。在这"四大家族"之中,金、马两家族主要是为官的,而周、骆两家族则以经商为主。而金、马两家虽皆世代为官,但有文武的不同:金家是文官出身,而马家则为武官出身。关于益乐村的马家,曾经流传着这样一个传说:在每年岁末祭祀灶神的过程中,腊月廿三为"送灶神"上天日,腊月三十日为灶神下降日,所谓"上天奏好事,下降保平安"。然而,在腊月廿三日送灶神仪式开始时,因为马家主人在外地为武官,常常要到次日即廿四日早晨才能赶回益乐村老家参加祭祀活动。长此以往,结果就形成了马家的独特的送灶神习俗,即马家人祭祀灶神,要比村里的其他人家晚一天。直到现在,这一习俗依然如故。

在上述"四大家族"之中,又以金家的影响较大。长期居住在金家浜的金氏家族,其祖先来自彭城(今江苏徐州)望族。金家祖先原是名门望族,以耕读传家。直至清代后期,金氏家族仍然比较兴旺,是本地的大户人家,人丁兴旺,家境也比较富裕。同时,金氏家族世代奉佛,并且金家的奉佛行为,也对益乐村近现代以来的历史产生了重大的影响。益乐观音寺就是由世代居住在益乐村的金氏祖先最初创建的。

随着城市化进程的加剧,益乐村的环境面貌和社会经济也发生了翻天覆地的变化。如今,纵横交错的水域已不复存在,这里已成为杭州市的中心城区范围,原住村民的生活方式也随之改变。2002年,随着杭州市"构筑大都市、建设新天堂"战略,"撤镇(乡)建街,撤村建居",古荡镇益乐村也更名为古荡街道益乐社区。目前的益乐村已完全城市化,原住村民在拆迁后,集中居住在新建的益乐新村内,属于益乐社区,而村民的主要收入来源也从务农转变为出租房屋、经商和单位上班等等形式,其身份则成为新一代的杭州市民。

更值得关注的是,伴随着日新月异的城市化浪潮以及其他宗教势力的影

① 《〈西湖报〉在端午佳节感受美丽城区传统文化的魅力》,载绿光网:http://www.gbright.net/newsInfo.asp?newsort=24&id=710

响,益乐村的历史与传统文化(包括信仰习俗)正在逐渐褪变成一种历史记忆,成为一种亟待保护的非物质文化遗产了。

(二)金氏父子与益乐观音寺的创建

益乐村的村民大都信仰佛教,而且以观音信仰为特色。

"家家弥陀佛、户户观世音",在我国乃至亚洲大乘佛教信仰文化圈中,观音是最为著名的菩萨,在民间更是妇孺皆知。虽然观音信仰千百年来早已广泛流传,然而,在我国南北各地,观音信仰还是呈现出不同的特色,如汉传与藏传的不同,民间与知识阶层的差异等等。而杭州地区的观音信仰则与杭州天竺山的"天竺三寺"(即上天竺法喜寺、中天竺法净寺、下天竺法镜寺)有关。三寺相距很近,均有千年以上的历史,而且皆以供奉观音菩萨的圆通殿为寺院主殿。特别是建于五代后晋天福四年(939)的上天竺寺内的观音菩萨,以"灵验"相传,号称"灵感观音",以至于历代士民无不信奉之。历史上,杭城每遇旱涝灾害,必迎请之入城祈祷。明释宾编纂的《杭州上天竺讲寺志》卷一有《灵奇识》、《灵感录》、《灵应颂》以及《感应记》等篇章,详细记录了唐五代以来上天竺灵感观音"应验"之事迹。[①] 上天竺寺内的该尊灵感观音像由香木雕刻而成,高仅1.2米。与其他寺院高大的佛菩萨雕像相比,显得其貌不扬。然而,正是这尊看上去很不起眼的观音菩萨像,在杭州民间信众的心目中却有着重要的影响和不可取代的神圣地位。益乐观音寺暨益乐村的观音信仰即是在上天竺灵感观音影响下的杭州观音信仰习俗的一个见证。

益乐观音寺的创始人,就是益乐村金家浜的金氏祖先,清末民初的乡绅金锦喜居士父子。

益乐村年近9旬(生于1923年)

图1 卢志林老先生

---

① 参见(明)释广宾:《杭州上天竺讲寺志》,杭州出版社2007年12月版。

的卢志林老先生是益乐村民中年纪最大的长者,也是同辈老人中为数不多的读过书的,故能断文识墨,思维清晰。卢志林老人回忆了观音寺的创建过程。金家世代为官,有很好的家风。金锦喜居士的堂兄在南洋经商时,曾购回一段名贵的沉香木。清光绪 16 年(1890 年),金锦喜(？—1928)居士等人仿照杭州上天竺法喜寺"灵感观音像",发心将该段沉香木雕造了一尊 1.2 米高的观音像,装于龛中。金氏父子还将金家宅第中的数间房屋舍为寺院,将观音菩萨像供于其中。该尊观音菩萨像虽然仅仅只有几十公分高,但颜色黑亮(沉香木的原色),并且常年香气浓郁,因此,该尊菩萨像很快便远近闻名。因其形制颇小,被当地人俗称为"小观音菩萨",而这座寺庙,则被称为"观音寺"。

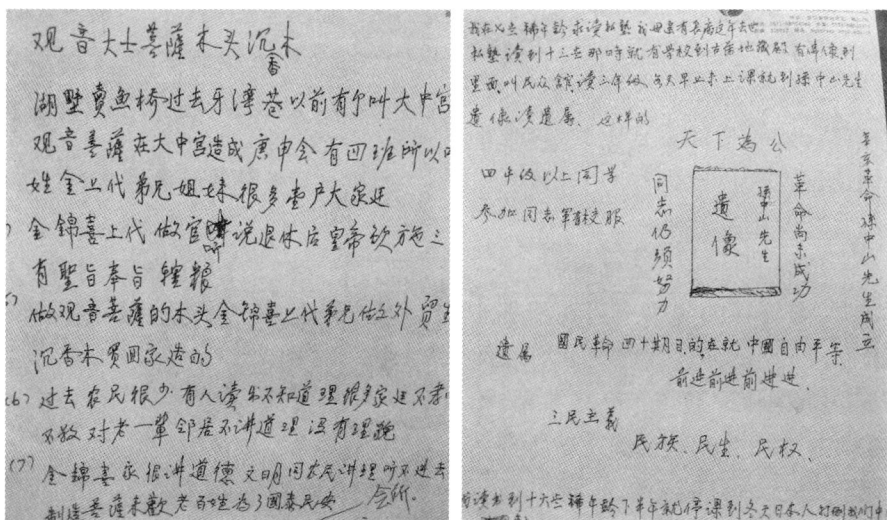

图 2 卢志林老先生手迹

那么,金锦喜为何要雕像建寺呢？卢志林老人说,金家是大家族,有很好的家风。但"过去农民很少有人读书,没有文化,因此不知道讲道理。很多家庭中有不孝顺父母和祖父母的,对老一辈邻居也不讲道理,没有礼貌。虽然金家很讲道德文明,但同农民讲理,他们听不进去。所以他们上一代人就打算建寺雕刻观音菩萨像,来引导村里的百姓移风易俗,和谐邻里,保一方平安"。

关于观音寺的创建人金锦喜居士及其父亲的生平事迹,现在已无任何史料可考。金家原藏有《金氏家谱》,可惜也于文革时被毁。在卢志林老人以及金家后人的记忆中,金锦喜的父亲曾在清朝的朝廷中为官,且为官清正,故致仕后皇帝曾下诏,钦赐 300 亩土地为其辖粮(食税)。因此,可以确定的是,金锦喜的父

亲曾在清朝朝中为官,去世后安葬于
故乡附近,其墓地在今杭州市转塘镇
桐坞村一带,其余情况已不得而知。
而金锦喜的情况则比较清晰一些。据
金锦喜的后裔、1927 年出生的村民金
洪兴老先生(称金锦喜"太公",为金锦
喜的玄孙)回忆,他出生的第二年,金
锦喜刚刚去世。据此,可以推测金锦
喜居士卒于 1928 年。

金洪兴老人以及另一位世代居住
在益乐村的金家后裔金永贤先生(今
年 72 岁)都曾听得金家长辈们说过,
金锦喜去世时是戴着官帽的,这也说
明金锦喜本人也曾为官,并一直享受
朝庭官员的礼遇。

根据以上口述记忆材料,我们可
以推测,金锦喜的父亲应当在清朝中
后期咸丰、同治年间朝中为官。金永
贤先生还依稀记得,在 50 多年前,十
多岁的他曾跟着其父亲到位于今西湖
区转塘镇桐坞村的先祖墓地去祭扫
过。该墓的墓主正是金锦喜的父亲,
亦即金氏后人记忆中金家世代祖先当
中官职最高者。作为益乐村金氏家族
史上影响最大的金家祖先,金锦喜父
子既是益乐观音寺的创始人,也可称
得上是益乐村历史上最重要的一位文
化名人了。

图 3　金家后人金洪兴

图 4　金家后人金永贤

为了进一步证实金锦喜父子的为官身份,我们还特地来到转塘镇桐坞村,
对金氏祖墓遗址作了实地考察。桐坞村的村口,原称"圣殿",据称或与金氏祖
先在朝为官有关。遗址处现有两棵树龄达三百余年的香樟树。

金氏祖先墓地遗址位于桐家岭的高速公路边的山坡上,原墓地占地面积很

图 5　桐坞村村口"圣殿"遗址

大,达三百余亩。据金氏后人回忆,这是金锦喜的父亲去世后,由朝廷出资建造的陵墓。原墓地面朝东南方向,墓道口建有华表,入口处有两棵树龄达 150 余年的香樟树。然而,墓地及华表早在解放后不久即被拆毁,两棵香樟树也在若干年前扩修墓地前的公路时被砍伐。如今,墓地遗址但见绿油油的茶园一片。在我们实地考察墓地遗址的过程中,外桐坞村一位余姓老人(今年 90 多岁)还依稀记得墓地当年的情景和气势。我们一行由见多识广、记忆力极佳的当地村民仇校根先生(今年 60 岁)作为向导,经过几番辨认,终于找到了原墓地遗址所在的确切位置。

　　据当地村民称:该墓地原来历代都有"坟亲",即守墓人。然而不巧的是,当我们前来桐坞村考察墓地遗址时,当地村民说"坟亲"的儿子在去年(即 2010)年去世。世事沧桑,如今古墓地早已是面目全非了。

　　卢志林老人还回忆了他少年记忆中有关观音寺的情形。他说:"我今年 89 岁,小时候听老一辈人说过,年纪大的都知道,我十二三岁看见过益乐观音寺的观音菩萨圣像(出)巡庙会(即'庚申会'),以及'放洞冲'①的热闹场面。七岁时,

---

　　①　卢先生所说的"放洞冲",当为佛教法会中的"放焰口"以度化亡灵,其场面类似于现在节庆时燃放烟花炮竹。

图 6　实地考察金氏祖墓遗址，右二为当地村民仇校根

我到私塾读书。这一年我母亲因长年患病，去世了。直到 13 岁那年，我转到'民众馆'读小学三年级，学校位于古荡，是由一座地藏殿临时改建为学校的，里面还有佛像。① 我每天早上来到学校，上课前同学们要跟随先生一起在孙中山先生遗像前诵读中山先生'遗嘱'。当时四年级的学生，若参加'同志军'的，就有校服穿。我一直读书读到 16 岁（1939 年），这一年下半年就被迫停课了。到冬天，日本人就打到我们这里，艰苦的抗战从此开始了。"

（三）益乐观音寺的兴衰与观音信仰的变迁

益乐观音寺自创建以来直至解放初期，由于观音菩萨像名闻遐迩，观音寺的香火也一直很盛。最值得一提的是，包括卢志林老人在内，现年龄在 70 岁以上的本地原住民大多数也还能清晰地记得，供奉于观音寺内的"小观音菩萨"，常被迎请至附近的九莲庄、古荡湾、宋江村及益乐村等处出巡，各地轮流做东，举行"庚申会"（实乃"庙会"的一种形式）。由此，观音寺也成了益乐村及周边乡村佛教信众最重要的宗教活动场所。

观音菩萨像出巡与"四班庚申会"："庚申会"是益乐村一带观音信仰的一个重要见证，也是益乐村近现代史上最重要的信仰习俗，并且还影响到益乐村的

---

① 以佛殿作为校舍，这一现象当为清末民初时期推行的"庙产兴学"风潮的结果。

周边地区。益乐观音寺的"庚申会"自设立以来,由益乐村及其周边的四个地方的村民分别主办,每三年一轮,故又称"四班庚申会"。据卢志林老人回忆,在他十二三岁时,曾看见过观音菩萨出巡时的隆重场面,特别是在"放冲"(即"放焰口")时,场面非常壮观,因此让人记忆深刻,令人难忘。

所谓"四班",分别是指四个地方:1. 大中宫为一班。大中宫原址在今杭州市拱墅区的卖鱼桥霞湾巷附近,原是一所道教宫观;2. 俞家圩、古荡湾合为一班;3. 金家浜、南沈塘、北沈塘、周家蓬、毛家桥、钱家村、莫家塘合一班;4. 九莲村、宋江村、五村合为一班。这四处地方,大约相当于观音菩萨出巡时的四处"行宫"一样,观音菩萨轮流被请至上述四地,接受信众的供奉礼拜。

案庚申信仰源于中国道教的信仰习俗,在汉代就已经出现并一直流传下来。道教认为寄身于人体的"三尸虫"会引诱人行恶,并于庚申夜(庚申日的夜晚,每年有六个庚申夜)离开人体向上天禀告该人所为之所有恶行。因此,道教主张于庚申夜(尤其是庚申年的庚申日之夜)时,众人聚集一起通宵达旦,或依经修持,或晏游、吟诗、诵咒,彻夜不眠,以防止人体中三尸虫脱离人体,上天禀告司命各人所行过恶,从而减人寿命,促人早死。是故,此习俗又称为"守庚申"。这一习俗流行甚广,后来还影响到了佛教习俗。

据宋代赞宁《僧史略》卷下《结社法集》记载:

"近闻周郑之地,邑社多结守庚申会,初集鸣铙钹,唱佛歌赞,众人念佛行道,或动丝竹,一夕不睡,以避三彭奏上帝,免注罪夺算也。然此实道家之法,往往有无知释子入会图谋小利,会不寻其根本,误行邪法,深可痛哉!"[①]

由此可知:在赞宁生活的北宋初期,中土民众普遍流行庚申守夜,更有人因守庚申而结社。这说明在唐宋时期,道教守庚俗之习俗更已影响了佛教,使佛教信徒也有了庚申会的习俗,从而使之成为很多民间道教、佛教共同奉行的中国民间信仰习俗了。明清时期,在我国江南一带,庚申会还是比较普遍流行的。而庚申信仰在唐宋时期就曾传入日本、韩国,从而使得庚申会成为东亚地区的重要民俗之一。

日本学者洼德忠在其《道教史》一书第六章中设有"三尸说及其信仰"一节,其中就提到清代《庚申宝卷》所载的佛教"庚申会":有男女信众一起出席,由初更至五更,颂赞玉皇、五星君、释迦、观音、药师、文殊、阿弥陀佛、弥勒等佛菩萨及神祇,烧香礼拜,彻夜不眠。该书还说道:"有报告说,本世纪四十年代,在大

---

① (宋)赞宁《僧史略》卷下,载《大正藏》第 54 册,第 250 页下、251 页上。

同附近的农村和杭州郊区还进行守庚申。"①洼德忠所提到的杭州郊区的"守庚申",或即为益乐观音寺的"小观音菩萨"出巡时的四班"庚申会"。由此可见,益乐村的"庚申会",在清末民初时曾经有一定的社会影响,以至于见载于日本学者的著作中了。

不过,自现代以来,我国汉族地区仅有少数地方的庚申会习俗还有保留,有些则于近些年各地发掘和保护当地的"非物质文化遗产"时有所恢复,而绝大多数地区的庚申会几近消失。因此,作为益乐村观音信仰习俗的主要特色和形式,"四班庚申会"无疑可视为益乐村最重要的"非物质文化遗产"。

虔诚奉佛的全家后人:金氏后人亦世代奉佛不断。据金锦喜居士的后人金月娟居士回忆,其奶奶及太婆(即其奶奶的婆婆)都是小脚老太太,虽然她们很早就都守寡了,独自含辛茹苦抚养全家老小,但她们依然吃斋念佛,刻苦修行。她们曾以绕村子"拜华严"(忏)方式苦行,连续坚持了三年零六个月。对于这种长期坚持"拜忏"的修行方式,佛教信徒中有"三年易拜,六个月难过"的说法,但金家老太太却一直这样坚持了下来。金居士还依稀记得,其太婆临"往生"之际,头脑十分清醒,并且神态异常平静地嘱咐身边的家人:"丧事一切从简,好好把孩子抚养成人。我自有好地方去也。"

观音寺的毁坏与重建:在"文革"以前,由于"破四旧"及极左宗教政策的影响,观音寺遭到破坏,寺内的沉香木雕观音像也随之被当作柴禾劈成多块。据金家后人称,因沉香木观音菩萨像奇香无比,被劈成碎块以后,很长时间内仍然散发出浓郁的香气。时过境迁,如今,原益乐寺观音像的残存碎片,也早已不见了踪迹。

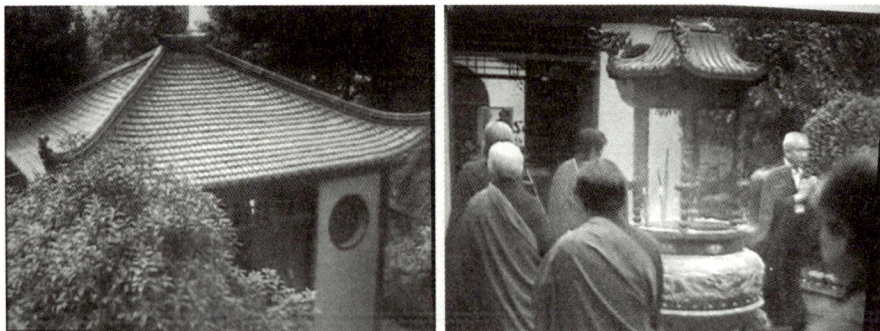

图 7　1996 修复的观音禅寺

① 　见(日)洼德忠著、萧坤华译:《道教的世界》,第九章,上海译文出版社 1980 年 7 月版,第 301 页。

改革开放以后,益乐村的居士们也逐渐恢复了念佛修行活动。1996年上半年,益乐村的佛教信众发心并自动集资,在原址上重新修建了观音寺,使之成为本村近百余位老年佛教信众的修行场所。

2005年6月观音寺因种种原因再次被拆。五年后,即2010年于原址复又重建。重建后的益乐观音寺为一栋二层楼的建筑,楼上为佛殿,楼下为活动场所,占地面积比原址缩小了很多。2010年10月23日(农历九月十六),在浙江省佛教协会教务部主任性一法师主持下,益乐观音寺举行了观音寺佛像开光法会。

图8　2005年重建的观音寺

恢复重建后的观音寺,因规模较小,一直没有常住僧人,也未能取合法的宗教场所恢复登记手续。寺内的法事活动及日常管理,也主要由本村的一些老年居士组成的管理小组负责,偶尔也会延请附近寺院的法师来寺里指导信众念佛、读经等事宜。据了解,目前寺内活动除每周三、六进行日常念佛之外,每逢观音圣诞、佛诞等佛教节庆日,观音寺都要举行诵经、放生、"佛七"等佛事活动,因此,观音寺也逐渐成为益乐村及周边地区佛教信众最重要的念佛修行道场。

结　语

通过考察益乐观音寺的历史演变过程,我们可以发现,观音寺及益乐村的观音信仰习俗具有以下几个主要特点:

1. 地域性。益乐观音寺的观音圣像原系仿上天竺法喜讲寺的灵感观音像而造,因此益乐村的观音信仰习俗也深受上天竺法喜讲寺"灵感观音"信仰的影响,是作为"东南佛国"的杭州佛教文化影响下的观音信仰习俗的重要体现。

2. 家族性。观音寺原是金家浜金锦喜父子"舍宅为寺",属家庙性质,到后来其影响才逐渐扩大到全村乃至周边一带地区。聚族而居的家族文化,是中国传统儒家文化的体现,而建寺目的之一,亦为移风易俗,保一方平安,并非完全出于宗教信仰的目的。

3. 儒道佛三教合一。益乐观音寺及益乐村民的信仰习俗,带有鲜明的儒、道、佛三教合一的文化特征。如观音圣像为主体的"庚申会"习俗,就是佛道结合的,而家族性则是其儒家特征的体现。

伴随着城市化进程的加剧,如今的益乐观音寺安静地掩藏于高楼大厦之间,而原来的益乐村的观音信仰,也由典型的乡村民间佛教,逐渐演变成为地处闹市区的"都市佛教"。因此之故,益乐观音寺的角色和功能也在悄悄地发生相应的转变。由于杭州城西的古荡一带缺乏合适的佛教修行道场,因此寺庙的信众也由原来本村中老年居士为主,逐渐演变成包括周边一带小区佛教信众也参与的佛教修行场所,而寺庙信众的年龄层次、知识结构等方面也发生了很大的变化。由此带来的另一后果是,益乐观音寺原来的历史和文化传统也逐渐为人遗忘,淡化为一种历史的记忆,成为一种"非物质文化遗产"了。

下　篇

吴越佛教与东南佛国

一、吴越佛教辨名^①

在近年来中国佛教史研究中,区域佛教文化研究显得较为突出。基于此,本文提出"吴越佛教"这一概念。现就这一概念的内涵、外延等方面略作界定和论证,进而分析"吴越佛教"的基本特征及其在中国佛教文化中的地位和作用影响,以求教于方家大德。

(一)"吴越佛教"之概念

1. 作为历史地理概念的吴、越与吴越

吴、越是古国(地)名。吴越两国的具体历史活动,至春秋晚期方见之于《春秋》、《左传》、《国语》等较为可靠的史书,特别是在吴国建都姑苏,越国建都会稽之后。有学者说"在此以前,吴自吴,越自越,吴与越并不属于一个文化区。吴文化与越文化基本上是两支独立、平行的文化体系"^②。一般说来,吴文化受中原文化影响较大,如《史记》有"太伯奔吴","吴为周后"之说,而越国则较多保留南方土著特色。这一观点其来有自,影响也较大。不过,本文并不完全赞成此说。

实际上,早在春秋前期,两国的文化面貌就已基本一致。这一点有诸多文献记载为证。《吕氏春秋》卷二十三贵直论第三"知化"载:伍子胥阻止吴王夫差伐齐,曰:"夫齐之与吴也,习俗不同,言语不通,我得其地不能处,得其民不能使。夫吴之于越也,接土邻近,壤交道属,习俗同,言语通,我得其地能处之,得其民能使之,越于我亦然。"《吴越春秋》卷五"夫差内传":"吴与越同音共律,上

① 本文原载《吴越佛教学术研讨会论文集》,宗教文化出版社 2004 年 10 月版。此次收入本书时,有所增订。

② 参见董楚平著《吴越文化新探》,浙江人民出版社 1988 年版,第 131 页。

合星宿,下共一理"。如就习俗来说:人们谈起越人,常用"断发文身"来称引之,以区别于中原华夏族的蓄发笄冠。在吴地亦然。《左传》"哀公七年传":"太伯委端,以治周礼,仲雍嗣之,断发文身,裸以为饰,有由然也。"《史记》"吴太伯世家"说太伯仲雍"乃奔荆蛮(按即吴地),文身断发";《春秋谷梁传》"哀公十三年"亦说:"吴,夷狄之国也,祝(断)发文身"。这些史料说明:吴国统治者虽为周人后裔,但很早就随从越俗。而在吴国与齐等国交战时,投降吴国之人,也须随越俗。《左传》"昭公三年":"吴灭徐,徐子章羽断其发,……以逆(迎)吴子。"而文献中关于越人断发文身的记载就更多了,兹不赘述。

其次,从种族来说,在"吴太伯奔吴以前",吴越地区的土著居民都是"越人"。《越绝书·吴地传》中记载:"阖闾之时,大霸,筑吴越城(按即姑苏)。城中有小城二。"阖闾还在姑苏筑"南越宫",应该原为越城。由此可以证明:吴越地区先民同为越族。当然,也有以"吴越"为族名,来说明吴、越同族。因此,在春秋时期,人们就已经开始将"吴越"连称。到春秋晚期,随着吴越争霸的加剧,先是吴王夫差打败越国,占据了钱塘江北岸;然后是勾践灭吴,据有茅山以西的吴国故地——武力争霸推进了二支近亲文化的进一步融合。到了汉代时候,人们往往"吴越"连称而不分,甚至称"吴"为"吴越"。如《论衡·四纬》:"昔太伯见王季有圣子文王,知太王意欲立之,入吴采药,断发文身,以随吴俗。太王薨,太伯还,王季辟主。太伯再让,王季不听。三让曰:'吾之吴越。吴越之俗,断发文身。吾刑余之人,不可为宗庙社稷之主。'"这里即将吴说成是吴越。

吴越地区所含盖范围,除传统意义上的长江三角洲的江、浙、沪(上述地区毫无疑问属于吴越范围)以外,值得注意的是,与吴越地区邻近的淮扬地区(浙江境内到处都有"徐偃王"的传说与遗迹)、地处江浙西部的皖南、赣北地区,东南方向的福建省等,是否应包含在"吴越"范围?笔者以为答案也应当是肯定的。

2. 作为区域文化的"吴越文化"

二十世纪三十年代,江浙地区的一些学者根据古吴越地区出土的有关上古(包括新石器时代和整个青铜时代)文物,提出"吴越文化"这一研究课题,并在上海成立"吴越史地研究会"。而且还出版了有关论集《吴越文化论丛》。① 但到目前为止,人们对吴越文化的认识和理解还有很大差异,尚有诸多问题有待进

---

① 《吴越文化论丛》,江苏研究社 1937 年 7 月版,1990 年上海文艺出版社影印。

一步探讨。

如关于吴越文化的形成,存在这样两种完全相反的说法:董楚平认为,严格意义上的"吴越文化",应是在春秋时期才形成的;另说则以为,吴越文化之下限到战国时期吴、越的灭亡。[①]

其实这两种说法皆是指狭义的"吴越文化"概念。

本文基于近年吴越地区的广泛的考古发现及学术界的研究热点,提出广义的"吴越文化"之概念。认为:吴越文化之形成,应早于春秋时期;而吴越文化形成后,作为一种文化也并未随着吴、越之灭亡而消失。相反,却因秦始皇的统一中国,吴越、华夏、荆楚等诸文化的交互融合,伴随着作为种族的吴越及其语言文字,吴越文化得到继续传衍和更大规模的发展:如秦汉以后的学术思想史上的"江东佛教"、"浙东学派"、"阳明心学"、"乾嘉学派"等,经济社会领域内的商业文化、信仰习俗等等。

关于"吴越文化"与中华文化之关系,如在《荀子》"荣辱篇"中说:"譬之越人安越,楚人安楚,君子安雅。是非知能材性然也,是注错习俗之节异也",将"越、楚、夏"三者并列,实乃有以越文化为中华文化之主体组成部分之意。现代以来,在 20 世纪 80 年代有学者提出"吴为周后"和"夏越一源"说。[②] 可以说,吴越文化与中原文化、齐鲁文化、三晋文化、巴蜀文化等共同构成中国文化的有机组成部分。

关于吴越文化之特点,除了经济文化发达、商品经济意识鲜明而外,宗教方面"信巫鬼,重淫祀"——吴越佛教十分繁荣发达;工艺方面,手工业制造业发达——佛教建筑发达;居东南沿海,江南水乡,"以舟代步"——形成中外文化交流中"海上丝绸之路",吴越佛教对外(韩、日)佛教文化交流中,一直走在国内的前列。

3. 作为区域文化及宗教文化概念的"吴越佛教"

吴越佛教首先是一种宗教。何为宗教,学术界关于其定义也是莫衷一是。在一定意义上,本文赞成视宗教为一种文化的说法。正如吕大吉先生在其《宗教学通论》中指出:宗教是一种由宗教观念、宗教体验、宗教行为和宗教体制四要素有机构成的"社会文化体系"。由这一观点出发,一般来说,我们把吴越佛

---

① 参见刘建国《吴越文化二论》,《浙江学刊》1990 年第 6 期。
② 参见杨向奎等《宗周社会与礼乐文明》,人民出版社 1992 年版;董楚平《吴越文化新探》第一章"夏越关系新探",浙江人民出版社 1988 年 12 月版。

教文化视为广义"吴越文化"之有机组成部分。但需要特别指出的是:吴越文化源远流长,是古华夏文化的重要组成部分,它的形成、发展和演变都与华夏文化同步。而吴越佛教则有所不同:其内涵之主体——佛教文化则是源于印度,两汉之际传入中国,在吴越地区广泛传播则是在东晋以后。至于佛教文化与古吴越文化的充分融合并成为该地区民间信仰习俗则是在隋唐以后,尤其是五代吴越国以后了。因此之故,"吴越佛教文化"这一概念包含了一个"佛教中国化"(佛教的中国化,不仅体现在佛教的义理如中国佛教诸宗的思想观点,更为直接地体现在以佛教建筑、服饰、工艺品以及生活方式、信仰习俗等文化层面)以及传统文化(古吴越文化)的"佛教化"(由越王勾践"卧薪尝胆"复仇心态转而向追求事业的成功、"化干戈为玉帛"的社会稳定的务实精神与平和心态)这样一个双向、动态的演变内涵。

在学术界,"吴越佛教"之概念早已有学者提及,如赖建成(台湾)撰有《吴越佛教之发展》①一书,杜继文主编的《佛教史》中亦设有"吴越佛教"一节。不过这些概念所指均为"吴越国"之佛教,与本文所说的"吴越佛教"有关,但还不完全是一回事。此所谓"吴越"主要是指吴越地区,而"吴越佛教"则是一个区域佛教文化概念,即吴越地区的佛教文化,与传统所谓"江东佛教"、"江南佛教"、"东南佛教"之概念大同小异,多有重合之处。

(二)吴越佛教的兴起与演变

吴越佛教虽是一个特色鲜明的地域佛教文化概念,但由于中国佛教有着悠久的发展演变历程,且吴越地区范围也较广,因而吴越佛教也经历了一个形成、演变的历史过程。本文将吴越佛教的历史大致分为四个阶段:

1. 吴越地区佛教的初传。据《出三藏记集》载,东汉灵帝末年名僧、翻译家安世高因避乱离开洛阳南下,辗转而至浙江会稽。此后,于献帝末年,支谦也避乱南来吴地。一般的说法是将此作为佛教传入吴越之始。近来也不断有学者指出,吴越佛教的传入还有另一途径的传播路线,即通过海上丝绸之路,由中印度经交趾(位于今越南境内),沿海路传至会稽一带。在本文看来,经由海上丝绸之路传播的吴越佛教,其影响及意义都十分深远,值得我们做深入探讨。

---

① 赖建成:《吴越佛教之发展》,(台湾)私立东吴大学中国学术著作协助委员会1990年版。

2. 东晋至隋唐——吴越佛教之兴起。这一时期,佛教已在吴越地区广泛传播,并且中国佛教宗派最早也是在这一地区形成的。东晋六朝时期,名僧慧远、道生等后来均活动于吴地,历史上所谓"江东佛教"多有所指。而隋唐时期,在越地有智者大师创立天台宗,吉藏大师创三论宗;而禅宗形成后,吴地的牛头宗、法眼宗等都十分有名。

3. 吴越国至二宋时期的"吴越佛教"。五代十国时期,吴越国以杭州为都城,南宋复定都杭州,在吴越钱王的大力提倡下,以及中国思想文化中心(包括佛教文化)南移的影响下,从而形成了吴越佛教文化的鼎盛时期。其中的杭州暨浙江佛教尤为突出,甚至可以说是五代至宋元时期吴越佛教(甚至中国佛教)的中心地区,这可由南宋时期所评定"五山十刹"大都位于浙江境内证明之。

4. 明清时期的吴越佛教。在中国佛教史上,一般将明清佛教称为衰落时期。然而,在以吴越地区为主的江南地区,佛教文化依然盛行不衰,并与江南地区的民俗紧密相关。明末清初随着莲池大师等的弘扬,吴越佛教(尤其是杭州暨浙江佛教)又呈现复兴之势。明清时期的吴越佛教是当时中国佛教最繁荣的地区。此时之"吴越佛教"概念近于"江南佛教"。

而到了近现代,随着上海城市的崛起,在地理位置上处于吴越地区中心地带的上海佛教引领着近现代中国佛教的近代化走向,"人间佛教"思想的提出和流行也主要是在这一区域。

(三)吴越佛教文化的主要特征及其 在中国佛教文化中的地位和意义

吴越佛教文化的特色是由吴越文化与佛教文化融合而形成的,它既具有中国佛教文化的共性,也深深地打上了吴越区域文化的印迹。而从吴越佛教的发展演变过程来说,早期的吴越佛教带有明显的佛教义学(般若学)特色;其与中国本土儒道文化有着密切交融,是最早产生中国化佛教宗派(天台宗)的地区;而自五代以后,吴越佛教尤其比较典型地体现了中国佛教史演变的基本特征。

概括说来,吴越佛教文化至少具有以下典型特征:

1. 吴越佛教名僧辈出,梵宇林立。自东晋至民国时期,高僧不断涌现。其中,也有很多并非吴越籍高僧,却成名或长期居住在浙江(如智顗法师、印光法师等),这是吴越佛教文化兴盛的重要标志。而江南吴越地区的佛教寺院,无论从数量还是规模上,在国内均有举足轻重的地位。

2. 佛教与儒、道三教融合的思想特色,尤其是"儒佛融合",使得吴越佛教呈现出鲜明的入世特色。契嵩、大慧宗杲、蕅益,近代的印光法师、马一浮居士等皆主张"三教合一"。吴越地区民风务实,不尚空谈。在这一现象中,我们也看到了浙东学派的思想影响。

3. 禅教净合流与净土信仰的流行是吴越佛教的又一特色。在吴越地区,"念佛社"在士大夫阶层以及民间皆十分流行,使得吴越佛教呈现出诸多民俗佛教的特色,如修行方法的念佛法门,信仰对象上的观音信仰,以及居士佛教的盛行。

4. 佛学典籍的著述及流布——吴越历代高僧撰述、编纂并流通了众多的中国佛教名著,为中国佛教的传播和流行作出了巨大的贡献。南朝梁天监年间由释慧皎撰的《高僧传》十四卷,开启佛教僧人总传体之先河。天台宗实际始祖智顗所作的《法华经玄义》、《法华文句》及《摩诃止观》,隋高僧吉藏著《三论玄义》,五代浙籍著名禅师大川普济撰写的《五灯会元》,南宋天台宗高僧释志磐撰《佛祖统记》,以及五代高僧延寿的《宗镜录》、北宋高僧大慧宗杲的《正法眼藏》等等,在中国佛教典籍中都属影响深远的经典作品。

在大藏经的刻印及流通方面,吴越佛教更是在全国处于领先地位。

5. 吴越佛教文化与江南地区社会经济的互动也十分明显。佛教典籍的广泛流通与南方比较发达的商品经济有关。同时吴越佛教文化的兴盛也与东南部商品经济的繁荣存在着某种良性互动的现象。如天竺香市的出现,大量的香客进香带动了杭州的佛教文化旅游,从而带动餐饮业、交通运输业等。吴越地区流行念佛与放生,从历史上来看,杭州西湖本身就是一个巨大的放生池。在吴越地区,念佛与放生实际已成为江南地区民间风俗之一,这在一定程度上对促进吴越地区社会道德风气的转变起了积极的作用。就社会历史进程来看,吴越佛教文化与吴越地区社会经济几乎是同步兴衰:一荣俱荣,一损俱损。有所谓"盛世建塔,乱世毁塔"之说。南宋以来的江南地区的社会历史之演变可资印证:明清江南佛教较为兴盛,同时资本主义萌芽亦已出现。

6. 吴越佛教与日本、韩国之间的佛教文化交流十分频繁。吴越地处东南沿海,早在春秋战国时期其造船业就处于太平洋地区的领先地位,这里的先民是世界上最早尝试去征服海洋的民族之一。在中外文化交流史上,这里是所谓"海上丝绸之路"的起点。吴越地区自古就与台湾岛、日本国以及沿"海上丝绸之路"的东南亚、南亚地区有着密切的经济文化交往。从佛教史的角度看:第一,吴越是佛教的最早传入中国的地区之一,"吴越佛教"本身即是中国文化交流的结果;第二,隋唐时期,佛教又由此东传朝鲜、日本,是日本佛教禅宗、天台宗、净土宗的祖庭所在。第三,在宋元以后,吴越地区与东亚的佛教文化交流十分频繁,可谓代代相传,至今不绝。

如同吴越文化本是古华夏文化之重要组成部分一样,吴越佛教文化亦为中国佛教文化之重要组成部分。而且,在五代吴越国以后,尤其是南宋以后,江南的吴越地区实际上是中国佛教文化的最繁荣的地区。由此足见吴越佛教在中国佛教史中的地位与影响。

二、永明延寿禅师的生平、思想及其著作^①

延寿（904—975），五代吴越国高僧，净土宗六祖，法眼宗三祖。临安府余杭（今浙江杭县）人，俗姓王，字仲玄，号抱一子。因于宋建隆二年（961）应吴越王钱俶之请，迁住杭州永明寺（即今净慈寺），忠懿王钱俶并赐"智觉禅师"号，故世称"永明延寿"大师。《宗镜录》一百卷即在永明寺演法堂定稿，因此后来便改此堂名为"宗镜堂"。

延寿的思想及事迹，不仅对吴越国及吴越地区的佛教文化有着极为重要的影响，而且在中国佛教史上也有着非常重要的地位。一位海外学者曾这样评价说，正是永明延寿的努力，"使传统的佛教教理及行为规范完全融入禅宗体系之内。从这一点而论，延寿可以看作是中国佛教经院哲学的集大成者，对佛教而言，可以和朱熹在新儒学中的历史地位相比拟。"^②

一、延寿的生平事迹

现存的有关永明延寿的传记文献资料非常丰富。自北宋以来直至近现代，永明延寿的传记资料一直不断地出现，据粗略统计竟有近 50 余种之多。在众多的相关文献之中，较早出现且史料价值最为重要的是（宋）赞宁《宋高僧传》及（宋）道原（天台德韶禅师法嗣）《景德传灯录》中的相关记载。此后陆续出现的有关永明延寿传记的论著，大多是以《宋高僧传》和《景德传灯录》两书中的史料作为主要依据而展开论述的。

《宋高僧传》"延寿传"记载：

---

① 本文原为笔者承担的杭州佛教文献集成项目之《延寿全集》点校整理的"整理说明"。
② （加）冉云华：《永明延寿》"自序"，东大图书公司 1999 年版。

释延寿，姓王，本钱塘人也。两浙有国时为吏，督纳军须。其性纯
直，口无二言。诵彻法华经，声不辍响。属翠岩参公盛化，寿舍妻孥，
削染登戒。尝于台岭天柱峰九旬习定，有鸟类尺鷃，巢栖于衣褶中。
乃得韶禅师决择所见，迁遁于雪窦山，除诲人外，瀑布前坐讽禅嘿。衣
无缯纩，布襦卒岁。食无重味，野蔬断中。汉南国王钱氏最所钦尚，请
寿行方等忏，赎物类放生。泛爱慈柔，或非理相干，颜貌不动。诵法华
计一万三千许部。多励信人营造塔像。自无贮畜，雅好诗道。着万善
同归、宗鉴（《大正藏》本作"镜"）等录数千万言。高丽国王览其录，遣
使遗金线织成袈裟、紫水精数珠、金澡罐等。以开宝八年乙亥终于住
寺，春秋七十二，法腊三十七。葬于大慈山，树亭志焉。①

　　永明延寿毕生奉献给佛教事业，其一生中比较重要的活动和事迹有"官钱
放生"与出家、习禅与诵经行忏等修行实践、与钱王之交往等等，值得我们关注。
　　关于永明延寿出家之因缘，是有关延寿生平事迹中比较富有传奇色彩的。
后来流行的说法是，延寿在华亭镇将督纳军需任上，擅自动用库钱于集市中购
鱼虾飞禽放生。事发之后被判为死罪。在被押赴刑场处斩之际，文穆王钱元瓘
得知其面对死刑毫无惧色，镇静自若。于是特赦免其死罪，并听其出家。但在
《宋高僧传》《景德传灯录》等早期相关传记文献中，并没有"官钱放生"一事的
记载，而且也没有明确究竟是何因缘致使其离开军吏岗位并舍妻出家为僧。只
是在其出家后，方有钱王（汉南国王）"请寿行方等忏赎物类放生"的记载，明确
记载了其"放生"活动。但延寿出家前实行放生活动一事，在《宋高僧传》以后的
记录延寿生平的众多相关文献里几乎都明确地记载了。较早明确记载此事的
是北宋苏轼的《东坡志林》一书："延寿每见鱼虾，辄买放生，以是破家，后遂盗官
钱，为放生之用。"②此后，王日休《龙舒增广净土文》卷五则有了更为详细的记
载："（延寿）初为县衙校，多折官钱。勘之，止是买放生命，罪当死。引赴市曹。
钱王使人探之：若颜色变即斩之，不变来奏。临斩颜色不变，乃贷命。遂为
僧。"③至明代大壑元津编撰《永明道迹》时，延寿放生之事则被进一步演绎为：事
发后，坐罪而被处死刑。领赴市曹时，有老人率领数万只鱼虾前来向吴越国王

①　（宋）赞宁：《大宋高僧传》卷二十八，第708—709页，中华书局1987年版。
②　苏轼：《东坡志林·仇池笔记》，华东师范大学出版社1982年版。
③　（宋）王日休《龙舒增广净土文》卷五，《大正藏》47册，第195页。

说明延寿的善行,并向吴越国王乞求原谅延寿"盗官钱"的行为。^① 而在延寿出家以后,更是大力倡导放生。据记载,其放生地就是著名的杭州西湖。据(宋)宗鉴在《释门正统》记载:"〔延寿〕乞西湖为放生池"^②,延寿还曾上表将西湖辟为放生池。(明)王在晋《放生池记》一文中提到:"〔西〕湖南净慈寺山门临水,为永明寿禅师放生处。"^③

在永明延寿禅师的修行实践中,比较典型且对后世影响最大的当数其修习禅定和诵经、行忏的行为。《宋高僧传》说他"尝于台岭天柱峰九旬习定。有鸟类尺鷃巢栖于衣裰中。乃得韶禅师决择所见。"鉴于其禅定功夫有成,延寿于是获得天台德韶禅师的印可,成为禅门法眼宗的传人。后来,延寿在弘法之余,常在瀑布之前坐禅诵经,还应请"行方等忏"(亦源自天台智者的忏法之一)。据称,延寿在其一生中所读诵的《法华经》累计共达"一万三千余部"。由此可知,延寿禅师的个人修行实践中,除了突出的禅定功夫,还经常诵经(少年时即颂法华)、行忏。有学者认为,延寿之所以热心诵持《法华经》和其提倡的净土法门不无关联。^④ 或许正是延寿热心于诵持法华经,导致他后来提倡净土法门。

因此,我们不能忽略延寿诵经、行忏的修行实践对后世净土法门的影响。而且,延寿在《万善同归集》中也确有对净土法门的倡导以及禅净双修的主张。更为重要的是,自此以后,受延寿的启发和引导,净土法门在南方特别是在吴越地区迅速地流行开来。

此外,值得一提的是延寿与吴越国钱王的密切关系。《景德传灯录》载延寿"暨谒韶国师,一见而深器之。密授玄旨。仍谓师曰:汝与元帅有缘。他日大兴佛事。密受记。"^⑤从永明延寿后来的经历来看,这一预言的确已成为现实。一方面,永明延寿以其博大精深的佛学修为,得到吴越国的统治者以及广大佛教信徒的敬重;另一方面,虽然吴越国延续的时间不长,但历代吴越王一贯奉行"保境安民"、"奉佛顺天"之政策。吴越国之奉行这一国策,与永明延寿的影响也不无关联;反之亦然,永明延寿之所以能在佛学上取得如此巨大成就,与此一时节因缘是密不可分的。

---

① (明)大壑元津:《永明道迹》,载《卍续藏》146 册,第 978 页,台北新文丰出版公司 1982 年影印版。
② (宋)宗鉴:《释门正统》卷八,载《卍续藏》130 册,第 899 页。
③ 载《净慈寺志》卷三,《中国佛教史志汇刊》第 1 辑第 17 册,第 931 页。(台北)明文书局,丹青图书公司 1980 年版。
④ 详见释智学《永明延寿传记研究》,载《法光学坛》(台北)2001 第五期。
⑤ (宋)道原:《景德传灯录》卷二十六,《大正藏》51 册,第 421 页,台北新文丰出版公司 1985 年影印版。

吴越国历代诸王无不信奉佛教。其中,奉佛最为热忱的是忠懿王钱弘俶(947—978)。宋建隆元年(960),钱弘俶延请延寿到杭州,主持重建灵隐寺。延寿在灵隐扩建寺宇,于殿前月台建两座石塔(现仍保存完好),前后扩建僧房达一千三百余间,使灵隐寺达到空前的繁荣,因此大鋆元津在《永明道迹》称"禅师实为灵隐中兴之祖"。次年,吴越王赐号"智觉禅师",并请延寿移居永明道场(净慈寺)。在杭州的十六年,是延寿弘法生涯中最辉煌的时期。他除了日课、度人、传戒等之外,还"多励信人营造塔像"。延寿在修寺建塔方面的贡献是巨大的。据潜说友《咸淳临安志》、《净慈寺志》以及《十国春秋》等有关史志书籍的记载,著名的杭州"六和塔"就是由永明延寿奉诏兴建。这座六和塔到了宋太宗太平兴国年间,更名为开化寺,由延寿的弟子传法行明负责住持。需要说明的是,延寿奉诏建造六和塔,除了信仰的因素(奉佛舍利)之外,另一个重要的意图就是"镇钱江潮",造福一方百姓。可以说,正是由于延寿及其他吴越高僧的积极推动,使得整个吴越国时期,"寺塔之建,吴越钱肃王倍于九国"[①],吴越佛教出现了十分繁荣兴旺的局面。因此,吴越地区自五代时便有了"东南佛国"之称。

吴越国晚期,钱弘俶深感北宋统一的巨潮不可阻挡,于是最终决定"保族全民",将"三千里锦绣山川"以及"十一万带甲将士",悉数献纳给赵宋政权,从而在中国历史上第一次实现了一个强盛的割据王国与中央政权的和平统一。对于这一重大历史事件,在佛教史(特别是在吴越佛教历史)上则另有一种说法。据(宋)陈瓘《智觉禅师真赞并序》称:"圣宋之兴也,钱氏重民轻土,舍别归总,用师之劝诲也。"[②]称吴越国归顺大宋,亦缘于延寿临终时给钱王弘俶的"舍别归总,纳土归宋"之遗言。尽管有很多学者怀疑此说的真实性[③],的确,钱弘俶"纳土归宋"有种种背景及理由,不必是受永明延寿劝导的结果,但站在佛教徒慈悲戒杀护生的立场上,延寿此一临终遗言完全是有可能成立的。

(二)延寿"融合"的思想主张

延寿在修行上习禅、诵经、行忏、念佛,这是与其佛学思想密切相关的。延

---

① （清）朱彝尊《曝书亭集》卷四十六"书钱武肃王造金涂塔事",文澜阁《四库全书》本。

② 载(宋)张津:《乾道四明图经》卷一一《碑文》"智觉禅师真赞并序",宁波天一阁藏清咸丰四年(1854)徐氏烟屿楼重刊本。

③ 参见何勇强《钱氏吴越国史论稿》第290页,浙江大学出版社2002年4月版。

寿以禅宗命家,属法眼血脉。法眼一家,自清凉文益开宗起,就开始向禅教融合的道路迈进。在文益的禅法中,华严经教的思想获得了突出性的体现,到了天台德韶时,进一步融入了天台家的思想。法眼宗的这种圆融的禅教思想发展到延寿时,又有了进一步的突破。延寿佛学思想内容之广博,为此前禅宗诸家所未有,可以看作是中古时期中国佛教思想之集大成者。

延寿在《宗镜录》"序"中开明宗义地指出了该书的宗旨:"举一心为宗,照万法为镜",这实际上也反映了他的佛学思想旨趣。延寿所谓的"心",或者"一心",即是指"真源"、"真心"、"真如"、"法性",它不但是宗教解脱的依据,也是宇宙万象存在的根源。"一心为宗",亦即以禅宗的心性论为中心,综合评述大小乘教法和诸宗的教义。因此,有学者以"心学"来概括延寿的佛学思想,还是比较恰当的。①

由《宗镜录》一书的成书过程也不难看出:延寿佛学思想的最大特色在于"融合"的主张(或称"普会",或称"综合",或称"融通"等,意义大同小异)。对此,学术界的看法基本一致。笔者以为,延寿"融合"的思想与主张,至少有以下两个层面的含义:

其一,是指禅、教、净诸宗之融合。延寿的"心学"强调以心摄事理,统禅、教、净和性、相之学:"以法相家证成万法唯识,用华严家明万行的必要,用天台家检约身心,去恶从善,从而使一切经教纳入禅宗领域。"②而延寿之所以提倡诸宗融通之主张,实乃他针对唐末五代时期中国佛教(主要是禅宗)所面临的问题即时代课题所作出的积极回应。自中唐以来,随着南宗禅的风行,当时一般禅师的态度是"一切无着,放旷任缘",主张由"无作无修"而达到"自然会通"。延寿对此表示担忧。他认为如果对经教漠不关心,只凭己见,难免"贻误后学"。这样的禅门流弊将会极大地阻碍乃至破坏中国佛教的进一步发展。如果不及时加以纠正,禅宗只会在死胡同里越陷越深。为力图恢复中国佛教(特别是禅宗)的宗教性,延寿乘迁居永明寺(今杭州市净慈寺)之机,凭借吴越王的信任和他当时的声望,于是他召集了慈恩、贤首、天台这教下三家佛教学者,"分居博览,互相质疑",将教下诸家之说统一起来。而且进而还统一了禅与教,由此所得的结果,便构成了《宗镜录》一百卷。

其二,在禅教融合的基础上,延寿还主张进一步统一禅、教与净,乃至出世世间法之间的融合,于是乃有《万善同归集》之作。延寿所倡导的"万善"包括第

---

① 参见田青青:《永明延寿心学研究》,巴蜀书社 2010 年 11 月版。

② 杜继文、魏道儒:《中国禅宗通史》第 371 页,江苏古籍出版社 1993 年 8 月版。

一义的"理善"及含盖"六度万行"的"事善"两个方面。① 延寿以"心境一如"、"理事无阂"为指导，批评了当时禅门出现并流行的轻蔑佛教善行、轻视佛祖教说，参禅流于空疏等弊病，要求使心体不落空寰，令禅者回到修诸善行的实处。延寿在此所说的"事善"，除了六度（布施、持戒、忍辱、精进、禅定、智慧）之外，还包括念佛、行道、诵经、持咒、忏悔、放生、兴建塔庙、造像、供养、护法、随喜等等行为，甚至包括世俗间的诸善行，"劝臣以忠，劝子以孝，劝国以绍，劝家以和"。②

因此，延寿的"万善观"在整合了禅教净诸宗的基础上，进而融合儒道等出世间法："儒道先宗皆是菩萨。示劣扬化同赞佛乘……佛言：我遣二圣往震旦行化。一者老子，是迦叶菩萨。二者孔子，是儒童菩萨。明知自古及今，但有利益于人间者，皆是密化菩萨。"③当然，需要注意的是，延寿是站在佛教的立场上提倡三教融通，认为"佛法如海，无所不包"："世出世间。以上善为本。初即因善而趣入。后即假善以助成。实为越生死海之舟航。趣涅槃城之道路。作人天之基陛。为祖佛之垣墙。在尘出尘不可暂废。"④并且还对"世善"（主要是儒道）的不足之处有所批评："惟敷世善。未能忘言神解。故非大觉也。"⑤

延寿融合禅教及儒道佛三教的主张，既是对此前（唐）宗密的禅教一致、三教融合论的继承发展，同时，也有吴越国的文化政策为背景。吴越王钱弘俶在《宗镜录》书成之后，还亲自为作《宗镜录序》，并在序中广演"三教合一"之旨。因而，延寿的这一主张无疑对后世的影响极大。正如有学者所指出的，"吴越佛教对发后佛教影响最大的是关于三教合一的提倡。"⑥

（三）延寿的著述

延寿的著述十分丰富。据《宋高僧传》载，延寿"着《万善同归》、《宗鉴》（《大正藏》本作"镜"）等录数千万言"。

据《慧日永明寺智觉禅师自行录》所录，包括《宗镜录》一书在内，延寿共有

---

① 《万善同归集》卷下《中国佛教思想资料选编》第三卷第一册，中华书局 1987 年 10 月版，第 72 页。

② 《万善同归集》卷下，同上书，第 78 页。

③ 《万善同归集》卷下，同上书，第 77 页。

④ 《万善同归集》卷上，同上书，第 10 页。

⑤ 《万善同归集》卷下，同上书，第 77 页。

⑥ 杜继文主编：《佛教史》，中国社会科学出版社 1991 年 12 月版，第 333 页。

著作"六十一本,总一百九十七卷:《宗镜录》一部百卷、《万善同归集》三卷、《明宗论》一卷、《华严宝印颂》三卷、《论真心体诀》一卷、《唯明诀》一卷、《正因果论》一卷、《坐禅六妙门》一卷、《灵珠赞》一卷、《坐禅仪轨》一卷、《华严论要略》一卷、《布金歌》一卷、《警睡眠法》一卷、《住心要笺》一卷、《唯心颂》一卷、《华严十玄门》一卷、《华严六相义》一卷、《无常偈》一卷、《出家功德偈》一卷、《定慧相资歌》一卷、《施食文》一卷、《文殊灵异记》一卷、《大悲智愿文》一卷、《放生文》一卷、《文殊礼赞文》一卷、《华罗汉礼赞文》一卷、《严礼赞文》一卷、《警世文》一卷、《发二百善心断二百恶心文》一卷、《观音礼赞文》一卷、《法华礼赞文》一卷、《大悲礼赞文》一卷、《佛顶礼赞文》一卷、《般若礼赞文》一卷、《西方礼赞文》一卷、《普贤礼赞文》一卷、《十大愿文》一卷、《高僧赞》三卷一千首、《上堂语录》五卷《加持文》一卷、《杂颂》一卷、《诗赞》一卷、《山居诗》一卷、《愁赋》一卷、《物外集》十卷五百首、《吴越唱和诗》一卷、《杂笺表》一卷、《光明会应瑞诗》一卷、《华严感通赋》一首、《供养石桥罗汉一十会祥瑞诗》一卷、《观音灵验赋》一首、《示众警策》一卷、《神栖安养赋》一首、《心赋》一首七千五百字、《观心玄枢》三卷、《金刚证验赋》一首、《法华灵瑞赋》一首、《杂歌》一卷、《劝受菩萨戒文》一卷、《受菩萨戒仪》一卷、《自行录》一卷。"

其中,最为著名、且对后世影响重大的是《宗镜录》一书。延寿应请住持永明寺以后,为了调和当时中国佛教各宗派间之宗旨分歧,延寿禅师召集慈恩、贤首、天台三宗僧人,辑录印度、中国圣贤二百人之著书,广搜博览,互相质疑,而成《宗镜录》一百卷。[1] 因延寿等人是在永明寺的演法堂内完成《宗镜录》的定稿,故后来该堂改名为"宗镜堂"。据杨杰的《宗镜录》序,《宗镜录》在撰成之后,曾被"吴越忠懿王宝之,秘于教藏。"[2]宋熙宁中(1060—1077 年),"圆照禅师始出之……于是衲子争传诵之。"[3]由于圆照对《宗镜录》的提倡,遂引起社会上的注意,并广为流通。当时高丽国王抄读了《宗镜录》,颇受启发,于是遣使航海来宋赍书执弟子礼,并奉上金线织成的袈裟、水晶数珠、金澡罐等。延寿为随同使者前来问道的高丽学僧三十六人授予印可记莂,法眼宗风因此得以弘传于朝鲜半岛。

《宗镜录》全书约共八十余万言,分为三章,第一卷前半为"标宗章",自第一卷后半至第九十三卷为"问答章",第九十四卷至第一百卷为"引证章"。所谓

---

① 参见(宋)慧洪《林间录》卷下,《卍新纂续藏经》第 87 册,第 275 页。

② (宋)杨杰:《宗镜录序》,《中华大藏经》第 76 册,第 190 页,中华书局 1993 年版。

③ 参见(宋)云秀《人天宝鉴》卷上,《卍新纂续藏经》第 87 册,第 23 页。

"标宗"，即"举一心为宗"。此一心宗，"照万法如镜"，《宗镜录》的立名，即自此义而来。《宗镜录》全书在诠释"一心"处，引用《华严经》及贤首宗的理论最多。

《万善同归集》（上、中、下三卷）是留传下来的延寿的另一本重要著作。该书的内容主要系引用经论，以阐述众善皆归实相之旨。延寿站在禅教一致的立场，设立顿悟渐习的次第法门，以问答体的形式，将诸宗之教义体系化。全书以理事无阂为根本思想，而强调禅净合行。后世禅净合一的思想，可说发端于此。

《心赋注》四卷是延寿著作中篇幅较长者，对"心"既是世界万有的本原和本体，又是众生生来秉有的清净本性，达到觉悟解脱的内在依据，从不同的方面作演绎论述，并且以注释的形式，对赋中论述的问题作了详细的补充说明。

此外，延寿还著有《永明寿禅师垂诫》、《受菩萨戒法》（又名《梵网菩萨戒仪》）、《永明智觉禅师唯心诀》及《定慧相资歌》、《警世》各一卷、《观心玄枢》一卷、《三时系念佛事》、《三时系念仪范》、《永明料简》、《三支比量义钞》、《慧日永明寺智觉禅师自行录》等佛学著作十余种。

延寿既是一位佛学家，同时在文学上也有突出的成就。除创作有《山居诗》六十九首之外，题为延寿所作的诗赋偈文还有很多，如《神栖安养赋》、《法华瑞应赋》、《华严感通赋》、《金刚证验赋》、《观音应现赋》、《供养石桥罗汉十一会祥瑞诗》、《重刻永明延寿禅师物外集序》等等。

然而现在留传下来的延寿著作，总数也不过十数余种，与《自行录》所记"六十一本，总一百九十七卷"之数差异巨大，其作品总字数也不过百余万言，总字数还不及《高僧传》所载的"数千万言"的十分之一。那么，为什么会造成这一巨大的数字差异呢？

无疑，延寿的很多作品散佚是造成这一结果出现的主要原因。然而，经过仔细阅读延寿的著作，我们不难发现，除《宗镜录》、《万善同归集》、《心赋注》等以外，延寿的其他诗赋赞偈文记等，大都篇幅比较简短。因此，造成其作品总字数与史书所载的巨大差距，肯定还另有原因。

我们认为，另一个重要的因素可能与《宗镜录》这一巨著的编撰及流通过程中一再地被删减有关。《宗镜录》一书是延寿集慈恩、贤首、天台等教下诸家精于义学的僧人学者"分居博览，互相质疑"，最后由延寿禅师"以心宗之衡准平之"，是一部有众多佛教精英共同参与，由延寿总其成的一部编撰性质的著作。该书旁征博引，资料十分丰富。据统计，该书共引证了大乘经典一百二十种，禅师语录一百二十种，其他论著六十本，共计三百种言说。如果就其当初编撰引证的文献来说，其字数在千万以上是完全可以成立的。并且，《宗镜录》编撰完成之后，并未立即刻印流通，而是"秘于教藏"，直到延寿圆寂近百年后始出之，并在宋元丰中（1078—1085）方有木刻本流通。此后，才不断出现新刻的改订本，不断地删订，并被列入"藏经"。到了明末刻"方册藏"，蕅益智旭在校定《宗镜录》时，发现法涌、永乐、法真等人的"校读"改订中有不妥当之处，于是，于"癸巳新秋，删其芜秽，存厥珍宝，卷仍有百，问答仍有三百四十余段，一一标其起尽，庶几后贤览者，不致望洋之叹，泣歧之苦矣。"①到了清末，还一再有《宗镜录》的节本出现。由此可见，在成书于公元988年的《宋高僧传》中，称延寿所著文字有"数千万言"之巨，也就不难理解了。

（四）《延寿集》所收作品的点校底本及参校本

本书收录了署名为延寿所著的一切作品，包括载于《全宋诗》的《供养石桥罗汉十一会祥瑞诗》，以及《物外集重刻序》等存疑之作，亦一并收录，可以说是迄今为止收录作品最为齐全的延寿作品全集。

《延寿集》所收录各种作品的历代版本情况以及本书所采用的底本、参校本的情况，略述如下。

1.《宗镜录》

《宗镜录》百卷，据杨杰的序文记载，作成后初吴越王钱俶为作序，但"秘于教藏"，并未广泛流通。北宋元丰中期，由魏端献王发起刻印，施诸名寺，然而"四方学者，罕遇其本。"元祐六年（1091）法涌、永乐、法真诸禅师，参考三乘典籍和祖师语录重新校勘流通《宗镜录》，此即杨杰在开封法云寺所见的"钱塘新本"。宋《高僧传》"延寿传"记载："高丽国王览其录，遣使遗金线织成袈裟、紫水晶数珠、金澡罐等。"可知延寿禅师在世时《宗镜录》一书已经流传到了高丽。

最早的《开宝藏》中并未收录《宗镜录》，因此依《开宝藏》刻印的《赵城金藏》、《高丽藏》的正藏部分亦无《宗镜录》，《高丽藏》副藏所收的《宗镜录》刻印于1246—1248年间。宋元明清时期，各代均有《宗镜录》入藏。特别是在明代，蕅益智旭认为法涌等人对该书擅自增益，乃致有人"反疑永明道眼未彻"，于是根据自己修行所得见解，加以删定，并标明问答起尽。此本收入《径山藏》，因此

---

① 参见蕅益智旭《灵峰宗论》卷七"校定《宗镜录》跋"，载蓝吉富主编《大藏经补编》第23册，第731页，（台湾）华宇出版社1986年版。

《径山藏》本为本书的重要校勘本之一。至清雍正年间,雍正帝还亲自主持编纂《宗镜录》的工作,"录其纲骨,刊十存二"①,编为《宗镜大纲》一书,以政治力量,广为传布该著。

现通行的《大正藏》、《中华大藏经》都采用《高丽藏》本为底本,说明《高丽藏》本比较能反映早期《宗镜录》原貌,因此本次点校亦以此为底本,并于宋元明清各代藏经传本中分别择取宋《碛砂藏》、元《普宁藏》、明《嘉兴藏》、清《龙藏》等为参校本。

2.《万善同归集》

《万善同归集》有沈振序作于熙宁五年(1072年),是现存关于刻印此书最早的记载。《大正藏》第48册收入此书,分为三卷,其底本为明成化十四年(1478)刊增上寺报恩藏本,参校本为正保四年(1647年)大谷大学藏本。《中华大藏经》第106册收入此书,分为六卷,以《清藏》本作为底本,以《径山藏》本作为参校本,同时附有广胜寺《金藏》三卷本中卷的残卷。新文丰版《卍续藏》第110册收有此书,分为六卷,卷首附雍正序。

根据《永乐北藏》、《嘉兴藏》、《龙藏》所载本,《万善同归集》均为六卷;《赵城金藏》存有《万善同归集》卷中残本,对应前者诸藏所载本的《卷第三》后半部和《卷第四》全卷。本次校对,以《赵城金藏》本卷中残本内容和除此之外的《永乐北藏》内容为底本;以《嘉兴藏》、《龙藏》本为参校本。原文无段落,分段系编者根据"问""答"排列。

3.《永明心赋注》

《永明心赋注》共四卷,新文丰版《卍续藏》收入第111册,《中华大藏经》收入第82册,底本为《清藏》,参校本为《径山藏》。本书以《嘉兴藏》所依本为底本,《清藏》本和《卍续藏》本为参校本。

4.《永明智觉禅师唯心诀》

《永明智觉禅师唯心诀》(并定慧相资歌、警世)一卷,收于《中华大藏经》第80册,《大正藏》收于第48册,底本采用增上寺报恩明本,参校本为延宝八年(1680年)刊宗教大学藏本。新文丰版《卍续藏》收入第110册。本书则以《永乐

---

① 雍正:《御录宗镜大纲序》,《御录宗镜大纲》(上册),老古文化事业公司1991年版,第6页。

《北藏》本为底本,《嘉兴藏》本为参校本。

5. 永明诸《赋》

《神栖安养赋》一卷,最早见载于宋宗晓《乐邦文类》卷五,署智觉禅师延寿作,并附有吴越王钱俶所作的《进赡养赋奉制文》,后收入《大正藏》第 47 册及《全宋文》卷一二。《法华瑞应赋》、《华严感通赋》、《金刚证验赋》、《观音应现赋》等赋则收入《全唐文》卷九二二。本次点校以节自《全宋文》卷一二延寿诸赋作为底本,以《全唐文》卷九二二收的延寿诸赋为参校本。为便于编排,整理者添加了标题《永明诸赋》。

6.《永明山居诗》

延寿《永明寺智觉禅师自行录》载"《山居诗》一卷",然《山居诗》六十九首,传本历来少见。《净慈寺志》卷十八载:"吴之樵《慧日永明寿禅师山居诗序》:妙圆正修智觉禅师《永明山居》诗六十九首,其本山云孙大墼得之游衲担头。重刻于万历丙午(1606),板藏圆照楼。自宋迄明末,七百余载。如得表章。年复与楼具毁,今又百余年矣。佛国山人黄松石家有藏本,予又为之校刻以行,原本讹字悉更定。时雍正十二年重九日。"①本次点校,以清光绪十一年(1885)江北刻经处本《永明山居诗》69 首为底本,《全宋诗》本为参校本。另参校明释正勉、释性㵄合辑之《古今禅藻集》(简称《禅藻集》),其中卷十一录有延寿的《山居》诗两首,以此作为参校本。此外,另从《景德传灯録》、《五灯会元》、《增光圣宋高僧诗选》、《嘉泰会稽志续志》等书辑得诗句及偈若干,附于《山居诗》;另有《武肃王有旨石桥设斋会进一诗》六首,收入《全唐诗》卷八五一,题为"吴越僧"所作,文渊阁《四库全书》,集部总集类第 1356 册,宋林表民《天台前集别编》收入。此诗疑即《自行录》所载之《供养石桥罗汉十一会祥瑞诗》。本书以《四库全书》本为底本,《全唐诗》本为参校本,附于卷末。

7.《观心玄枢》

《观心玄枢》一卷,新文丰版《卍续藏》收入第 114 册,但是其中前半部分佚失。本书采用《卍续藏》本为底本,无参校本。

---

① 参见(清)释际祥纂辑,刘士华等点校《净慈寺志》卷十八,杭州佛教文献丛刊第一辑(第七册),杭州出版社 2006 年 4 月版,第 391、392 页。

8.《三时系念佛事》、《三时系念仪范》

《三时系念佛事》、《三时系念仪范》各一卷,收入新文丰版《卍续藏》第 128 册。此二书的作者自古来以为是永明延寿法师,在《卍续藏经》的目录中也写作延寿,但在内文中是写作"中峰明本"。本书采用《卍续藏经》本为底本,无参校本。

9.《永明寿禅师垂诫》

《永明寿禅师垂诫》附于《大正藏》第 48 册《万善同归集》后,为正保四年(1647 年)大谷大学藏本。本书采用《大正藏》本为底本,无参校本。

10.《受菩萨戒法并序》

《受菩萨戒法并序》,又名《梵网菩萨戒仪》,收入新文丰版《卍续藏》第 105 册。本收采用《卍续藏》本为底本,无参校本。

11.《禅净料简》(附往生问答)

《禅净四料简》,新文丰版《卍续藏》收入第 108 册,《净土指归集·法相门第三》。本书采用《卍续藏》本为底本,无参校本。另,清彭际清所集《重订西方公据》卷下《六莲宗开示》载有一节署名永明禅师的"往生问答",据其文末载,"此节语载《龙舒净土文》第十一卷,云出王敏仲《直指净土决疑集》。"考其文字,前一段《万善同归集》"卷第二"有收录,后一段则不见载。收入《卍续藏》第 62 册。本书采用《卍续藏》本为底本,无参校本,附于文末。

12.《三支比量义钞》

《三支比量义钞》一卷。新文丰版《卍续藏》收入第 114 册。题为唐三藏法师玄奘立,宋永明寺主延寿造,明西蜀沙门明昱钞。《智觉禅师自行录》中著作目录未录入。本收采用《卍续藏》本为底本,无参校本。

13.《物外集重刻序》

署为延寿作品的《物外集重刻序》(又作《重刻永明寿禅师物外集序》),收于《四库全书》集部别集类第 1183 册,宋居简《北磵集》卷五,是永明佚亡作品《物外集》的残序。本书采用《四库全书》本为底本,无参校本。

14.《慧日永明寺智觉禅师自行录》

《慧日永明寺智觉禅师自行录》乃延寿自述其一百零八件佛事,其弟子行明记录整理。然后来流通的《自行录》则由释文冲重新校订编集而成。新文丰版《卍续藏》收入第 111 册,释文冲重校编集。本收采用《卍续藏》本为底本,无参校本。

需要说明的是,延寿的作品很多,现代学者也陆陆续续作了一些编校和整理工作。如中华书局 1987 年 10 月出版的《中国佛教思想资料选编》之第三卷第一册,收录并点校整理了延寿的部分作品;福建莆田广化寺于 2011 年印行了由永道法师校勘的《万善同归集》;而三秦出版社(1997 年)、西北大学出版社(2006 年)等也曾整理印行《宗镜录》,台湾老古文化事业公司及北京中国社会科学出版社也分别印行过清雍正帝主编的《御录宗镜大纲》等等,然上述现代版本的延寿作品大多未有标点和校注。而由刘泽亮先生点校整理、宗教文化出版社 2008 年 3 月出版的《永明延寿禅师全书》(上、中、下三册),是目前已经出版的收入延寿著作最为完整、点校较为完善的校本。现在看来,虽然该校本在编排及整理点校中还存在若干技术性的错误,如该著作没有收录《智觉禅师自行录》、《三支比量义钞》二种作品,但仍不失为迄今为止质量最好的现代校本。

本书在点校整理过程中对上述著作也多有参考和借鉴。在此,谨向各位前贤及大德致以诚挚的谢意! 当然,由于我们水平有限,加之延寿作品数量众多,而整理时间又很仓促,其中难免还会存在不少问题和错误,敬希各界人士批评指正。

三、贯休禅师的生平思想与艺术成就[①]

(一)生平简历

贯休禅师(832～912),唐末五代高僧。字德隐,号禅月。婺州(浙江金华)兰溪登高里人,俗姓姜。登高里在兰溪县西,属太平乡(今属游埠镇)。而姜氏亦为兰溪大族,代有名人出焉。贯休禅师幼年,尝从其父研习儒典,受孔孟儒家思想观念的熏陶,很早便养成一种坦荡刚直的个性气质。这从其后来的诗作中可以看出。他有一首诗这样写道:"我本是蓑笠,幼知天子尊。学为毛氏诗,亦多直致言。"[②]

据贯休弟子昙域禅师在《禅月集后序》所说:"(贯休)少小之时,便归觉路于和安寺,请圆贞长老和尚为师。"宋·赞宁《高僧传》卷三十也有类似记载,并记贯休时年七岁便投圆贞法师出家,为其童侍。那么"幼而颖悟"、深受父母"雅爱"的贯休,为何如此年幼便遁入空门? 其出家因缘,史书均未有记载。有学者撰文认为,"依此推想,贯休禅师在幼年时,可能和玄奘大师一样聪敏绝群,异于一般常童,而且还强烈地表现出一种宗教情操,使父母亲友叹为'再来人'。为了成全其宿世善根,便送之入寺,再度为僧。这是一般佛教徒梦寐以求的好机缘,譬如南北朝时的南岳大师慧思,在其发愿文中,就祈求来生能够早遇正法,童真入道。所以,高僧传的作者认为贯休禅师能够七岁出家,是由于父母对他雅爱,是很有道理的。"[③]谓正因为父母之雅爱,故送入佛门,以期早归觉路。笔者觉得此说过于理想,恐非实情。本文以为,送子出家乃贯休父母的无奈之举。贯休

---

① 本文原载《吴越佛教》第二辑,宗教文化出版社 2007 年版。
② 《阳乌烁万物》,见《禅月集》卷二。
③ 释明复:《贯休禅师生平的探讨》,《华冈佛学学报》第 6 期,1983 年 7 月。

曾作有一首《行经弟妹坟》诗,曰:"泪不曾垂此日垂,山前弟妹冢离离。年长于吾未得力,家贫抛尔去多时。鸿冲碧汉霜中断,蕙杂黄蒿冢上塞。恩爱苦情抛未得,不堪回首步迟迟。"[①]这首诗,一般皆认为是贯休禅师出家后数年间,在和安寺所作。贯休出家时年方七岁,应该说还不是十分地懂得人间情味。等到他逐渐长大,意识到家庭之"恩爱苦情"时,方唤醒其"家贫"、弟妹早逝的"不堪回首"的幼年经历。于是便有了"泪不曾垂此日垂"的伤感之咏。贯休另在《鼓腹曲》也曾说过"我昔不幸兮,遭百罹苍苍留我兮"[②]等语。再结合贯休后来很多诗句中对酷吏和统治阶层的辛辣讽刺和批判,我们大致可以判断他出家的原因,当与其家庭遭遇的变故与不幸有关。

贯休从小就表现出不同寻常的诗才。"先师为童子时,邻院有童子法号处默,皆年十余岁,时同发心念经,每于精修之暇,更相唱和。渐至十五六岁,诗名益着,远近皆闻。"[③]出家为侍童时,与同学处默邻院而居,于发心念经之余,每隔篱论诗互吟。受具足戒后,诗名渐扬,曾往豫章(今南昌)弘传《法华经》、《起信论》,悉尽奥义。

唐乾宁(894～897)初年,曾谒吴越武肃王钱镠。其后,游黟歙,与唐安寺兰阇阇梨结道交。昭宗天复年间(901～904)入蜀,深受蜀主王建父子礼遇,"过秦主待道安之礼"[④],为贯休建龙华禅院,署号"禅月大师",并常呼之为"得得来和尚"。梁乾化二年(912)圆寂,时年八十一。蜀主王衍为贯休行官葬,塔号"白莲"。其诗文等被弟子昙域禅师汇编《禅月集》,原为三十卷。然其文集五卷已佚,余诗集二十五卷。另有补遗一卷,乃明代毛晋所撰。其生平事迹亦最早见载于其弟子昙域所作的《禅月集后序》,宋赞宁《宋高僧传》卷三十等亦有贯休传记之。

贯休一生云游四方,交结极广。因而其生平充满传奇色彩,身事多秩闻。他与当时的诗僧齐已结识,与当时的名诗人陈陶、刘得仁、方干、张为、韦庄等亦有交往。还与名诗人、内翰吴融友善,吴融因此为《禅月集》作序,称"贯休机神颖秀,雅善诗歌",二人之间"商榷二雅,酬唱循环,越三日不相往来,恨疏"。

在贯休的生平交往中,值得注意的是他与吴越王钱镠的交往及关系。据宋计有功《唐诗纪事》卷七十五"贯休"云:"钱镠自称吴越国王。休以诗投之曰:

---

① 《禅月集》卷一九。
② 《禅月集》卷四。
③ 昙域:《禅月集后序》。
④ 昙域:《禅月集后序》。

'贵逼身来不自由,几年勤苦蹈林丘。满堂花醉三千客,一剑霜寒十四州。莱子衣裳宫锦窄,谢公篇咏绮霞羞。他年名上凌烟阁,岂羡当时万户侯。'缪谕改为四十州,乃可相见。曰'州亦难添,诗亦难改。然闲云孤鹤,何天不可飞?'遂入蜀。"云贯休与钱王话不投机,然所记与赞宁《高僧传》有出入。《高僧传》卷三十载:唐乾宁年初(894)他曾谒吴越钱王,"因献诗五章,章八句,甚惬旨,遗赠亦丰。王立去伪功,朝廷旌为功臣,乃别树堂立碑,记同力平越将校姓名,遂刊休诗于碑阴。见重如此。"称贯休献诗并见重于吴越钱王。而今人傅璇琮先生则认为贯休向钱王献诗一事纯属后人伪托。[①] 那么贯休究竟有没有献诗并见重于钱王? 本文认为,除《高僧传》、《唐诗纪事》外,古代相关文献多记载有贯休与钱王交往之事实,如钱俨《吴越备史》、宋文莹《续汀山野录》、清吴任臣《十国春秋》等。贯休是吴越人,长期生活在吴越地区。中年以后,贯休经常过着"远游无定所"的飘零生活[②]。他在漫游江浙及江西、安徽、湖南、湖北、四川等地时,和许多当地的达官贵人有过交往,如饶州刺史卢知猷、睦州刺史冯岩、杭州刺史宋震、常州刺史孙徽,以及荆南镇将(节度使)成汭、蜀王王建父子等等,并写下了大量与这些权贵们的唱和之诗作,这类作品甚至占其全部作品的三分之一多。由此不难看出,贯休向钱王献诗并曾为钱王见重是可信的。后来的情况很可能是,贯休在贺钱镠称吴越王的诗中,有不完全合乎钱镠意愿之处,而贯休亦不愿意曲意奉承。于是便离开吴越飘然入蜀。当然,贯休在西蜀得到了前所未有的敬重。如就封号来说,蜀王给贯休的封号亦当为历代僧人之最了。公元907年前蜀开国,太祖王建累加贯休"大蜀国龙楼待招、明因辨果功德大师、祥骥殿首座、引驾、内供奉、讲唱大师、道门子使选镇校授、文章应制大师、二街僧录、封司空、太仆卿、云南八国镇国大师、左右传真龙华道场对御讲赞大师兼禅月大师食邑八千、赐紫、大沙门"[③]这一串长达90多字的头衔堪称"寇绝古今",足可见王建对贯休礼遇之隆盛。

贯休四处以诗干谒权贵以及所受的封赐,说明此时的贯休已不再是纯粹的超凡脱俗、远离红尘的僧人,而更像是一个志存高远、不甘寂寞的文士了。当然,贯休毕竟是一个出家人,而不可能有其他政治意图。他主要是以其杰出的诗画艺术而深受当时诸多文士及显宦的敬重,在与权贵的交往之中,他更多地是要寻求相互理解与尊重。因此他不阿谀奉承,而是随缘相处。他不仅不肯为

---

① 详参傅璇琮:《五代诗话》"前言",书目文献出版社1989年版。
② 《禅月集》卷十三《秋末入匡山船行八首》其一。
③ 《四部丛刊》本《禅月集》卷首附。

投吴越王所好而改诗句,而且在荆南时亦因为得罪镇将成汭,被流放黔中。由此亦可见贯休个性率直、恃才自傲之一面。

此外,纵观贯休的一生,还曾有过多次隐居修行之经历。在唐会昌五年(845)即他十六岁那年,因朝廷强迫僧尼还俗,拆除寺院,销毁经像,即所谓"会昌法难",和安寺亦奉敕遭到拆毁,不得已贯休随师入山潜修。此后,经常随乃师过着一种隐居式的修行生活。而这一时期的生活也令贯休终身难忘:"忆在山中日,为僧鬓欲衰。一灯常到晓,十载不离师。"①就贯休禅师追叙当年山居情形的诗看来,他们避难的山可能是浙中五泄山(今浙江诸暨一带)。不过,另有学者据清光绪版《遂昌县志》所载贯休之"唐山五首"诗作认为,其隐居地为遂昌(今浙江遂昌县)唐山翠峰寺,并且一住就是十四年。作者还认为贯休的十六罗汉图最早亦创作于此地。② 唐懿宗咸通四、五年(863—864)中,已过而立之年的贯休来到钟陵(南昌),又过了数年"数声清磬是非外,一个闲人天地间"③的与世无争的桃源生活,并在此作《山居诗》二十四章。唐僖宗广明元年(880)六月,黄巢起义军攻陷睦州、婺州,为避战乱,贯休不得不再次离开家乡,他先是流浪于江浙一带,后来又隐居江西庐山。"广明中,避巢蔻,入庐山折桂峰……平常与贯休、处默、修睦为诗道之游,沈颜、曹松、张凝、陈昌符皆处士也,为唱酬之友。"④山居隐修生活是释门弟子修身养性、悟道参禅的重要方式。可以肯定的是,写诗作画也构成了贯休隐居生活的重要内容。

贯休还颇善机辩。时人曾这样评价道:"贯休有机辩,临事制变,众人无出其右者。"⑤与贯休友善的同乡人、能言善辩的道士杜光庭颇不服气,一直想寻机与贯休比试高低,以挫其锋。相传有一次,贯休与杜光庭一前一后骑马走在大街上。贯休的坐骑忽然拉屎,杜光庭在后面大呼:"大师,数珠落地!"贯休闻之,不慌不忙,反唇相讥道:"非数珠,盖大还丹耳"。杜光庭无言以对,顿觉大惭!⑥这大概也可反映当时的佛道儒三教之间,虽有冲突却能和平共处、相安无事的社会文化。

另外,需要说明的是关于贯休的籍贯问题。众所周知,贯休为吴越国兰溪人,晚年入蜀并寂于四川成都。因而后人在多处称贯休为"蜀僧贯休"、"前蜀贯

---

① 《禅月集》卷十。
② 见董树荣《贯休和尚与遂昌唐山》,载 2003 年 6 月 20 日《丽水日报》。
③ 《禅月集》卷二三《山居诗》其一。
④ 见《宋高僧传》卷三十《唐洪州开元寺栖隐传》。
⑤ 陶岳:《五代史补》卷一。
⑥ 同上。

休"。如赞宁《高僧传》为贯休写传,题为"梁成都东禅院贯休传"。其影响所至,以至于在今人的诸多著作中,多称其为"蜀僧贯休"。如近年出版的《中国古代画家辞典》(浙江人民版)的"贯休"条则称其年代籍贯为"五代·前蜀"。实际上,贯休生在吴越,"本江南人"①,出家后亦长期在吴越一带生活游历,虽然曾到江西、湖北、湖南一带游历,但大部分时间是在吴越地区(今江浙地区),直到70岁后方入蜀。因此贯休是个地地道道的江南人。"名不正则言不顺",因此,一般情况下,应该称其为"浙僧"或"吴越僧"比较合适。

(二)艺术成就

在中国历史上,贯休是以艺僧而著称。贯休的艺术成就主要表现为三个方面:绘画、诗歌和书法。综观其一生诗、书、画成就卓然,堪称一代艺术大师。元辛文房曾盛赞贯休:"天赋敏速之才,笔吐猛锐之意,昔谓龙象,蹴踏非驴所堪,果僧中之一豪也。"②他在佛教艺术上的巨大成就奠定了其在中国佛教史和中国艺术史上的重要地位。现分别略述之。

罗汉画

贯休是以其"十六罗汉画"而名闻遐迩。罗汉的观念虽源于印度,可是在印度,罗汉却未形成信仰,也没有罗汉像传世。在唐及以前,佛教界对十六罗汉的崇奉并不十分普遍,相应地,十六罗汉画也较为少见。自从唐玄奘翻译出《大阿罗汉难提密多罗所说法住记》后,十六罗汉信仰逐渐在佛教徒中普及。唐乾元中卢楞伽尤爱作十六罗汉像,王维也有十六罗汉图四十八幅。到了晚唐、五代时,"十六罗汉图"开始多了起来。很多画家作了"十六罗汉图",如南唐的陶守立、王齐翰,前蜀的李升、张玄,吴越的贯休、王道求,都有此类作品,而以吴越贯休为最为知名。而在贯休之后著名的罗汉画家有宋李公麟、梁楷,元赵孟頫,明仇英等。而在历代擅罗汉画的大家之中,亦以贯休最为著名,影响最大。贯休的十六罗汉画以其艺术造型和审美趣味在中国古代画史上占有重要的地位,引起了后世历代画史著作的重视。除十六罗汉画之外,据说苏轼还见到过贯休绘

---

① 吴融:《禅月集序》。
② 见《唐才子传》卷八。

的十八罗汉,并作了赞文,还分别标出了十八罗汉的姓名。①

贯休所画水墨罗汉像,生动精美。相传其"真本在豫章西山云堂院供养,……迎请祈雨,无不应验"②。至后世,传为禅月大师真迹之罗汉像者为数不少,但多为摹写本。相传今日本京都高台寺所藏之贯休十六罗汉像,即泉涌寺俊芿自宋地携回之禅月真迹。而贯休罗汉画石刻本则散见于全国各地,其中以杭州圣因寺所藏十六罗汉像(今存于杭州碑林)较为有名。

从艺术特色方面来说,贯休的十六罗汉画,创造了"胡貌梵相,形骨古怪"的外形,是变了样的印度僧侣外貌,但是简素的背景仍然未变,却增添了出尘的逸趣,遂使后来的画家们争相仿效。贯休既是野逸派罗汉画的创始者,却也是传统简素画风的继承人。据编撰于北宋、对五代作品的描述较为可信的《宣和画谱》卷三记载:贯休的罗汉像是"丰颐蹙额,深目大鼻,或巨颡槁项,黝然若夷獠异类"。元夏文彦的《图绘宝鉴》等画史著作也多描述为"古野之貌,不类世间所传"。我们从留传下来的贯休罗汉画摹写本或石刻本来看,上述的外貌描述还是比较客观的。其实,即使在整个中国古代绘画史上,也没有比贯休笔下的罗汉形象更为怪异的了,甚至使当时的人都"见之骇瞩"。这样怪异的罗汉之外貌,使得宋以来的画史对于十六罗汉画的讨论,注意力几乎全不在惯常关注的笔墨情趣、经营位置等方面,而主要集中于其造型。这是贯休罗汉画对后世的重要影响之一。可见,贯休所画的罗汉形貌怪诞,夸张变形大异常人,故世称贯休乃"出世间罗汉画"之鼻祖和代表人物(而南宋李公麟则为"世态相罗汉画"的代表),从而对中国后来的罗汉画产生了巨大的影响。

而贯休之所以能创作如此特色鲜明的罗汉画,按照他自己的说法,"自谓得之梦中,疑其托是以神之,殆立意绝俗耳"③。贯休每画一尊必祈梦得其真貌,故所画者与一般罗汉像大异其趣。《宣和画谱》编者以为,贯休之所以如此,其目的是为了表现自己的非同一般而故意将其作品神秘化。这一说法也为其他画史著作所认同。如宋黄休复《益州名画录》卷下记载:(贯休)"诗名高节,宇内咸知。善草书图画,时人比之怀素。师阎立本,画罗汉十六帧,庞眉大目者,朵颐隆鼻者,倚松石者,坐山水者,胡貌梵像,曲尽其态。或问之,云:'休自梦中所睹尔'。"当然也有人认为"得之梦中"之说是无稽之谈。并认为晚唐天下大乱,异族僧侣避难逃往四川等内地,贯休得以在蜀地见到大量西域佛像和异族僧侣,

① 苏轼:《自海南归过清远峡宝林寺敬赞禅月所画十八大阿罗汉》,载《东坡全集》卷九十五。
② (宋)郭若虚:《图画见闻志》。
③ 《宣和画谱》卷三。

这些才是他罗汉像的现实来源。

笔者以为,贯休罗汉画的造型独特,以怪异著称,不排除有其"得之梦中"的神秘因素(实为其在禅定中所见,详后)的关系,但更多的是与当时的罗汉信仰和人们对罗汉的认识有关。换言之,贯休的"胡貌梵像"、"曲尽其态"的罗汉画实际上真正地体现或符合了"罗汉"信仰或罗汉形象本身的独特内涵。罗汉是梵文"阿罗汉"的略称,原意是指依小乘佛教(即"声闻"乘)修行所能达到的最高境界。我们知道,小乘佛教修行多以严格戒律、甚至头陀苦行而著称,这在印度早期佛教(原始佛教)那里曾经十分流行。而"丰颐蹙额、深目大鼻"实乃古代中国人对印度人形象的基本认识,因此大凡形容怪异,鼻高眼深者,古人常用"胡貌"或"胡人"称之。因为印度并无罗汉画的绘制传统,经典又无罗汉画像特征的明确记载,所以我国古代画家便在早期高僧画和胡僧画的传统上,创造罗汉形象。如此以来,使得历来的罗汉形象多作"胡貌梵像"状。换言之,如果将代表小乘佛教信仰、富有印度或南亚风格的罗汉形象画得"清雅、脱俗"以符合中国人的审美取向,既不符合罗汉形象的特征,亦不合乎贯休的个性。

另一方面,据《高僧传》记载,"尝睹贯休真相,肥而矬"。贯休本人的长相也十分独特。或许其"肥而矬"的真容也导致他在创作上对造像怪异的追求。当然,这只是本文的猜测。不过如此一来,我们就不难理解贯休为何要将罗汉画得如此怪异,令人"见之殊骇"了。

诗 词

贯休既是画僧,也可称得上是严格意义上的诗僧。他七岁出家,在诵经之余,又喜欢作诗。到了十五六岁,就已经有了诗名。其诗集原名为《西岳集》,后来其弟子昙域禅师更名为《禅月集》,辑录贯休诗作约一千首。而《全唐诗》亦存其诗十二卷,收录贯休名下作品五百余首。

虽然贯休画的罗汉是"出世罗汉",但作为禅门高僧,他却是以入世为出世的。作为禅僧,他在写有很多的禅诗同时,其很多诗作中也同时反映了大唐时代的文化与社会的实际面貌。像所有其他唐代诗人一样,贯休既有"阴风吼大漠,火号出不得","战血染黄沙,风吹映天赤"之类的边塞诗;也有《公子行》、《题某公宅》、《酷吏词》等讽喻诗,故赞宁在《宋高僧传》说他"所长者歌吟,讽刺微隐,存于教化"。这是其诗歌中的最为突出的成就。不过,因为从小就出家的缘故,贯休作为僧人,没有唐人习见的思妇闺怨类的诗作,大量的是僧俗间的送别赠答诗。

在贯休的诗词中,较有特色的是他在与当时的文士及权贵显宦们交往中留下的诗作,颇能反映其个性和思想。如前所述的致吴越王钱镠的《献钱尚父》诗,反映的是其不曲意奉承的一面。此外,贯休入前蜀时,贯休亦以诗投前蜀主王建,诗曰:"河北河南处处灾,惟闻全蜀少尘埃。一瓶一钵垂垂老,千水千山得得来。秦苑幽栖多胜景,巴歈陈贡愧非才。自惭林薮龙钟者,亦得亲登郭隗台。"①诗中则不乏溢美之辞,同时王建也对贯休甚为器重。贯休因得蜀主王建的优厚待遇,也曾为作颂诗《山呼万岁》②:

> 声教无为日,山呼万岁声。隆隆如谷响,合合似雷鸣。
> 翠拔为天柱,根盘倚凤城。恭唯千万岁,岁岁致升平。

虽然此诗不无贯休对于蜀王歌功颂德、感恩图报的成份,然"岁岁致升平"确是历经战乱的贯休的主观愿望。在当时的中原地区,连遭战争破坏和政局动荡的干扰,而西蜀则经济繁荣,政局相对稳定。他所说的"惟闻全蜀少尘埃",也基本反应了当时的实际情况。贯休毕竟是个出家僧人,他的"一剑霜寒十四州"也是吴越国实情的写照。因此,他虽与权贵时有往来,然与那些志在仕途的一般文人不同的是,贯休率性而为,不晓时事,往往诋讦朝贤。一次,蜀王王建率众游龙华禅院,请贯休诵其近诗,当时王公贵戚高朋满座,贯休旁若无人地吟出了《少年行》(又作"公子行")。③

> 锦衣鲜华手惊鹘,闲行气貌多轻忽。稼穑艰难总不知,三皇五帝
> 是何物。

虽然得到王建的称赞,但因其诗作对那些游手好闲、不学无术的权贵进行了入木三分的讽刺,也引起了满座的愤懑。他在荆南龙兴寺时,风雨之夜,有人投宿,谈到当时官吏的残酷,贯休愤慨不已,遂作《酷吏词》④:

> 霰雨潹潹,风吼如劂。有叟有叟,暮投我宿。

---

① 贯休:《陈情献蜀皇帝》,《禅月集》卷二十。
② 见《禅月集》卷十八。
③ 见《禅月集》卷一。
④ 见《禅月集》卷二。

> 吁叹自语,云太守酷。如何如何,掠脂斡肉。
>
> 吴姬唱一曲,等闲破红束。韩娥唱一曲,锦段鲜照屋。
>
> 宁知一曲两曲歌,曾使千人万人哭。不惟哭,亦白其头,饥其族。
>
> 所以祥风不来,和气不复。蝗乎蟇乎,东西南北。

贯休将那些酷吏比作"掠脂斡肉"的"蝗"、"蟇",使千人万人哭,亦白其头,饥其族!且这种酷吏"东南西北"无处不在!这里充分反应了贯休对处在水深火热之中的广大百姓的处境的慈悲同情,和对那些欺压百姓、鱼肉乡民的统治者的憎恨!

就创作来说,贯休的诗风明显受到贾岛苦吟派的影响。他自己亦有《苦吟》[①]诗一首:"河薄星疏雪月孤,松枝清气入肌肤。因知好句胜金玉,心极神劳特地无。"又有《秋夜吟》[②]:"如愚复爱诗,木落即眠迟。思苦香销尽,更深笔尚随。"

其次,贯休诗歌遣词造句有特色,尤其是善用迭词,而且也颇多佳句,可谓多产且多精品。如"禅客相逢只弹指,此心能有几人知"、"焚香开卷云生砌,卷箔冥心月在池"、"无限故人头尽白,不知头白更何之"。而"雁荡经行云漠漠,龙湫宴坐雨蒙蒙"、"一瓶一钵垂垂老,千水千山得得来"更是用活了迭字。

总而言之,贯休的诗歌艺术成就巨大,在唐诗领域内占有重要的地位。作为一代高僧,其诗除了表达个人的修持、理想,记录其游历过程之外还"歌吟讽刺,微隐存乎教化",表达了其对骄横跋扈的统治阶层的蔑视,和对下层广大民众的同情。应该说,这是十分难得的。

另外,贯休还擅长书法艺术。因为贯休俗姓姜,故时人称其书法为"姜体"。宋《宣和画谱》称其"作字尤奇拙,至草书益胜",他尤精于草书,可与智永、怀素比肩。有草书《千文帖》留传,今不存。贯休本人也对释怀素的狂草推崇之至。他曾写有长诗《观怀素草书歌》[③],淋漓尽致地表达了他观摹怀素草书的艺术感受:

> 张颠颠后颠非颠,直至怀素之颠始是颠。
>
> 师不谭经不说禅,筋力唯于草书朽。

---

① 见《禅月集》卷二十二。

② 见《禅月集》卷九。

③ 见《禅月集》卷六。

颠狂却恐是神仙,有神助兮人莫及。

……

势崩腾兮不可止,天机暗转锋铓里。

闪电光边霹雳飞,古柏身中夔龙死。

骇人心兮目眰眜,顿人足兮神辟易。

乍如沙场大战后,断枪橛箭皆狼藉。

又似深山朽石上,古病松枝挂铁锡。

月兔笔,天灶墨,斜凿黄金侧锉玉,珊瑚枝长大束束。

天马骄狞不可勒,东却西,南又北,倒又起,断复续。

忽如鄂公喝住单雄信,秦王肩上搭着枣木槊。

怀素师,怀素师,若不是星辰降瑞,即必是河岳孕灵。

固宜须冷笑逸少,争得不心醉伯英。

天台古杉一千尺,崖崩剑折何峥嵘。

或细微,仙衣半拆金线垂。或妍媚,桃花半红公子醉。

我恐山为墨兮磨海水,天与笔兮书大地,乃能略展狂僧意。

常恨与师不相识,一见此书空叹息。

……

时人对其作品有"画成罗汉惊三界,书似张颠值万金"①之评价。据说荆南节度使成汭,闻知贯休颇善书法,曾派员向其请教书法之道。结果得到贯休如此回答:"此事须登坛而授,安可草草而言。"成汭闻之恼羞成怒,遂将贯休放逐黔中。② 其傲骨清风,昭然若揭。可见,贯休虽为出家僧人,然其行迹处于亦僧亦俗之间。

(三)佛学思想

贯休虽以艺僧著称于世,然透过其诗歌及书画艺术创作的一生,我们还是可以发现他在禅修实践及佛教义学方面均有着极高的造诣。本文将其佛学思想及实践简要概括为以下几个方面。

---

① 张格:《寄禅月大师》,《全唐诗》卷七六。
② 见《唐才子传》卷八以及孙光宪《北梦琐言》卷二〇《休公真率》。

第一,博采众学。贯休虽是禅师,但从小就接受了严格的经教方面的修习和训练。早年在山中隐修时,他就曾学过很长一段时间的教法。受具足戒后曾至洪州开元寺听讲法华经。而昙域禅师于《禅月集后序》中也说:(贯休)"可谓三冬涉学,百舍求师,寻妙旨于未传,起微言于将绝。"关于贯休经教方面的修养,值得注意的是两个方面的问题。一是课诵法华。贯休年十余岁时就发心念诵法华经。"日念法华一千字,数月之内念毕兹经。"①我们知道,晚于贯休近七十年的吴越国高僧永明延寿禅师,亦精于课诵法华,其一生所诵法华经累计达"一万三千余部",而且正是后者的此举对此后净土法门的流行有着重要的影响。当然在此笔者并不认为贯休的诵法华与后世净土法门的流行之间有何内在关联,然而我们还是不难发现,未来中国佛教的某些发展趋势在此已初显端倪。二是精研法华与起信。僧传说他通悉《法华经》与《大乘起信论》,皆精奥义,且经常登坛讲训。如还曾往豫章弘传讲授过,甚得学人及地方官的钦敬。而起信与法华这两部经典,在当时是天台宗重要的典籍。史家多以为天台门下重视起信论的学风,可追溯到荆溪湛然。而荆溪问学,首谒金华方岩,从之受止观法门。可见浙中金华地区亦为台家教言流行之所。贯休潜隐金华五泄山十余年,致力于法华、起信的研究,若说是方岩荆溪之遗风,未尚不可。由此得知,贯休禅师初出五泄山时,竟以"经师"的姿态于钟陵讲授法华、起信,这就不足为怪了。只是,他在经教方面的师承却不得而知,为人们所忽视。贯休以禅家命脉,却博采众家之学,尤其是精于天台学和起信论,这既体现了唐中后期以来禅教一致的发展趋势,同时在一定程度上体现了吴越佛教文化的一些地域特征。自隋唐以来,就法华经的研究及讲说的地域范围来说,除了都城和长安之外,主要是在以天台山为中心的吴越地区,也就是说吴越佛教与天台宗的盛行是密切相关的。

第二,归于禅宗。贯休禅师不仅在经教方面的师承不明,从现有的有关文献来看,其出家后的法眷也很复杂,在禅法及诗画方面的师承亦无明确记载。这与唐朝末年以来中国佛教兼听博采的风气较盛有关,因而宗派之间门户之见较为淡薄,师徒关系也不像后来那么明确。另一方面,由于贯休以诗画著名,人们注重的是其诗画僧的身份,故而对其佛学思想之渊源有所忽略。实际上,尽管贯休在经教方面受过良好的训练,并曾以讲经师的姿态讲经说法,不过,从其生平和思想来看,贯休更感兴趣的还是禅门。因而他在游历时,四处参访、亲近

---

① 昙域:《禅月集后序》。

一些禅门大德。如青年时山居隐修时就一直追随常山万岁寺无相禅师,而有"解虎"①之称的无相禅师则是桂琛禅师的剃度师;出山以后,赴苏州楞伽山晋谒旷禅师;在南昌时,曾到观音院去参谒仰山慧寂禅师,并与其座下诸禅师结下了深厚的友谊;又曾叩诣万回院的大安禅师,入庐山东林寺拜谒大愿和尚等。另外,《禅月集》收有《南海晚望》、《题曹溪祖师堂》两诗②。说明贯休为朝礼祖庭,还专门到曹溪朝礼祖庭。

无疑,上述禅门祖师大德亦对贯休的佛学思想产生了重要的影响。由此可见,贯休的佛学思想是归于禅宗的。我们知道,禅与诗的关系十分密切。贯休的诗作中也有大量的禅诗,从中我们也可看出他对禅学,尤其是禅门"心法"的认识和体会。如:《书石壁禅居屋壁》③:

> 赤旆檀塔六七级,白菡苔花三四枝。
> 禅客相逢只弹指,此心能有几人知?

又有《经旷禅师院》④:

> 忆昔十四五年前,苦寒节,礼师问师楞伽月。
> 此时师握玉麈尾,报我却云非月日,一敲粉碎狂性歇。

再有《题简禅师院》⑤:

> 机忘室亦忘,静与沃州同。惟有半庭竹,能生竟日风。
> 思山海上月,出定印香终。继后付衣者,还须立雪中。

他还有"无机心便是,何用话归休"。⑥"得句先呈佛,无人知此心"⑦等精彩的禅诗,也体现了其道业的精进与禅学境界。总之,贯休在诗中熟练而又恰

---

① 《宋高僧传》卷十三"后唐漳州罗汉院桂琛传"。
② 见《禅月集》卷十八。
③ 见《禅月集》卷二十一。
④ 见《禅月集》卷四。
⑤ 见《禅月集》卷七。
⑥ 《寄栖一上人》,《禅月集》卷十一。
⑦ 《怀武昌栖一》,《禅月集》卷九。

到好处地运用了禅宗的典故和公案,他既重视强调南禅"无念、无住、无相"的顿教法门,同时也不废传统的禅修实践工夫。应该说,贯休的禅学是真正把握了慧能以来祖师禅的真谛的。

第三,禅定实践。作为禅师,贯休本人不仅对禅学义理有着深刻的理解和把握,而且还有过非同寻常的禅定实践功夫。从贯休的诗、书、画等作品中,特别是罗汉画中,我们不难发现其禅定功夫之精深。贯休创作罗汉画的神来之笔,他自称"得之梦中"。对此,美术史上有种种解释。有人认为不可信,是"无稽之谈",也有认为贯休"得之梦中"的"梦",是禅宗顿悟修行的一种体现,是禅宗艺术作为幻想式艺术的典型,是积淀于艺术家下意识中的一种深不可测的原始经验的曲折反映。

本文赞同后一种说法。正如北宋郭若虚在《图书见闻志》释之为贯休"入定观罗汉真容后写之"。也就是说贯休只是记录下了其在禅定状态下所见罗汉之真容。由此来看,贯休写诗作画书法,不仅是其艺术创作实践,亦是其禅修实践的体现。贯休是将诗、书、画与禅有机地融合在一起的禅学大师。在贯休生活的唐末五代时期,战争频繁,社会动荡,人心亦不安定。正是由于对禅学义理的独到把握和上乘的禅定工夫,方使得贯休于离乱颠沛之际也有其可托心之处。

最后,值得一提的是关于其戒行方面。贯休虽受权贵如此钦敬,却一直保持着禅和子清简的风格,以坦荡平易的胸襟与人交往。他平日持戒清慎,不喜人饮酒啖肉相对。在临寂前,贯休曾召弟子前来嘱托后事从俭:"汝等以吾平生事之以俭,可于王城外籍之以草、覆之以纸而藏之,慎勿动众而厚葬焉。"①而其弟子昙域禅师亦以戒律精严著称。由此可知贯休本人当在戒律方面是精严的。

---

① 昙域:《禅月集后序》。

四、蕅益智旭的儒佛融通思想[①]

儒、道、佛"三教融合"是自唐宋以来中国思想文化之基本趋势,宋明以降尤盛。宋元以来的儒者、道家(教)或佛教中人,普遍倡导"三教合一"。然而,值得注意的是,"三教合一"思想并不意味着儒道释三教不分彼此差异地融合为一体,而是儒道佛三教在各自本位的基础上会通其余诸家学说。换言之,三教各有其独特的会通进路。本文即以明末四大高僧之一的蕅益智旭的儒释融通思想为例,分析说明中国近世思想文化史上的三教融合思潮。

(一)三教一心、儒释同源

智旭(1599—1655 年),吴县(今属江苏)木渎人,俗姓钟,字蕅益,号八不道人。由于长期住于灵峰寺(今浙江安吉县境内),故世称"灵峰蕅益"。智旭少时即好儒学,曾"誓灭释老",后偶阅云栖袾宏之《自知录》及《竹窗随笔》,乃不谤佛,遂将所著之辟佛论焚毁。24 岁时从德清的弟子雪岭剃度出家,名智旭。

智旭有感于时下宗门流弊,于是遍参多方,融会诸家学说。出家以后,他致力于阅藏、讲述和著作,在修行实践上尤重念佛。其著作极多,除关于经律论释义的专门著述外,还有关于忏仪以及儒典释义等多种,其门人成时还将其遗文汇编为《灵峰蕅益大师宗论》(又作《灵峰宗论》)十卷。今人将其作品汇编为《蕅益大师全集》流通。

智旭与憨山、紫柏、莲池并称明代"四大高僧",其佛学思想特点也与袾宏、真可、德清三人相类似,主张"融会诸宗,归极净土"。[②] 所不同的是,智旭比较突

①　本文原为"2009 年纪念蕅益大师 410 周年诞辰暨蕅益文化论坛"交流论文,载《灵峰蕅益大师研究》(论文集),宗教文化出版社 2011 年 5 月版。

②　《灵峰宗论》卷十之四附《跋·书重刻〈灵峰宗论〉后》。

出天台圆教思想,而兼弘禅教律各家学说。智旭晚年自号"八不道人",其寓意在其所撰的《八不道人传》中有说明:"八不道人,震旦之逸民也。古者有儒、有禅、有律、有教,道人既蹩然不敢。今亦有儒、有禅、有律、有教,道人又艴然不屑。故名八不也。"实际上,"八不"正表明智旭及其灵峰派的思想特点为"融通",不仅融合禅、教、律三学,而且还于佛门之外,会通儒、道、佛三教,特别是融会儒佛两家思想方面,用力尤著。他主张三教一理,以外证内:"儒也,玄也,佛也,禅也,律也,教也,无非杨叶与空拳也,随婴孩所欲而诱之。诱得其宜则哑哑而笑,不得其宜则呱呱而泣,泣笑自在婴孩,於父母奚加损焉。顾儿笑则父母喜,儿哭则父母忧,天性相关,有欲罢而不能者。伐柯伐柯,其则不远。今之诱於人者,即后之诱人者也,倘犹未免随空拳而泣笑,其可以诱他乎?"①大乘佛教常有"实说、权说","黄叶止啼、不得已方便之说"等等说法,智旭以"杨叶、空拳"喻儒、佛、玄各家乃至佛门中的禅律教各派,目的在于说明:各家各派学说只不过是以适合众生形态度化众生的方便法门而已,其本身也不过是"空",因此不必执着一家之言,融通各家学说自然成为明智的抉择。

宋元以降,特别是明清时期,"三教合一"论已蔚为风尚。明代全真道士何道全著有《三教一源》诗云:"道冠儒履释袈裟,三教从来总一家。红莲白藕青荷叶,绿竹黄鞭紫笋芽。"形象地说明了当时流行的三教合一思潮。明太祖《三教论》、《释道论》,沈士荣《续原教论》、姚广孝《道余录》、屠隆《佛法金汤编》、袾宏《缁门崇行录》等均主三教调和之说。然而,值得注意的是,自汉唐以来的中国思想文化史的发展趋势来看,虽然儒、道、佛三教无不提倡三教融合或三教合一,但实际上三教之间并未因此放弃各自的基本立场和价值观念,而是有着各自独特的向度和进路。② 蕅益智旭的三教融合思想也是如此。

在《题独省编》一文中,智旭谈到了自己对儒释道三教关系的认识过程:"余幼事理学,辄以辟佛为任,恶异也。稍长,又辄以为同。习久,始知亦同亦异。今也知其非同非异,仍不妨说同说异矣。"从少年时期的"事理学"(习儒辟佛)到稍长后认为儒佛"辄以为同",再到最后悟知三教"亦同亦异、非同非异"但仍不妨"说同说异"。③ 可见,随着智旭思想的逐渐成熟,其三教关系观也经历了一个不断深化的过程。

---

① 《四书蕅益解序》。

② 参见笔者撰:《儒佛会通的二种进路及其对中国文化的影响》,载《人文论丛》2006 年卷,武汉大学出版社 2006 年版,第 742~748 页。

③ 《灵峰宗论》卷七之一《题独省编》。

智旭的三教关系的基本观点是：三教尽管内涵深浅不同，表现方式有异，但同出于一源。此一源即"自心"。他说："自心者，三教之源，三教皆从此心施设。苟无自心，三教俱无；苟昧自心，三教俱昧。"①在蕅益看来，所谓"三教圣人"同一本怀，不过是"不昧本心而已"。"本心不昧，儒老释皆可也；若昧此心，儒非真儒，老非真老，释非真释矣。"②因此，"佛祖圣贤之学无他，求其尽心而已"，万法唯心，心外无法，"尽心即不于心外别立一法，不于心内欠缺一法。"佛祖与道家、儒家圣人惟是此一心，如此乃为"儒释真风"。③在此，智旭以"自心"沟通儒佛道之义。实际上，"心性旨趣"或"心地功夫"正是唐宋以来儒佛道共同关心的问题。因此，心性问题通贯儒佛道，成圣成佛亦皆须由"心法"入手。

智旭曾作有《儒释宗传窃议》一文，从"道（本、实）迹（末、权）"关系对儒道佛三教会通思想作了进一步深入的阐释。他说："大道之在人心，古今唯此一理，非佛祖圣贤所得私也。统乎至异，汇乎至同，非儒释老所能局也。尅实论之，道非世间，非出世间。而以道入真，则名出世。以道入俗，则名世间。真与俗皆迹也。迹不离道，而执迹以言道则道隐。故曰：形而上者谓之道，形而下者谓之器。又曰：君子上达，小人下达。呜呼！今之求道于迹者，乌能下学而上达，直明心性，迥超异同窠臼也！夫尝试言之。道无一，安得执一以为道？道无三，安得分三教以求道？特以真俗之迹，姑妄拟焉。则儒与老，皆乘真以御俗，令俗不逆真者也。释乃即俗以明真，真不混俗者也。故儒与老主治世，而密为出世阶。释主出世，而明为世间佑。"④

人们通常以佛为求真，而儒道为俗；佛为出世法，儒道为世间法。智旭则认为，"大道"是超越真俗、世出世间的。而所谓"真、俗"之分实乃迹而非道。若执迹以言道，则道自隐去矣。由大道的角度来看，道是非三非一，是三而一的。儒道佛三教之不同，非大道之不同，而是各自求道之路径和方式的不同：儒与老是"乘真以御俗"，故明"主治世"而"密为出世阶"，释乃即俗以明真，故"主出世，而明为世间佑"。

不过，智旭虽然主张三教同道，殊途同归，但并不意味着就此消弥三教之差别。圣、佛境界毕竟不同。儒家以经验现实世界的仁义礼智为理想，佛以缘起无尽法界的空性实相为智慧，无论是儒道佛三教之宇宙论与本体论，还是各自

---

① 《灵峰宗论》卷七之四《金陵三教祠重劝施棺疏》。
② 《灵峰宗论》卷二之三《示潘拱宸》。
③ 《灵峰宗论》卷四之二《圣学说》。
④ 《灵峰宗论》卷五之三《儒释宗传窃议》。

的修行方法,其间的差别都是极大的。而且,作为一个佛教徒,智旭的立场还是在佛教,因而从根本上他还是视佛教高于儒家、道教。在他看来,佛为出世间学,而儒、道则是世间之学。这是三教之间的主要区别。而智旭之视儒道佛三教"道同迹异",实际上也是基于天台宗开权(迹)显实(道)的理则与方法而立论的。而且,正是为纠正时下"三教会通"思潮中"儒佛混滥"之弊,智旭还从概念、义理上严辨儒佛界限。如在《题独省编》中,他对"独"之概念在三教之中的不同表现形式作了辨析:"夫不睹不闻,儒所谓独也,而大本达道存焉。玄之又玄,老所谓独也,而众妙之门在焉。觅心了不可得,释所谓独也,而百界千如具焉。"[1]因此,三教关系正如关于"独"的含义一样,是"真混而弗齐,类而弗隔",是"亦同亦异、非同非异"的。

(二)以禅解儒、以儒证佛

在智旭看来,佛主出世,儒、道主入世。然而,他对同作为入世的道家及其与儒家的关系的认识是比较独特的。他说:"至于内丹外丹,本非老氏宗旨,不足辩。然则言儒,而老与孔皆在其中矣。"[2]他将道家与道教作了区分,他所谓的"道",主要是指老、庄道家,认为道教的内丹外丹学说并不能代表道家的思想宗旨。相对来说,智旭更重视儒家,他认为儒家学说不仅是指孔孟之道,甚至还可以涵盖道家学说。因此,智旭调和三教思想的重点是融通儒佛二家。

为此,他撰写了不少调和融通儒佛二家思想的作品。他曾著有《周易禅解》,以禅解《易》,又作《四书蕅益解》,以佛理解说儒家的《四书》。《四书》是宋代理学形成以来最受理学家重视的儒家经典,而《周易》不仅为儒家所重,而且最易沟通三教。智旭选择这两部儒家作品作重点注解,足见其用心之良苦。此外,他还在多篇短文以及"法语"开示中(大多收录于《灵峰宗论》中)讨论了儒佛会通的问题。这些短文或法语不仅数量众多,而且往往能更准确地表达他的真实想法。

智旭调和儒佛的思想,主要表现为"以佛解儒"和"以儒证佛"两个方面,而其儒佛会通的交点和方法则是籍由"心性之学"这一儒佛共同的旨趣和大乘佛教(天台宗)"借权开实"的方便法门而展开的。

---

① 《灵峰宗论》卷七之一《题独省编》。
② 《灵峰宗论》卷五之三《儒释宗传窃议》。

　　所谓"以佛解儒",就是以佛教的名相和义理诠释《四书》与《周易》等儒家典籍。智旭在《周易禅解自序》自述其诠释儒家经典章句的动机时说:"吾所由解《易》者无他,以禅入儒,诱儒知禅耳。""以禅入儒",也就是以佛解儒,目的在于诱使儒者进入佛门,以"助显(佛教)第一义谛","助发圣贤心印"①。以下即通过分析蕅益对《大学》的诠释来看他是如何"以佛解儒"的。

　　智旭在注解《大学》首章"大学之道,在明明德,在亲民,在止于至善"时说:

　　"道者,从因趋果所历之路也,只一在明明德,便说尽大学之道。上明字是始觉之修,下明德二字是本觉之性,性中本具三义,名之为德。谓现前一念灵知洞澈而未尝有形,即般若德;现前一念虽非图像而具诸妙用,举凡家国天下皆是此心中所现物,举凡修齐治平皆是此心中所具事,即解脱德,又复现前一念莫知其乡而不无,位天育物而非有,不可以有无思,不可以凡圣异,平等不增不减,即法身德。我心既尔,民心亦然,度自性之众生,名为亲民,成自性之佛道,名止至善,亲民,止至善,只是明明德之极致,恐人不了,一一拈出,不可说为三纲领也,此中明德,民,至善,即一境三谛,明,亲,止,即一心三观,明明德即自觉,亲民即觉他,止至善即觉满,自觉本具三德,束之以为般若。觉他令觉三德,束之以为解脱,至善自他不二,同具三德,束之以为法身,不纵不横,不并不别,不可思议,此理名为大理,觉此理者,名为大学,从名字觉,起观行觉,从观行觉,得相似觉,从相似觉,阶分证觉,从分证觉,归究竟觉,故名大学之道。"②

　　他在注解"格物致知、诚意正心"的心性功夫学说时认为:

　　"正其心者,转第八识为大圆镜智也,诚其意者,转第七识为平等性智也,致其知者,转第六识为妙观察智也,格物者,作唯心识观,了知天下国家,根身器界,皆是自心中所现物,心外别无他物也。"③

　　诸如此类的注释语言比比皆是。在此,儒的成圣学说——"大学之道"被智旭视为"从因趋果"之历程,一个"现前一念"(心)由迷转悟的过程。"格物、致知、诚意、正心"本是儒家的内圣功夫次第,亦被智旭直接转译为佛教唯识学中"转识成智"的诸识概念。一个简单明白的大学"三纲八目",被智旭置于佛教心性系统(明心见性)中得到了重新诠释。所使用的概念名相诸如"始觉、本觉;般若德、解脱德、法身德;自觉、觉他、觉满;名字觉、观行觉、相似觉、分证觉、究竟觉"等等,亦不仅限哪一经论、哪一宗派,也显示出其圆融诸宗的佛学立场。我

---

① 《四书蕅益解自序》。
② 《四书蕅益解》《大学直指》。
③ 同上。

们知道,强调"明心见性"的心性之学本是儒道佛三教共同的旨趣,宋明理学家借此"援佛入儒",而佛家中人则借此援儒入佛。宋明时期的道家亦然。因此,"心性旨趣"构成了儒佛会通之交点。当然,三教之心法的内涵是不同的,是基于各自不同的宇宙观和本体论的。

由此可见,与其说智旭在解释《大学》概念,不如说智旭是藉由人们比较熟知的简单的《大学》观念来引介尚不甚熟悉的佛教概念,此即"须藉四书助显第一义谛"之意。换言之,《大学》文本中所有概念的知识体系便被置入佛教世界观之中。也就是说,通过这样的解说,实际上使儒学变成了佛学。

与"以佛解儒"不同的是,"以儒证释"是蕅益在阐述佛家义理和学说时,常常引用儒家章句和概念加以印证和发挥。"援儒入佛"的目的,一方面是为了说明儒佛同源,更重要的是作为弘法上的善巧方便。

智旭在说法讲道时,常以儒家之语作佛义的类比。"圣贤皆以同体大悲,为学问纲宗,儒谓万物皆备于我,释谓心佛众生三无差别。推恻隐之心,可保四海。极大悲之量,徧周法界。故曰天地之大德曰生,傥杀戒不持,岂名一日克己复礼天下归仁乎!愿即向儒门实究,必能奋然顿决于一日。位天地,育万物,取诸片念而有余矣。"①

他还多次引儒语为佛义作诠释。"孟子曰:人能充无受尔汝之实,无所往而不为义也。此与'无我人众生寿者相、修一切法之旨'略同。夫尔汝之名,亦何足耻。尔汝之实,真不宜受。见思断则不受生死之尔汝,尘沙断则不受枯寂之尔汝。无明断,则不受变易之尔汝。诚能充无受尔汝之实,则尽大地是个自己。尽大地是个自己,则将修一切善法,以利益大地众生。岂复以尔汝之名,与世诤哉?"②据朱熹《集注》,孟子所谓"尔汝"乃"人所轻贱之称"。"无受尔汝"是指不受人轻贱、鄙视者。孟子认为,一个人若能随时扩充不受鄙视的言行举止,则无往而不义了。而智旭则引之为佛教所说的断除见思惑及无明之后,"无我人众生寿者相、修一切法之旨"。诸如此类的语句,在智旭的文中还很多。

智旭融通佛家诸宗以及会通三教,其方法论前提则是天台圆教的"权实"(开权显实)之旨。

"绝待明妙者,为实施权,开权显实,若别、若通、若藏、若天、若人,究竟同归一乘,圆人受法,无法不圆,则法法皆妙,既知此理,方许论拣论收,能融能

① 《灵峰宗论》卷二之一《示陈受之》。
② 《灵峰宗论》卷二之二《示汛如》。

会耳。"①

佛法本无差别,施设四教的目的在于以"如来利他妙智,因众生病而设药也。见病重,为说三藏教。见思病轻,为说通教。无明病重,为说别教。无明病轻,为说圆教。"②"四教"中,前三教皆为权法,直到法华会上,佛开迹显本,开权显实,会三归一,会权归实。从权法上说,则各教教理层次历历差别,不必言儒佛可否和会,即使是佛法中四教的修证阶次也不可混滥。然而,从实法上说,也就是圆教所开出的"开权显实"的义理,一切诸法,随拈一法,无非法界全体:

"凡一文一字,皆可消归至理矣。以要言之,若得法华开显之旨,治世语言,资生产业,乃至戏笑怒骂、艳曲情词,尚顺实相正法,况世间理性之谈邪?"③

秉持法华开权显实的宗旨,则"治世语言,皆顺实相"。世间一文一字,一色一香,无非中道法界全体随缘所现。如此说来,则所有的事事物物都可说是中道实相随缘所现,从而儒释会通也就有了可能。

总之,在智旭看来,儒佛二家是"亦同亦异、非同非异"的。"世出世固不可判作两橛,亦不可混作一事。盖儒佛下手同要归异。虽从真儒下手处下手,学道有基。不向真佛要归处要归,真性不显。东坡学佛,然后知儒。以宣圣出春秋世,众生根性机缘未熟,一往且就伦常指点。五乘格之,仅属人乘。闲露极谈,终不彰着。"④儒佛二家都以"心性"为下手处,这是相同之处。至于"归要处",则二家之间是有着根本差异的。智旭还认为,儒门学脉需藉佛教真义始能大明。就佛教的五乘判教而言,儒门圣学实仅为五乘境界中之"人乘",如不以"三藏十二部教"佛典,终不得开其眼目。可见,智旭是站在佛家的立场上,沟通儒佛二家学说,从而使二家学说达到内在统一的。

(三)儒者风范、佛家本怀

智旭少习儒学,虽然后来归佛门,但终其一生,儒学对其思想及其人格的影响是长久而又深远的。可以说,"儒者风范"仍然鲜明地体现在作为佛教高僧的智旭的一言一行之中。本文以为,在行持和人格实践层面,智旭也是儒佛融通、

---

① 《灵峰宗论》卷三之二《性学开蒙答问》。
② 《教观纲宗》"化法四教说"。
③ 同上。
④ 《灵峰宗论》卷二之一《示沈惊百》。

统一的。

智旭的为人和个性特色比较鲜明,他性格刚毅,有豪杰之气。他曾说:"豪杰丈夫,具一切无明烦恼,偏向冰凌剑锋上行。非冰凌剑锋,不能铸无明烦恼成菩提般若故也。天降大任,必先苦劳拂乱,令动心忍性。顽铁不炼不成钢,美玉不治不精莹,松柏不历岁寒不挺秀,孤臣孽子不厉熏不达。岂有粥饭习气,暖软形态,可坐进此道者!"①可见,他十分推崇孟子所说的"豪杰丈夫"人格。

智旭又说道:"古之君子,为立六合内事,尚一家非之不顾,乃至天下非之不顾。况图出世大法,尘劫远猷,可近圄一时耳口,曲狥流俗人情邪。……欲开千古识力,决须视归戒如泰山,视世故如鸿毛,庶作中流砥柱。不然,未可称豪杰也。"②他以儒家君子为利国利民而敢于置"天下非之不顾"的英雄豪杰之气为喻,说明佛门中的豪杰亦应是"视归戒如泰山,视世故如鸿毛"者,如此方可成为佛教的中流砥柱。

这种"豪杰之气"也在智旭一生的宗教行持中得到了充分的体现。他曾作谒一首:"日轮挽作镜,海水挹作盆。照我忠义胆,浴我法臣魂。九死心不悔,尘劫愿犹存。为橄虚空界,何人共此轮。"③这种"照我忠义胆,浴我法臣魂。九死心不悔,尘劫愿犹存"的修行,可说是智旭一生修行最好的写照。可以说,正是由于他真挚而奋力的实践修行家之风格,带给晚明佛教一许清流。

智旭慨叹当时社会世风日下,"吾悲儒释真风,今日尽皆扫地,良由学儒者急富贵,学佛者在利名,元无佛祖圣贤襟期,故学问操履行门,皆适助其虚妄。"④他期盼的是以"儒释真风"荡涤虚妄不实、名利盛行的社会风气。从中,我们不难看出,智旭一身兼具佛教的真实无妄和儒家的诚实、谦恭的品德,是儒佛道德的完美结合。

从智旭的行持中,我们还不难看到,他还将儒家的"以天下为己任"的忧患意识与大乘佛教的济世度人的悲心和愿力有机地结合在一起。

"十二岁就外傅,闻圣学,即千古自任"⑤,智旭年少时以传承千古儒学自任,可见其"任道担当"的使命感与远大志向。当智旭皈依佛门之后,这种"任道担当"的使命感和忧患意识仍然没有改变:

"所谓直下承当者,须置身千古圣贤之列,不屑为随波逐浪之人。言行相

---

① 《灵峰宗论》卷五之一《答曹源二书》。
② 《灵峰宗论》卷第五之一《寄王简在》。
③ 《灵峰宗论》卷十之二《山居六十二谒》。
④ 《灵峰宗论》卷四之二《圣学说》。
⑤ 《灵峰宗论》卷首《八不道人传》。

顾,心迹相符,方终始不二,幽明无闲。憨翁云:学道第一要骨气刚,次识量大,次生死心切。夫刚则不为情欲所靡,大则不被目前所转,切则不顺习气所趋,即灵源禅师易世俗所难,而缓时流之急。此第一良药,幸时服之,勿惧苦口,使积劫沉疴终不疗也。"①

他引用憨山德清的观点,认为学道"第一要骨气刚,次识量大,次生死心切",学佛也要将自己置身于千古圣贤之列,而不屑做一个"随波逐浪"之人。他将这一点视为出家人修行的第一良药。

发愿,也是智旭所推崇的一种相当重要的修行方法。《灵峰宗论》第一卷分四部分,共收录了智旭一生所发的誓愿、礼忏、疏文,凡五十七篇,几乎体现了智旭一生修持佛法的全过程。其具体内容,则涵盖了四十八愿、受戒、写经、持咒、礼忏、修净、阅藏、报恩、安居等宗教化的个人修持的信仰祈向。他以祈愿的形式,一则表达对国家、社会、人类的慈悲心怀,更多的则祈愿正法永驻、佛法振兴。

在他为母亲去世三周后写的"求拔济启"中,他发愿道:

"唯愿广菩提心,广菩提愿,广菩提行,普为法界众生,经生父母,历劫亲缘,运无缘慈,兴同体悲。令一经一咒,功沾沙界,福等虚空。愿智旭为最后得解脱人,尽见一切众生,皆先解脱,仰凭十方三宝,净土圣贤,现前善友,摄受救护。"②

综观智旭一生行谊,他选择了严于律己的律师生活型态,厌弃名利而过着出世离俗的生活,以阅藏、著述为业,兼涉禅、律、教、净土诸法门;遍通性、相,大、小戒律。他"专求己过,勿责人非",严持佛门戒律的同时,还常行儒门独特的省察克己的修养功夫。

如对于时人赞叹他为今世"持戒第一"、"宗说俱通"、"解行双到",智旭却感到十分的惭愧和恐惧。这样的赞叹,让他一直有罪恶感,认为自己是"虚名盛而实行微"。③ 而这种"虚名日盛"而徒"增惭愧"的道德心理,几乎伴随智旭一生的修行过程中。因此,智旭一直不断地在作自我批判、自我反省。他多次说自己"薄德少福"④、"障厚慧弱"⑤、"夙生恶习"⑥、"宿生业重"⑦等等。像这样不断地

---

① 《灵峰宗论》卷五之一《与曹源三书》。
② 《灵峰宗论》卷一之一《为母三周求拔济启》。
③ 《灵峰宗论》卷五之一《复胡善住》、《复卓左车》。
④ 《灵峰宗论》卷五之二《与见月律主》。
⑤ 《灵峰宗论》卷六之三《赠石淙掩关礼忏占轮相序》。
⑥ 《灵峰宗论》卷六之二《赞礼地藏菩萨忏院仪后自序》。
⑦ 《灵峰宗论》卷七之一《书慈济法友托钵养母序后》。

自我批判,并不止是他个人口头说说,客套一番而已,而是发自内心的强烈的自我要求和自我批判。

智旭之所以会有如此深深的自责,对自己表示强烈的不满,称自己是障深惑重,无疑首先表现了严于律己、卓志苦修的佛家戒行的特色。但本文以为,儒学重内省、修耻德的观点也对其佛学修持有着潜移默化的影响。儒家曾讲"行己有耻","知耻之谓勇",把知耻作为士人的道德底线,视为人自身道德完善的起点。与此相应,智旭也曾专门撰有《耻庵说》,以为:

"耻者心耳,心之精神是谓圣,圣人不过有耻而已。富贵,庸人所嗜也,豪杰耻之。功名,豪杰所矜也,圣人耻之。耻至圣贤,大行不加,穷居不损,能以道援天下。禹稷颜子,易地皆然。此世闲之行己有耻也。出世之道,何莫不然?人天五欲、色无色定,凡外所嗜,三乘贤圣耻之。偏真涅槃,二乘所尚,诸大菩萨耻之。出假神通,菩萨所宗,圆顿行人耻之。故世出世最有耻者,莫尚圆顿行人矣。名字以未登五品为耻,观行以未净六根为耻,相似以未证法性为耻,分真以未满本体为耻,所以立跻妙觉,而不见其功也。耻之于人大矣。信哉!"在智旭眼里,"行己有耻"不仅是成就儒门圣贤的必由之路,也是成就圆顿行人的觉悟之途。

智旭严于律己的品行还体现在他对僧人的品格(僧格)的认识和要求上。在给彻因比丘的书信中,智旭提出了比丘应具备的"十德"与之共勉:"甚高,勿自卑;甚远,勿自近;甚广,勿自狭;甚大,勿自小;甚尊,勿自亵;甚重,勿自轻;甚稳,勿自浮;甚密,勿自疏;甚微,勿自陋;甚妙,勿自粗。"[①]从其对十德所作的定义看,有很多方面的内容,如"圣贤自期谓之高"、"不染名利谓之尊"、"不轻去就谓之重"、"始终一致谓之稳"、"精察力行谓之密"、"穷理尽性谓之微",与儒家所提倡的道德观念是相通甚至完全一致的。他认为,在当时佛法凋敝、律门衰败的末法时代,"不具前之十德,鲜克砥其颓波"。

智旭强调以儒家伦常为本,作为佛家修行之根基。当然,鉴于当时混乱不堪的末法社会,智旭所扮演的角色只能是以宗教心、行宗教行,远离世俗,而不可能直接涉入世事。面对人间苦难,他没有也不可能采取儒者的入世方式济世度人,而只能是以一个宗教家的情怀祈求、发愿,所取的是改善人心的唯心方式之路径。

总而言之,在智旭看来,正如儒佛之间"一心同源","亦同亦异",在学佛作

---

① 《灵峰宗论》卷五之一《嘱彻因比丘》。

圣的修养实践方面也有着高度的内在统一。他认为,学儒是学佛的基础,学佛是学儒的深透。不循儒行,难为佛祖。若世间法稍违圣贤轨辙,则出世间法绝对不成真实佛祖。由此,我们不难看到民国初年太虚法师所提倡"人成即佛成"的"人间佛教"的思想雏形。而且,正是智旭法师净律兼弘、严于律己的修学之路,对民国时期的弘一律师的佛学思想和修行方式也产生了重要的影响。

附注:本文所引蕅益智旭的论著,主要参见网络版《蕅益大师全集》http://www.baus-ebs.org/sutra/jan-read/010/。

五、叶适与佛教之关系

内容提要：本文以有关史料为基础论述了永嘉学派的集大成者叶适与佛教之关系。笔者认为，叶适虽在总体上对佛教持批评态度，但这种批评并非"强于攘斥"，而是以他对佛教的深刻理解为基础的。而叶适对佛教文化的批评态度，则与永嘉学派的基本学术主张有关，也反应了永嘉事功之学暨浙东学术的务实品格和立场。

关键词：叶适　佛教　永嘉学派

叶适(1150—1223)是南宋时期的进步思想家，永嘉事功学派之集大成者。作为正统的士大夫，叶适的思想倾向归宗于原始儒家。但从叶适的经历及其思想内容来看，又与佛教有着密切的关系。叶适对佛教(学)的认识和批评，是与其浙东事功之学的基本立场密不可分的。一方面表现了永嘉之学的批判精神，同时也反映了浙东学术的务实品格。

（一）与佛门之往来

自少年时代起，叶适便一直与佛教界有着密切的交往。十四岁时，叶适就曾拜同乡名士刘愈(进之)居士为师从学。刘愈是一位隐者，叶适称之"学佛得空解，自称无相"。① 十六至十九岁，他在乐清白石山北小学舍任讲习，"常沿流上下，读书以忘日月"。学舍附近有座规模不大但却十分清静的"白石净慧院"。该寺始建于唐，宋大中祥符年间由宋真宗赐号"净慧"。叶适少年时期经常与寺僧择饶法师等相与往来，论禅习文。择饶法师工于诗文，远近闻名，无疑也对叶

---

① 《刘子怡墓志铭》，《水心文集》卷十七。

适的学问与文章有着不可忽视的影响。廿七岁时,曾于雁荡山假僧舍授徒教学。四十一岁时,叶适在湖北荆州任安抚司参议官,"无吏责,读佛书数十卷,于其义类,粗若该涉"。① 由此可见,叶适对佛学义理还是比较熟悉的。

叶适是浙东永嘉(今温州)人,叶适与佛门的密切往来及其佛学修养无疑是与江浙地区尤其是温州地区佛教文化的繁荣发达紧密相关的。从历史上看,永嘉地区奉佛成习,"盖薄其家而厚佛僧,自唐以来迄于渡江,其俗然矣"②。浙东天台山是中国佛教天台宗(第一个中国化的佛教宗派)的发源地,而且自中唐以来,尤其是五代以后至两宋时期,浙江又成了中国禅宗的主要活动中心。因而,永嘉地区自古高僧辈出,其中最有名的当推唐代禅宗六祖慧能的嫡传弟子之一的永嘉玄觉禅师。玄觉禅师曾师从禅门六祖惠能,其禅法当为南禅之一支。虽然他在世时间不长,只有48岁(一说38岁),但却以《证道歌》声名远扬,甚至连敦煌石窟中也有他的《证道歌》。作为同乡,叶适在年轻时就拜读过玄觉禅师的诗歌及颂偈,并对其表示了极大的赞叹。叶适说:"余爱其拔抄疏之烦,自立证解,深而易达,浅不可测,明悟勇决,不累于生死,盖人杰也。"③叶适不仅对玄觉颇具个性的禅法及其所达到的境界表示赞叹,还称玄觉为"人杰",某种意义上可以看出叶适从内心里对佛教的敬仰与接纳。

虽然叶适很早就接触佛教并谙熟佛学,但与同时代的很多理学家(儒者)一样,并没有因此走上信仰佛教、研究佛教的人生道路。相反,在他思想成熟的时候,还不时地对佛教有所批评。然而,他始终与佛门保持着密切的联系。在叶适晚年,因年老病弱,深居简出,一般的人事酬答是概不出门。但当钱塘僧人本然法师及蜀僧居宽法师来访,敦请叶适登松台山(又称净光山),欲在玄觉禅师"真身舍利塔"(即"净光塔")故址建寺,叶适慨然允诺。他亲自陪同二位法师登山选址,决定在"绝景亭"下建立精舍,并确定寺名为"净光禅寺",又称"宿觉庵",并请居宽法师住持之。净光寺建成之后,叶适也常与坊僧巷友游居其间,相与论道。并专门为此而写下了《宿觉庵记》一文以志纪念。

叶适晚年还多次向少年时代一起参禅习文的好友黄仲参(黄氏一家皆佛门弟子)问及当年曾经相与从学的"白石净慧院"择饶禅师、黄从岳以及等其他师友的情况。当他得知净慧寺已非当年的山间小院,经择饶师以及黄氏父子的全力护持,如今院内殿堂库室亦已粗具规模,尤其是藏经楼,"屋庐宏丽,像设精

---

① 《题张君所注佛书》,《水心文集》卷二十九。
② 《温州开元寺千佛阁记》,《水心文集》卷九。
③ 《宿觉庵记》,《水心文集》卷九。

严,殆为一院之极。"于是欣然命笔,写下了《白石净慧院经藏记》一文。① 由此可知,叶适晚年心境,无疑又重归于佛门。

(二)对禅宗的认识和评价

叶适对佛学的认识和看法,主要集中在佛教禅宗方面。

我们知道,佛教源自印度,自从两汉之际传入中国,便与中国本土文化(儒、道)由冲突而融合,至隋唐时逐渐中国化。而禅宗则是佛教中国化的典型。对于中国佛教禅宗的产生及演变过程,叶适有明确的认识。他说:"佛学由可至能自为宗,其说蔓肆数千万言,……此非佛之学然也,中国之学为佛者然也。"②这里所说的"可"指禅宗二祖慧可,"能"指六祖慧能,叶适以禅宗为中国佛教之代表,来说明中国佛教而与印度原始佛教在理论上的差异和不同。这一观点也是颇有见地的。我们知道,禅宗是中国化的佛教,其理论特色在于它的佛性论。禅宗主张"自心(性)是佛"、"见性成佛",主张"性觉说",这一佛性思想迥异于印度原始佛教所主张"自性涅槃"的"性寂说"。③叶适说道:"佛学入中国,其书具在,学之者固病其难而弗省也。有胡僧教以尽弃旧书不用,即己为佛而已。学之者又疑其诞而未从也;独可、璨数人大喜,决从之,故流行至今。"④他接着又说"佛之果为己乎? 余不得而知也;己之果为佛乎? 余不得而知也。余所知者,中国人之畔佛学而自学,倒佛之言而自为言,皆自以为己为佛,而甚者以为过于佛也。是中国人之罪,非佛之罪也。"(同上)虽然叶适在此对中国的佛教(禅宗)学者持批评态度,但是,应该说,这一看法颇为深刻,也大体合乎中国佛教发展史的实际。

叶适同时还对现实社会中佛教的内在矛盾尤其是中国禅宗的末流(流弊)提出了批评。他说:"夫浮屠以身为旅泊而严其宫室不已,以言为赘疣而传于文字愈多,固余所不解,尝以问昶(一僧人之名),昶亦不能言也。"⑤佛教以为"四大皆空",以人身为不过是一漂泊的"皮袋囊",但却严于戒律,禁止嫁娶;禅宗讲

---

① 《白石净慧院经藏记》,《水心文集》卷九。
② 《宗记序》,《水心文集》卷十二。
③ 参见吕澂、熊十力:《辩佛学的根本问题》,《中国哲学》第十一辑,人民出版社 1984 年版。吕澂,复书二。第 169—172 页。
④ 《宗记序》,《水心文集》卷十二。
⑤ 《法明寺教藏序》,《水心文集》卷十二。

"不立文字",却又留下无数的文字著作。而这些矛盾连一些禅师自己也不能解释清楚。叶适还对禅宗的"悟道"一说感到悲哀。他曾问一佛教信徒,以何来明辨儒佛,分别高下,答曰:"无道也,悟而已矣"。又问佛学之宗旨,答案依然是"无道也,悟而已矣。"叶适则"余闻而愈悲"。① 叶适还在《题张君所注佛书》一文中记录一事:蜀人范东叔,其人好佛,自云"在学省时晨朝必诵《楞严》",且已"诵此书三十年矣"。叶适因而向其请教"《楞严》要义安在?"范东叔沈思良久,答曰:"如鸡后鸣,顾瞻东方,已有精色,此是逼扑到紧切处也。"叶适听后,愈发为之叹息,"夫不读者(按指佛经)固不能知,而读者之知止于如此,鸣呼!"②

叶适也不赞成南禅的"顿悟"一说。他说:"仁必有方,道必有等,未有一造而尽获也;一造而尽获,庄、佛氏之忘也。"③不经过认识及实践的积累,就不可能达到对"常道"的把握。当然,这里需要说明的是,叶适对佛教禅宗的批评,一方面反映了叶适对佛学的认识;同时也是出于他"以经制言事功"立场,和对"空谈心性"、"师心自用"、"以心为陷阱"的"近世之学"(主要是指近于禅学的陆九渊心学)的批评。

不过,从总体上而言,叶适还是对博大精深的佛学理论表示了由衷的赞叹。他认为"彼浮屠者,直以人身喜怒哀乐之间,披析解剥,别其真忘,究其终始,为圣狂贤不肖之分,盖世外奇伟广博之论也",④以佛陀之说为"世外奇伟广博之论",在此,叶适意识到了佛学非同寻常的理论价值。可以说,这也是代表了永嘉之学对待佛教的基本态度之一。如作为叶适之师兼友、永嘉学派的另一位代表人物陈傅良也有类似的看法,曰"西人(指印度)亦人豪,国自为乾坤"。⑤因此,叶适进而主张,在佛学研究中,应"证会反复,悉从旧文(指佛经原典),不以私意为之说也。"⑥应从佛经原典出发,反复考证、会通,而不应参杂一己之私,这反映了一个学者应有的基本的态度。做为一个正统士大夫,叶适的这一态度,实为难能可贵。

---

① 《宗记序》,《水心文集》卷二十。
② 《题张君所注佛书》,《水心文集》卷二十九。
③ 《陈叔向墓志铭》,《水心文集》卷十七。
④ 《题张君所注佛书》,《水心文集》卷二十九。
⑤ 陈傅良:《闻叶正则阅藏经次其送客韵以问之》,《止斋集》卷三。
⑥ 《题张君所注佛书》,《水心文集》卷二十九。

（三）关于儒佛关系的见解

叶适既是一位学者，同时也是一位封建士大夫。作为一个学者，他既对博大精深的理论体系表示了由衷的赞叹，又从学术角度对佛教特别是中国禅宗的内在矛盾进行了揭示。而作为一个封建士大夫，他又表现出了其在特定时代背景下以儒学为本位的政治立场和思想观点。

我们知道，宋明理学的出现，是思孟、老庄、禅宗三个学说体系的综合。叶适显然对此有清醒的认识。他说："本朝承平时，禅说尤炽，儒释共驾，异端会同。"①并认为二程、张载等理学家的论点"皆老佛庄列之语也。程张攻斥老佛至深，然尽用其学。……未有自坐佛老病处而揭其号曰，我固辨佛老以明圣人之道也。"②他指出，正统理学家以排斥佛老为名，实则是利用佛教思想附会子思、孟子和《易传》的"新说奇论"。而且还说，宋代理学之融合三教，而以儒学为旗帜，其意在抑制佛教的流行。这一说法也是比较符合事实的。③

然而正统理学家在从理论上借鉴了精致思辨的佛学义理的同时，又对佛教采取"强为攘斥"的态度。其中最为典型的是大儒朱熹。对此，叶适表示异议。他在荆州任职时，曾专门致书朱熹辩论佛学，说"在荆州无事，看佛书，乃知（佛教）世外瑰奇之说，本不与治道相乱，所以参杂辨争，亦是读者不深考尔。"④因此，他反对"世之儒者，不知其深浅，猥欲强为攘斥"的态度。⑤

叶适虽然称赞佛教学说为"世外瑰奇之说"，但同时又认为它于社会无补。像理学家的那样"尽用其学"，甚至以佛教思想附会儒学的方式，"修明吾说以胜之"，并不能有益于本朝之治乱，也不能最终以"明圣人之道"。叶适的这一态度让朱熹深感"此殊可骇"。⑥在这里，我们可以看到叶适与理学家在对待佛学及儒佛关系的态度上存在一个重要差异：在正统理学家看来，佛教以其理论优势，在中国大行其道，致使儒门衰落。因而汲汲然极辨于儒佛之间的"毫厘之微"，不遗余力地会通儒佛以求超胜，并最终复兴儒学。而在叶适看来，虽然佛陀之教

---

① 《习学记言序目》卷四十九。
② 《习学记言序目》卷五十。
③ 参见《习学记言序目》卷四九。
④ 参见朱熹：《答叶正则书》，《晦庵集》卷五六。
⑤ 《题张君所注佛书》，《水心文集》卷二十九。
⑥ 同上。

在理论上博大精深，不愧为域外"奇伟广博之论"；同时他又在他的著作中多次称佛教为"异学"、"异端"，甚至还从传统的"夷夏之辨"的立场出发，认为佛教不过是"夷狄之学"。他认为，"夷狄之学本与中国异"，"佛在西南数万里外，未尝以其学求胜于中国"，①认为佛教本来与中华学术互不相干，其与我周孔之道本不相合。因而，叶适不赞成儒佛会通，也不赞成程朱一系对待佛教"强为攘斥"的态度。人们要做的只是要"思夷夏之分，辨逆顺之理，立化耻之义"。②

叶适对佛教及儒佛关系的复杂态度，反映了其正统士大夫的立场和民族主义的眼光，也是永嘉学派的务实观念的体现。个中原因，可能主要不是学理层面，而更多的是现实社会与政治层面的考虑。在两宋之际，"靖康之难，至痛极愤，此上下深谋不知寒暑寝食之时也"③，由于大宋朝徽、高二帝被金兵俘虏，宋室南渡，民族危机空前高涨。作为主战派的一员，叶适积极主张北伐抗金，收复失地。在这一背景下，很多儒者及士大夫通过发挥《春秋》中"尊王攘夷"的思想，明辨夷夏之分，从而排斥外来之学。叶适认为，"为国以义，以名，以权。中国不治夷狄，义也；中国为中国，夷狄为夷狄，名也；二者为我用，故其来寇也斯与之战，其来服也斯与之接；视其所以来而治之者，权也。"④正是从这一"权变"的立场出发，叶适又提出"辟异说"、"辨夷夏之分"，对佛教进行了严厉的批评。他说："浮屠本以坏灭为旨，行其道必亡，虽亡不悔，盖本说然也"⑤，认为对于在当时面临强敌入侵的宋王朝来说，提倡佛教实是"亡国"的理论，甚至佛教教人于亡国之后仍要安于亡国无悔之现状，因而此时的叶适对佛教则表现得尤感痛恨。

叶适批评佛教，还有一个原因则是源于旨在出世的佛教学说与倡导积极入世的儒家的人文精神的矛盾对立，以及在他看来无益却有害于社会的佛教的消极避世的空（幻）寂（灭）观及其所宣扬的神鬼诬诞之说。他说："异端之说至于中国，上不尽乎性命，下不达乎世俗，举以聪明为障，思虑为贼，颠错漫汗而谓之破巢窟，颓弛放散而谓之得本心，以愚求真，以粗合妙，而卒归于无有，是又大异矣。"⑥佛教以消极避世、否定一切世俗价值为途径，以"觉悟"暨空无为究竟，这是与传统儒学"道德仁义天命人事之理"是完全背道而驰的。他说"浮屠在异

① 《习学记言序目》卷五十。
② 《始议二》，《水心别集》卷十。
③ 同上。
④ 《外论一》，《水心别集》卷四。
⑤ 《习学记言序目》卷四三。
⑥ 《觉斋记》，《水心文集》卷九。

域,而风水诸轮相与执持,上至有顶,其说尤怪。"①在叶适看来,佛教对世界(宇宙)的看法实在是奇谈怪论。因而,佛教在中国民间流行时,与中国民间信仰相结合,很容易表现出神鬼诬诞的迷信色彩。他在《温州社稷记》中说,"社,土也;稷,谷也。……神明之所由出,至严至敬,不敢忽也。怪淫诬诞之说起,乞哀于老、佛,听役于鬼魅,巨而龙罔,微而蝉蜴,执水旱之柄,擅丰凶之权,视社稷无为也。"②叶适对此进行了严厉的批判,并主张"抑异以安俗,退夷而进华"③。那么何以来禁绝这一现象呢? 叶适认为这也不难,"彼夷术狄技,绝之易尔",④即所谓"盖禁令不立而然"。⑤ 主张运用"禁令"即政治的力量和手段就可以达到目的,而不必与其"校是非,角胜负"。⑥ 用政治的办法来解决理论和思想文化领域的问题,叶适的这一观点不免失之简单,也不是一个学者应有的理性态度,当然也不可能达到对问题的真正解决。这在某种意义上反映了叶适及永嘉之学对待佛教(学)的简单、粗糙的一面。

---

① 《习学记言》卷十六。
② 《温州社稷记》,《水心文集》卷十一。
③ 《温州开元寺千佛阁记》,《水心文集》卷九。
④ 《宗记序》,《水心文集》卷十二。
⑤ 《习学记言序目》卷五十。
⑥ 同上。

六、论"如净禅"及其历史影响^①

引　言

自佛教传入中土以来,受到了中国传统的民族文化的影响与渗透,开始了中国化的历程。禅宗的出现,则标志着佛教中国化的完成。唐宋以来,中国化的佛教进一步向世俗化、社会化方向演进。

佛教的中国化、世俗化是个双向的过程。一方面,为适应中土社会的需要,使佛教基本理念简单易懂,佛教徒主动地从形式到内容对佛教都作了一些调整。由此促进了佛教在中国社会的广泛传播和普及,并最终成为中国传统文化的有机组成部分。另一方面,在这一过程中,源于本土的中国文化传统和社会力量反过来又以其巨大的威力改造着佛教,使之不得不将中国传统儒道思想、民间信仰乃至于世俗的价值观也纳入佛教的体系之中,其结果也给中国佛教带来了种种流弊和问题,甚至对中国佛教的宗教性、神圣性(解脱旨趣)带来挑战。可以说,世俗化程度的加剧是宋明以降中国佛教呈现衰败走势的一个重要原因。

值得注意的是,在中国佛教史上,面对佛教中国化、世俗化进程中出现的种种问题和弊端,始终有不少有识之士对此保持着清醒的认识,不断地进行批评反思并主张改革,以努力维护佛教的纯粹和圣洁。在中国禅宗史上,五代法眼宗的清凉文益、永明延寿,宋代曹洞宗的天童如净等高僧大德,都曾对南宗禅流行以来的种种弊端,如轻视经典,反对坐禅,以及后来出现的口头禅、文字禅提

---

① 本文为2008年11月笔者参加"纪念如净禅师示寂780周年法会暨天童禅寺曹洞宗文化研讨会"交流论文。

出批评,正所谓"发狂慧而守痴禅,迷方便而违宗旨"①。本文即以宋天童如净禅师为例,将其所弘传的禅法界定为"如净禅",并通过分析其匡救时弊、强调打坐的禅法特色,进而说明其在佛教史上的重要影响和历史贡献。

如净禅师(1163—1228),明州苇江(今浙江宁波市)人,俗姓俞。少年出家,19 岁即游方各地。48 岁时首次应请住持建康(今南京市)府清凉寺,此后两住台州瑞岩净土禅寺、两住临安府净慈寺。宋理宗宝庆元年(1225)奉敕住持天童山景德寺,直至圆寂。

如净禅师身长且为人豪爽,时人称为"净长",后世号为"长翁"。尤其是其性格廉直豪爽,作风孤高严峻,颇获当时丛林禅者推尊。宋宁宗尝赐予其紫衣师号,但如净禅师上表力辞之。他最后住持天童之四年,致力阐扬宏智正觉以来近乎灭绝的默照禅风,四方学者闻名辐凑、门庭清严,海内外以为法式。如净禅师为青原下十六世,自良价至如净为十三代,故被尊为曹洞宗第十三代祖。

(一)"如净禅":对默照禅的继承和发展

在南宋曹洞宗史上,自宏智正觉首倡默照禅风以来,由于其门下未有出色门人,只是撑持门庭而已,待传至天童如净禅师时才将默照禅法继承并发扬光大,形成独特的"如净禅"。与宏智正觉首创的默照禅相较,如净禅师倡导的"如净禅"在内容上并未有太大的改革,如净禅的主要贡献在于继承了默照禅风并将其进一步推向极致。如净禅的特色十分鲜明,特别是其鲜明的批判意识和"只管打坐"的简明主张。

关于天童如净的禅法特点,前人往往以"只管打坐"一语概括。道元在《宝庆记》中记载了如净对禅法的重要开示:"参禅者身心脱落也,不用烧香、礼佛、念佛、修忏、看经,只管打坐而已",又说:"身心脱落者坐禅也。祇管坐禅时,离五欲,除五盖也"。②

如净认为,禅宗之参禅即意味着"身心脱落",而身心脱落则离不开坐禅。如净禅师本人也十分酷爱坐。据道元《正法眼藏》《行持章》中记载,如净禅师自十九岁以来,未曾有一日一夜离开蒲团过。他除在云堂公界坐禅以外,或在阁

---

① 延寿《宗镜录》卷二十五。
② 道元《宝庆记》,载《永平顶王三昧记·宝庆记》(合刊)第 88 页,(日)宝永 3 年(1706)写(本),日本驹泽大学图书馆藏本。

上，或在屏处，或在岩下坐禅，"有时坐到臀肉烂坏，愈感爱好坐禅。"如净禅师对于行持，偏重打坐。他说参禅是"身心脱落，只要打坐"[①]，离五欲、除五盖，便是和佛祖相见的时节，不用烧香、礼拜、念佛、修忏、看经。这是对正觉"默照禅"的进一步发展。

然而，"只管打坐"一说并未触及如净内心之沉痛激愤之一面。因此，我们还须分析"如净禅"主张"只管打坐"的深层理由。

实际上，"如净禅"与其个人风格大有关系。如净禅师为人豪放，见处高迈，放言纵谈，痛斥时弊。他主张"身心脱落，只管打坐"，看似将"默照禅"推展为极致，其实乃为匡救时弊而痛下针砭之言行也。

我们读如净说法之语，难见曹洞祖师从容绵密、回互亲切之宗风，而触目尽是愤嫉沉痛之言语。如斥责"僧堂里都不管，云水兄弟也都不管，只这与客官相见追寻而已"之现象；又常就天下僧家长发爪之辈警诫云："不会净发，不是俗人，不是僧家，便是畜生。古来佛祖，谁是不净发者！如今不会净发，真个是畜生！"如净还指斥道：在服装上"近来都著直裰，乃浇风也，你欲慕古风，则须著褊衫……近来参禅僧家，谓著褊衫是律家兄弟服者，乃非也，不知古法人也。"在经行步态上，强调"僧家寓僧堂，功夫最要直须缓步，近代诸方长老不知人多也，知者极少……你试问诸方长老看，必竟他未曾知也"。

如净以这等长发长爪者非僧非俗，故归为"畜生"一类，又以其心慕富贵、趋走权门以求名利，故又归之为"破落党"，可见十分轻蔑痛恨。因为唐代禅宗行"农禅制"，人人都要参加体力劳动，故著紧身狭袖的褊衫。至宋代变成穿直裰（直裰是圆领、宽身、大袖、镶边、横带的休闲服），如果布料、制作究究，穿上它笼袖盘坐，便俨然如魏晋士族，再加上挥杖秉拂而谈禅，便是魏晋清谈风貌之重现。这种服装上的改变，正是农禅废弃、禅僧养尊处优的结果。

如净以一代豪迈不羁之佛门龙象，却汲汲于禅僧之发、爪、著衫、步态等琐细不当之处，其实乃睹一叶而知秋，故扶危局于欲倾。由此亦足见南宗禅发展至此，僧界惑溺名利，风纪颓败之状亦臻于极致。因而，如净规定自己门下："今日参内里之僧，必著褊衫，传衣时、受菩萨戒时亦著褊衫"，经行则"肩胸等不可

[①] 傅伟勋先生在其《道元》一著中认为，由于日文中"身心"与"心尘"发音相同，所以如净禅师所说的"身心脱落"很可能是"心尘脱落"。因为据《宝庆记》记载，如净回答道元何为"身心（心尘）脱落"时说："身心（心尘）脱落者坐禅也。只管坐禅时，离五欲、离五盖。"所谓"五欲"、"五盖"都属"心尘"之事。另在《如净和尚语录·赞佛祖》中的《观音》偈颂中也有"心尘脱落"一语。由此可见，道元在如净处秉承使用的是"心尘脱落"，但是在《宝庆记》、《正法眼藏》中却被改作了"身心脱落"。参见傅伟勋《道元》，（台）东大图书公司 1996 年版，第 19 页。

动摇而振也。"①

那么是什么原因造成南宋禅风之颓坏呢？如净说："老僧见今时师僧，皆是无鼻孔而夸名利，未曾休歇。"②"无鼻孔"则不能自我制约，"夸名利"乃身心逐尘，其根本原因皆是在于不习禅，"未曾休歇"身心的缘故。因此，救之之道就在于："休歇身心，只管打坐"的坐禅功夫。这里的"休歇"指不执分别，要彻认一切都是平等一性的真如实相，因为万象只是真如实相的借缘应化，故修道应"截断千差，单提一着"。③"千差"即万象，"一着"即本体实相。"截断众差，单提一着"是如净禅法要领。在如净禅师看来，习禅打坐之要旨只有一个字"净"，而达到"净"之宗旨则必由"休歇"而成。

如净禅所主张的"只管打坐"强调要以释迦牟尼以来的坐禅法门为正传佛法，也即是禅宗初祖达摩所主张的"凝住壁观"和"息心泯别"，但又不是简单地恢复传统的禅法主张。他虽然强调佛法超越教、禅区别，但是他更加强调坐禅与慈悲不可分割。在《宝庆记》中，他对道元说："罗汉（辟）支佛之坐禅（即小乘禅），虽不着味，阙大悲，故不同佛祖大悲为先，誓度一切众生之坐禅也。……故于坐禅中，不忘众生，不舍众生。"④由此可见，这里强调的坐禅已经不是纯形式上的坐禅，而是在坐禅中已将慈悲之心、誓度一切众生之愿预设于先，并且以众生为本，不忘不舍。

与默照禅的创始人宏智正觉一样，从如净禅师的语录来看，他亦是极力反对"看话禅"的。但实际上，天童如净禅师为了挽救行人堕入野狐禅或狂禅故，便言要"断临济命根"、铲除"临济祸胎"。他破斥的是参看话禅者的流弊，并非是反对看话禅的禅法本身。如净禅师为了挽救此禅病，老婆心切，甚至在其上堂说法时亦用"临济喝"、"德山棒"、"赵州茶"、"云门饼"等宗风而垂示。由此可见，充满鲜明批判意识的"如净禅"，其实质仍是"密护五宗"而"力弘曹洞"的。

综上所述，如净的禅法以匡救禅门时弊为目的，以复古为革新，主张去繁从简，以"打坐"为唯一成道法门。正如其弟子义远在《天童遗落录序》（即《续语录序》）中所说："（如净）惧洞宗玄学或为语言胜，以恶拳痛棒，陶冶学者。肆口纵谈，摆落枝叶。无华滋旨味，如苍松架壑风雨盘空，曹洞正宗为之一变。所谓惧

---

① 以上引语均见其永平道元之弟子怀奘所记之《正法眼藏随闻记》一书，转引自吴立民、徐荪铭主编的《禅宗宗派源流》之"宋代曹洞宗"一节，中国社会科学出版社1998年版。

② 见《天童如净禅师续语录》（又作《天童如净禅师遗录》），见《禅宗全书》第45册，第480页。

③ 见《如净禅师语录》卷一，见《禅宗全书》第45册，第450页。

④ 道元《宝庆记》，载《永平顶王三昧记·宝庆记》（合刊）第100页，（日）宝永三年（1706）写本，日本驹泽大学图书馆藏本。

洞宗玄学或为语言胜等,实得净公意,抓着其痒处。""如净禅"实际上是如净禅师对禅宗史上种种法门收效甚微而最终难免宗派衰落之结局的反思后得出的经验性认识,虽然其在佛学理论上并未有什么新的建树,但却切中时弊,发现了问题之症结,使"曹洞正宗为之一变",功莫大焉。

(二)"如净禅"与日本曹洞宗

如上所述,虽然如净禅师为匡救时下禅门而愤世嫉俗、痛斥时弊,对其门下要求也极为严格,但是他也深知,仅凭其个人之力是无力回天的。因此,身陷禅界弊端丛生之局的如净禅师面对当时中国禅林世风日下失望之极,最后竟将曹洞传法信物,悉数尽付随参不到三年的日本僧人希玄道元,任其跨海东去。在禅宗史上,有人将如净禅师此举称之为"自断法统"。

回顾曹洞宗历史上,在如净之前,也曾有北宋曹洞宗高僧大阳警玄禅师毅然自行了断、将曹洞法统托付临济高僧浮山法远之举。其结果却为曹洞宗的长远发展带来了真正的转机。实践证明,如净禅师付法道元看似为绝望之举,实是拯救了曹洞法脉——如净所教导传承出日本曹洞宗初祖永平道元,使得曹洞禅法(默照禅法)得以在东瀛日本完好地保存发展,并延续至今,真可谓是"山重水复疑无路,柳暗花明又一村"。禅僧固然是有国籍的,由此来看,如净此举也可为称之为"自断法统"。但是佛教是国际性的宗教,禅佛教应该是不应该有国别之分的。由此看来,如净此举实乃为救曹洞法脉而不得不为之。在曹洞宗史上,"自行了断"以拯法脉,有大阳警玄在前,天童如净殿后,如是而再者不由得令后人深思。

道元禅师(1200—1253)是日本曹洞宗的始祖,也是日本佛教史上最富哲理的思想家。他出生于京都,14岁剃发出家,24岁入宋,拜天童如净为正师,始得彻悟"身心脱落,修正一等"之曹洞宗精髓。道元从如净禅师学三年,嗣其法,为洞山第14世正统。他于1228年回国,1236年道元在京都极乐寺旧址开堂讲法,设立僧堂,赐寺额为"兴圣宝林禅寺",是为日本有曹洞宗之始。1244年,越前(今福井县)建大佛寺,道元被请为开山。后来大佛寺改名为"永平寺",遂成为日本曹洞宗大本山,这就是现在曹洞宗的大本山永平寺,道元遂成为日本曹洞宗的开山祖师,而天童寺亦被日本曹洞宗尊为祖庭。

道元的佛教思想主要来自乃师如净禅师。道元主张佛法的绝对性,"坚持

坐禅,身心脱落",认为唯有坐禅才是佛法正门。他曾撰成《普劝坐禅仪》,倡导
"自然身心脱落,本来面目现前,欲得怎么,急务坐禅"。该文后来成为其一生中
最重要著作《正法眼藏》之总序。《正法眼藏》一书有多种版本,且卷数不一。主
要有用假名书写的日文本,或称《假字正法眼藏》;也有用汉文书写的汉文本,或
称《真字正法眼藏》两种,前者共约 95 卷,后者则不分卷,收录了 300 则公案。
道元原有完成百卷本雄大计划,惜乎其壮年示寂,未能如愿以偿。然而,这未完
成的《正法眼藏》不论就其份量,或者哲理深度,均蔚为大观,在日本学界及欧美
学界有极高的评价,认为它是世界禅宗史上最优秀的禅宗哲学著作。傅伟勋曾
这样评价道:"道元恐怕是庄子后最伟大的创造的诠释学家,通过他对整个传统
佛教思想的创造性诠释(甚至有时候进行我所说的对于原典的创造性误读),建
立无与伦比的独家禅学哲理。"①

　　在《正法眼藏》中,道元经常尊称如净为"先师"、"古佛",将如净传给他的禅
法,奉为"单传正直之正法",认为他自己师承如净的佛法,才是佛教精髓,并猛
烈批判其他宗派,严厉排斥风靡一时的末法思想及其他念佛祈祷活动。在此书
中,道元再次强调"只管打坐,身心脱落"是宗门正传。并认为无论男女、贫贱、
愚慧、僧俗之人,只要正信修行就可以得道。"坐禅则大安乐法门也。若得此
意,自然四大轻安,精神爽利,正念分明,法味资神,寂然清乐,日用天真也。"他
进一步说此修证乃是一等,修是"证上之修",而"初心办道即是本证全体";坐禅
即不外是身心脱落,身心脱落则显现"身心一如,性相不二"的境地,于此境地生
死之外则无涅槃,而一切诸法接轨平等一心。

　　道元在京都居住期间,根据他在中国求法经历,撰成《典座教训》,制定了修
行者的生活规范。道元还撰有《护国正法仪》,主张自己所传禅法,乃护持国家
之正法。1253 年道元卒于京都。除了上述几种著作,道元还撰有《永平清规》、
《学道用心集》、《宝庆记》、《伞松道咏集》等,其门人根据道元记录而编成的著作
有《正法眼藏随闻记》、《永平广录》等。

　　日本曹洞宗本山永平寺是道元禅师遵天童如净禅师之嘱而建造的,该寺原
来叫"吉祥山大佛寺",两年后更名"永平寺",据说取自佛教初传中国时的东汉
永平年间的年号,即"永平"之意。这座寺院完全按宋代明州寺院格局建造,呈
禅宗寺院典型布局,尤其中轴线之天王殿、佛殿、法堂布置,与明州天童寺一脉
相承,并按照天童寺的格式建造了钟楼,包括和天童寺格局完全一致的长回廊。

---

①　傅伟勋:《道元》,东大图书公司 1996 年版,第 61—62 页。

所以日本的永平寺又有"小天童"之称,同时也成为日本曹洞宗派的大本山。在日本佛教史上,曹洞宗一直比较兴旺发达,并成为日本佛教界最大的宗派之一。由此,来自中国的曹洞宗默照禅之"如净禅"法,便在这里扎根并成长开来。

(三)"如净禅"与天童寺优良的道风传统

明清以来,中国佛教呈现出衰落之势,这尤其体现在丛林道场的僧纪和道风方面。然而,天童禅寺却在整体处于衰败之势的中国佛教大背景中独树一帜,以其优良的道风名冠东南,实为中国宋元以来中国近世佛教的一面旗帜。本文以为,自天童建寺以来的历代高僧大德无不对天童寺的优良道风的传统和公众形象的形成做出了重要贡献。其中,包括"如净禅"在内的宏智正觉以来天童寺所倡导的"默照禅风"起了至关重要的作用。继承并发展了宏智默照禅风的"如净禅",不仅东渡日本弘传延续,奠定了日本曹洞宗的基础,而且还对天童寺的道风影响深远,对于天童寺成为明清以来中国禅林道风的楷模做出了重要贡献。

天童禅寺位于浙江省宁波市鄞州区东乡的太白山麓,始建于为西晋永康元年(300),创建至今已有1700多年的历史,其开山祖师为僧人义兴。唐开元二十(732),法璿禅师在此建太白精舍,后人称之为古天童。至德二年(757),宗弼禅师将寺迁到太白峰下,即今天童寺址。唐大中元年(847)起,天童寺开始弘扬曹洞宗风。北宋景德四年(1007),宋真宗敕赐"天童景德禅寺"额。

南宋建炎三年(1129),曹洞宗著名禅师宏智正觉(1091—1157)继主天童法席。正觉禅师住山三十年,弘传曹洞宗教义,大力倡导"默照禅"。其时,寺内常住僧人逾以千计,寺屋殿宇达几千间之多,丛林景象焕然一新。天童禅寺成为一代习禅中心的地位也由此奠定。正觉住持天童时期也被称为天童寺的中兴时期。南宋嘉定年间评定天下"五山十刹",天童禅寺被列为"天下五山"之第三,其在当时天下禅林中的地位可见一斑。南宋如净禅师(1163—1228)住持天童四年,他在禅法上继承了宏智正觉以来的默照禅风,修持上更为强调"坐禅"实践,力图恢复传统佛教的坐禅风气。如净住持天童寺时期,奠定了天童寺道风的基准。

明洪武十五年(1382),朱元璋册封天下寺名,赐天童禅寺为禅宗五山之第二山,故有"东南佛国"之称。明崇祯四年(1631),临济宗第三十世密云禅师住持天童,先后修建天王殿、先觉堂、藏经阁、云水堂、东西禅堂、回光阁、返照楼等。重开万工池,修造七宝塔,奠定今日天童寺院的布局和规模,这一时期也被称为天童寺发展的鼎盛时期。清朝时,天童禅寺继续保持兴盛的局面,与镇江金山寺、扬州高旻寺、常州天宁寺共称为"禅宗四大丛林"。

那么,在天下禅林之中,天童寺的道风究竟有何特色呢?明清以来,佛教界流行有这样一种习惯说法:禅宗"四大禅林"即镇江金山寺、扬州高旻寺、常州天宁寺各具特色,有所谓"天童的规矩、天宁的唱念、金山的香、高旻的腿"之称。显然,天童寺是以其严格的"规矩"而著称于世的。本文以为,天童寺的"规究"之主要内涵就是继承和发扬了中国禅宗"农禅"的传统和作风,这与宏智正觉、天童如净所倡导的坐禅之风是密不可分的。

明代的张岱在《陶庵梦忆》卷六"天童寺僧"曾经这样描述他所亲眼目睹的天童寺内僧众的日常生活景象:

"余遍观寺中僧匠千五百人,俱舂者、碓者、磨者、甑者、汲者、锯者、劈者、菜者、饭者,狰狞急遽,大似吴道子一幅《地狱变相》。老和尚规矩严肃,常自起撞人,不止'棒喝'。"①

好一幅天童寺的"地狱变相"图!千五百人常住的十方丛林,在天童寺老和尚及其规矩的陶冶之下,日常生活及修持忙而不乱,表现得井井有条,不由得不让人赞叹。

天童寺的古朴的道风和农禅的传统在中国近现代史上仍然传承有绪,不绝如缕。1930 年至 1936 年,著名僧人圆瑛法师任天童寺住持,他在升座时宣布了"十二不",即"不贪名、不图利、不营私、不舞弊、不苟安、不放逸、不畏强、不欺弱、不居功、不卸责、不徇情、不背理",并着手整肃寺规,树立道风,修葺殿堂,建树颇多。新中国建立以来,天童寺也得到人民政府的保护,僧众殿堂功课,威仪整肃,参禅修持,不废古规。

在史无前例的"文化大革命"中,天童寺和其他寺庙一样,被迫停止了宗教活动,僧众离散,佛像被毁。但在"文革"结束后和改革开放、落实宗教政策以来,天童寺的道风也很快得到了恢复。如今,在天童寺的著名的禅堂内,有不少僧众仍保持着每天坐禅的习惯和传统。当代大德赵朴初先生曾经说过:"僧人既要拿得起锄头去拓荒开净土,又要用功读佛典,明了佛典中的禅机重关",并在《天童寺》一诗中赞扬天童寺古朴的道风,云:"同心戮力务工农,真见勤劳养道风。会得新新堂上意,搬柴搬谷是神通。"这充分表达了赵朴老目睹天童寺"农禅并重"之道风后的喜悦之情。

---

① 张岱:《陶庵梦忆》卷六"天童寺僧",中华书局 2008 年 9 月版,第 113 页。

七、略述南宋时期赴吴越地区巡礼求法的日本入宋僧^①

进入南宋以后,由于政权南迁临安(杭州),江南吴越地区的佛教呈现出益愈兴盛的局面。江南一带禅寺林立,年来有所谓禅院"五山十刹"之评定,皆出于江南吴越地区。长江以北地区则为金人辖地,佛教相对要衰落一些。就当时的日本国来说,幕府政权亦经历了由外戚藤原氏向武门平氏的转变。因见宋日贸易有利可图,平氏政权遂对外采取积极进取政策,奖励海外贸易,由此日本商船至南宋者渐多。特别是日本平清盛掌权(1167)之后,日宋交通繁。而且,自南宋时代起,中日双方通商往来的贸易港,在中国主要是庆元(宁波),在日本则是博多。往来的商船,一般也只在这二地之间往来。因此之故,南宋时由庆元港登陆、游历江南吴越地区的入宋日僧亦随之增多。同时,宋僧(亦主要是吴越地区的僧人)东渡日本者也呈增长之势,宋代繁荣的禅宗文化亦因此得以弘传于日本。可以说,南宋时期,日本与江南吴越地区的佛教文化交流进入了一个全盛时期,并一直延续到元朝后期。

(一)南宋中日佛教往来之概况与特征

与北宋时期相比,南宋时吴越地区的中日佛教文化交流的情势有不少变化,简单来说主要表现为以下几方面:

1. 人数之多及往来之频繁,超过以往历代。不过,与五代北宋来华僧人多带随从不同,南宋日僧来华大都单身搭乘商船往来,间或有一二位同行者。但总的人数特别多,自孝宗乾道三年(1167)重源起,至南宋灭亡(1279)德悟止,木

---

① 本文原载《吴越佛教》第 7 卷,九州出版社 2012 年 6 月版,为笔者承担的浙江省社科规划项目"宋元时期浙江与日本的佛教文化交流"研究成果之一。

宫泰彦在其《日中文化交流史》中就罗列其中有名可考者达一百零八人①，而且，有些僧人还往返数次。此外，不知名者，尚不知其数。如宋僧语录中，仅述及日僧之名，例如《希叟绍昙禅师语录》则有"日本俊侍者"、"日本觉上人"，在其《广录》中则有《日本证上人》，《西岩了慧禅师语录》中，则有"日本俊上人"，《物初大观禅师语录》，则有"日本仙侍者"，《石溪心月禅师语录》则有"日本合上人"，诸如此类，不胜枚举。可惜仅传一字，及其简单记事、法语、偈颂。究为何等人物，则不得而知。

有一逸事，可证当时日僧往来之频繁：日本史书《平家物语》记载平重盛（清盛之子）曾派妙典入宋，赠黄金于明州阿育王山以作购地之资，该山长老佛照德光禅师特书偈文回赠。德光禅师又赠佛舍利三十二粒于重盛，三粒为河内观心寺所得。传重盛赠育王山黄金三千两，该山赠阿弥陀石碑，但重盛已死，碑遂存筑前宗像神社。②

同时，吴越籍僧侣赴日之数量，也较北宋有大幅度增加。

2. 往来之动机亦有所不同。大致可分为三类：第一，在南宋初期，可以重源为代表，承北宋日僧入宋之后，非为求法，只是为个人修行目的而来宋地，拜圣迹，灭罪障，求解脱。如俊乘仿，起初为朝拜五台天台而来。禅师荣西第一次入宋亦为巡礼名山而来。第二，后来入宋日僧则变而为求法者渐多，但主要是为传律宗。如不可弃俊芿及其弟子相继入宋，目的在于学律并图振兴日本律教。第三，自荣西之后，随着禅宗僧侣往来日益频繁，大部分入宋日僧皆为习禅而来。

随着南宋（吴越）禅宗之东传日本，更加促进了宋代中国禅宗对日本佛教和文化的影响。而中国禅师赴日，或应日方邀请，或为躲避战乱（尤其是在南宋后期元军南下，南宋不少禅僧远离故土，东渡扶桑以避乱）而往，远不及入宋日僧之盛。

3. 吴越地区为入宋日僧主要游历之地。大量入宋日僧游历之地，主要集中于以南宋都城临安为中心的吴越一带，尤以明州、杭州、台州三地为主。其中，明州（今宁波）为当时对外开放的唯一市舶司，因此也是日本国僧人的登陆及回国出海地所在。同时，由于大部分入宋僧都是为了学禅，而当时禅宗名刹，几乎全在江南的吴越地区。据有关史料记载，禅院"五山十刹"系因史弥远之奏请而

① 参见木宫泰彦著，胡锡后译：《日中文化交流史》，商务印书馆1980年版，第306～334页。
② 参见余又荪著：《宋元中日关系史》，台北：商务印书馆，1964年8月版，第11页。

创始于南宋嘉定年间(1208～1224)①,它们分别为:余杭径山寺,杭州灵隐寺、净慈寺,宁波天童寺、阿育王寺等五山,杭州中天竺万寿永祚寺,湖州道场山护圣万寿寺,江苏南京蒋山太平兴国寺(又称灵谷寺),江苏吴县万寿山报恩光孝寺,浙江鄞县雪窦山资圣寺,浙江永嘉(温州)江心山龙翔寺,福建闽侯崇圣寺,浙江金华云黄山宝林寺,江苏吴县虎丘山云岩寺,浙江台州天台山国清忠寺(五代时吴越王钱镠曾诏改江南之教寺为禅寺)等十刹。"五山十刹"之中,大部分地处浙江,五山则集中于杭州、宁波二地。因此,五山禅师就成为日本入宋僧的首先参访的对象。

因地缘关系,在五山十刹之中,最先为日僧所熟知的,是明州东(今宁波鄞县东)的阿育王寺以及天童寺。而居五山之首的临安府径山寺,则与日本关系最为密切。其他如杭州的灵隐寺、净慈寺,天台山国清寺等江南名刹,亦与日本佛教界往来频繁。南宋"五山十刹"对日本禅宗的影响是巨大的。日僧在游历江南五山十刹之后,亦仿宋制,在日本设立"五山十刹"。

鉴于日僧入宋(吴越)者颇多,实难一一介绍。以下即择取其要者,依时间顺序及其在中日佛教文化交流史上的影响,分别略介于下。

(二)俊承坊重源与宁波阿育王寺

育王山旧称鄮山。西晋武帝太康二年(281,一说三年,或泰始元年),慧达(俗名刘萨诃)至鄮县之鄮山得古塔一座,认为系印度阿育王八万四千塔之一,遂建精舍供奉该塔,并改称鄮山为阿育王山。宋时成为我国禅宗五山之第五,为临济宗之道场,宗杲、德光、师范等先后布教于此,一时称盛。因地接作为中日交通门户的明州,故最先与日本发生关系。如平重盛曾遣妙典至此施黄金;源实朝曾下令建造大船,计划访谒此寺;重源及荣西也都曾来到此地。尤其是重源之后,日本入宋僧到此寺居住者络绎不绝。

俊承坊重源(1121—1206)亦称俊乘仿,为日本京都醍醐寺高僧,俗姓纪,师事法然,入念佛门。宋乾道三年(1167)于明州登陆入宋。原为朝拜五台山圣迹而来,然因五台山为金朝领土,未能如愿。于是改朝天台山、阿育王山。后来一直在阿育王寺挂锡。重源既是净土宗僧,他曾于醍醐寺结无常念佛社,劝发心

① (明)宋濂:《宋学士集》之《翰苑别集》卷40《住持净慈禅寺孤峰德公塔铭》,《四部丛刊》初编本,商务印书馆1926年版,第316页。

念佛。同时,他也是一位高明的建筑师。他在阿育王寺挂锡期间,寺僧曾委托他回到日本置办大木,用作整修舍利殿,还赠给重源观音、势至菩萨和一套十六罗汉画像带到日本。次年四月,重源从日本运来大木至阿育王寺,协助营建了阿育王寺的舍利殿。据说,在现在的阿育王寺舍利殿上还可以找到当年重源从日本运来的木头。[①] 而阿育王寺为此又赠送给重源一套《大藏经》和净土五祖画像,这些赠品至今仍藏在日本,成为日本的国宝。

在他回到日本后的日本承治四年(1180),日本奈良东大寺及大佛毁于兵火,因重源之师之推举,日本幕府便委派重源为整修东大寺的"劝正(进)",负责维修重建的资金和规划。重源为修复东大寺,特地邀请了明州鄞县的佛像师陈和卿兄弟及其他六名工匠来日本协助进行。为修复高达 52 米的大佛殿,重源与陈和卿等亲自到山口县德地的山中选购木材,并将直径达 1.2 米的木材从水路运到奈良。[②]

据有关史料记载,重源曾往返中日(明州)三次,前后为时达二十年之久。[③]在修建东大寺时,将鄞县阿育王寺的建筑格式引入,这在日本建筑史被称为"天竺式",又称"大佛样式"。1196 年,东大寺大佛殿重建完成,陈和卿等中国建筑师因其出色的成就受到重奖。之后,陈氏兄弟二人回国,而伊行知和其他六名工匠则仍被挽留在奈良,继续协助重源兴建了日本建筑史上著名的东大寺南大门。东大寺造好以后,建寺的大批工匠分布各地,因此将东大寺的建筑样式即鄞县古寺建筑格式带到日本各地。作为该样式的遗物,东大寺南大门、山城醍醐寺的经藏、播磨净土寺的净土堂至今仍保存完好。

重源于日建永元年(1206,一说元久二年)示寂,享年八十六岁。另一说建久六年入寂,享年七十。

(三)不可弃俊芿入宋习律

俊芿(1166—1227)号"不可弃",仁安元年(1266)生于肥后(熊本县),是一个颇有天才日本的律宗僧人。最初学天台宗和密教,后于南都、京都学显密及

———————

① 见(日)村上博优《浙江名胜旅游资料》(日文本)第 71～74 页,第 50 页,转引自杨古城《鄞县古寺与日本建筑国宝——东大寺》,载《宁波党政论坛》1998 年第 4 期。
② 参见杨曾文《日本佛教史》,浙江人民出版社 1996 年 4 月版,第 200 页。
③ (日)町田甲一:《日本美术史》,莫邦富译,上海人民美术出版社,1988 年 12 月版,第 223—231页。

大小戒律,回到家乡后,在筒狱创建正法寺,宣扬戒律。为解决在戒规方面的疑问,发愿到宋朝去求法。南宋宁宗庆元五年(日本土御门天皇正治元年,公元1199年)四月率弟子安秀、长贺二人渡海登陆明州入宋。

俊芿登陆后,亦主要滞留于吴越地区。他先后师从吴越的五山十刹高僧学习律宗及禅、天台等。他巡游了天台山,从明州景福寺之如庵了宏(元照直传)学南山律宗达三年。又赴明州之雪窦及临安之径山学禅,还从秀州华亭县之超果教院的北峰宗印学天台,为时长达八年。后住临安府的下天竺,与禅、教、律诸宗诸大德论道,与公卿大夫多有交往。

他曾先后三次入宋,在吴越地区游学达十三年之久。最后一次回国是在宋宁宗嘉定四年(1211年),俊芿携回佛学典籍两千余卷。另外,俊芿还携带了吴越僧赠送的佛舍利、普贤舍利、如庵舍利、释迦碑文、水墨罗汉画等物品回到日本,其中水墨罗汉像对日本后世的罗汉像有很大影响。所以,俊芿对于当时日本佛教界影响甚巨。俊芿另携有儒书二五六卷、杂书四六三卷,其中就有朱熹所著的《大学中庸章句》与《论孟集注》等,这被学界认为是宋学传入日本的嚆矢。

在奈良朝兴起的由唐鉴真和尚传入的《四分律》及律宗,到平安时代已逐渐萎靡不振,到中世以后,其法脉即将断绝。然而到了镰仓初期,日本律宗有重新振兴之势。俊芿是入宋学习律宗的代表人物。在他之后,他的很多弟子也陆续入宋,进一步传习戒律,因曾复兴京都仙游寺,更名为泉涌寺,一度为台、禅、律之道场,故其律宗称北京律,俊芿乃号称"日本律宗之中兴祖",颇受上下尊信。俊芿还曾得高仓、后鸟派及顺德等天皇之皈依。日本安贞元年(1227),俊芿在泉涌寺示寂,世寿六十二,法腊四十四,敕谥号"大兴正法国师"、"月轮大师"。其著作有《三千义备捡》二卷、《佛法宗旨论》一卷、《念佛三昧方法》一卷、《坐禅事仪》一卷等。俊芿生前仍念念不忘宋地,曾遣弟子思齐、幸命为其使者,携日僧所撰写的律学著作及财物多件赠给宋朝,以志感念。

俊芿之后,又有立志抄写藏经一部的日本僧人安觉良祐(色定)于日本建仁年间(1201—1203)入宋,在吴越地区的杭州、明州等地滞留十余年。结果只抄成一半,于建保二年(1214)回国。回国前,有杭州下天竺法镜讲寺的古云粹讲师托其带北峰和尚的画像赠给泉涌寺的俊芿,而明州景福寺的道常律师则赠以吴越王用来施给千僧的铁钵。良祐抄写藏经,始于文治三年(1187),直至安贞二年(1228),历时四十二年,共完成四千数百卷。其抄写本现仍藏于筑前宗像郡田岛村的兴正寺中。

此后,又有法忍净业律师,号昙照,亦闻宋地律学昌盛,遂于嘉定七年(1214)入宋,从中峰铁翁学律,因其学有成就,蒙宋理宗赐其"忍律法师"之号。他在吴越地停留十四年,于1228年归国时,带回《大藏经》,在京都创戒光寺,弘传律学,号为"南京律",与北京律的泉涌寺并称为日本律教之两大道场。日本天福元年(1233),净业律师再次入宋,又在吴越地区停留九年,回国时带回很多佛像及梵夹(佛经)。回国后,在筑紫建西林寺,在洛东建东林寺。据说东林寺的大门是由他所邀请的吴越建筑工匠所建,该门未用一根铁钉。

(四)明庵荣西与中国禅宗之初传日本

远在荣西赴宋归国传播禅宗之前,就有睿山的日僧觉阿、金庆二人于南宋孝宗乾道中(1171)入宋,参杭州灵隐寺佛海慧远禅师,并得其法脉归国。由此,遂引起日本佛教界的极大注意。接着又有大日能忍派其弟子练中、胜辨二人携书币入宋,赠明州育王山的拙庵德光,并汇报其修证领悟之经验,请求印证。然而,中国禅门临济宗完整地移入日本则是自明庵荣西(1141—1215)开始。而且,在南宋时的入宋日僧中,影响最大的亦当推禅僧荣西。他是日本临济宗开山祖,曾数次赴宋地,并最早将中国禅门临济宗介绍到日本。

早在日本仁安三年(1168)四月,荣西就曾乘商船从博多出发,到达明州后,朝育王山,参访广慧寺,登天台山巡拜了灵圣古迹。是年九月,荣西回到日本,并带回了天台新章疏三十余部计六十卷,呈送给座主明云僧正,并且还把茶籽传入日本。后鸟羽天皇曾经敕命他在神泉苑修持请雨法以求雨,结果有效验。天皇为此特赐给荣西以"叶上"的称号。荣西禅师兼修显密二教,后来的所谓叶上派,即以荣西为祖师。但此时的荣西,尚未完整地接触中国禅宗。

日本文治三年(1187),荣西第二次入南宋吴越地区。当时他还想进而到印度朝拜释迦佛尊的灵迹,于是,携带着《诸宗血脉谱》及《西域方志》从中国出航,到达临安府所在地时,谋划如何渡到印度。然而当时的知府以"关塞不通"的理由不允许他到印度。荣西便再次登天台山,拜谒万年寺的虚庵禅师并向他请教。虚庵禅师是临济宗黄龙派的第八代嫡孙,当时声望很高。在虚庵禅师迁往天童山的时候,荣西跟随着移居天童寺,在方丈室侍奉,并得以继承临济正宗的法脉,受传佛心宗。虚庵禅师授给荣西正传大戒,并且在临离别时赠僧伽梨衣作为付法的信衣。当初荣西禅师在天台山居留的时候,曾为智者大师塔院的颓废而感叹,施舍自己衣钵资财,进行修理;他到了天童山以后,又恰逢天童山要修千佛阁,于是回到日本运来很多木材,竭力从事资助营建工程。此事盛传于当时宋朝僧俗之间。

荣西在宋留学五年,曾得宋孝宗赐"千光法师"之号。建久二年(1191),荣西回国,第二年在筑前(在今福冈)香椎宫的旁边建造报恩寺,并开讲菩萨大戒,建久六年(1195)在博多津创建圣福寺,大力弘传临济禅法,参禅之徒从四方云集而来,因有日本临济宗的建立。并且,荣西还接受了源赖朝未亡人平政子等人的皈依及奉献土地建寺,亦即后来的寿福寺,为镰仓"五山"之一。后来京都建立建仁寺后,请荣西禅师住之。由于当时南都和比睿山诸宗强烈抗议,屡次阻碍禅宗的流行,荣西禅师遂作《兴禅护国论》三卷予以反驳,因而名声大振。后来,朝廷授命荣西禅师负责东大寺和法胜寺的修缮工程,因有功而赐以紫衣袈裟,并被提升为僧正。1215年的七月五日,荣西在京都的建仁寺圆寂,寿七十五岁。他的弟子有行勇、荣朝、源祐、明全等人。其中以行勇、荣朝最为有名。

明庵荣西及其弟子不仅将中国临济宗移入日本,他也是第一个将中国茶道传入日本的日本僧人,而且还将当时流传在中国禅院的茶礼移入日本,并加入改造、创新,从而对日本茶道的产生作出了重要贡献。

(五)圆尔辨圆、南浦绍明与"径山茶宴"的东传

南宋时的中日文化交流,不仅体现在佛教,而且包括宋学、茶道等,涉及社会生活的方方面面。其中最值得一提的是"径山茶宴"的东传日本。

圆尔辨圆(1202—1280),字圆尔、姓平氏。建仁二年(1202)生于骏州(个静冈市),幼年登久能山亲近佛门。承元元年(1219)十八岁入天台宗三井园城寺削发为僧,潜心研习天台教学,兼修儒、道教。二十二岁时参访上野长乐寺荣朝(荣西弟子)探究台密及临济黄龙禅法。嘉祯元年(1235)四月,圆尔筹划多年的入宋求法计划终于如愿以遂。圆尔一行抵明州后一路北上参访诸善知识,后止径山万寿寺投无准师范门下参禅问道、潜心修行,三年受师印可。仁治二年(1241)在宋习禅七载的圆尔拜辞尊师,扬帆归国。

归国后,圆尔以九州为中心举扬临济禅风,德望日高。次年,接受了华侨豪商谢国明的皈依,圆尔在博多开创了承天寺,此外还开创了崇福寺、万寿寺等禅刹。嘉祯二年(1236),九条道家(镰仓中期政治家,当时任摄政)发愿在京都慧

日山仿照径山伽蓝形式、布局创建禅院并取奈良的东大、兴福寺的东福二字命名为东福寺。宽元元年(1243),九条道家迎请圆尔为东福寺开山住持。圆尔受九条道家皈依,在东福寺园轮殿宣布禅要,道声日振。其后,圆尔为弘扬临济正宗禅宗旨,曾先后向后嵯峨天皇进讲《宗镜录》,为执权(掌握镰仓幕府实权的官名)北条时赖、后嵯峨上皇、龟山上皇等授禅戒。显密诸宗的学僧亦闻风而趋,从圆尔求学问道。圆尔还曾驻锡东大寺、尊胜寺、天王寺;兼主建仁寺,在火灾废墟上复兴重振之。他还在东福寺内创建施药救济所等,道绩斐然。弘安三年(1280)初染微疾,入夏后日重,同年十月十七日遗偈端坐入定。圆尔寂后三十三年,朝廷赐"至一国师"号,为日本国师号滥觞。

荣西在其《兴禅护国论》卷下的"未来记"中曾分析日本佛教界现状,并预言道:"予去世之后五十年,此宗最可兴矣。"荣西当年创立建仁寺时,禅宗做为新兴宗派创唱为时尚早。建仁寺只能做为比叡山天台宗的末寺,不得不与势力强大的旧佛教宗派兼容妥协。东福寺虽然也兼容显密禅律,但是圆尔凭借九条道家的强有力支持和保护,更重要的是依靠当时日本朝野对宋代崭新佛教文化的仰慕,以及对临济正宗禅的日益理解和倾倒,逐渐打消了天皇及九条道家对临济禅的疑惑,获得了朝野上下广泛的支持和皈依。圆尔的兼修禅超越荣西,取得了进出京都的成功。在荣西之后的五六十余年时间内,圆尔在日本继承并发扬光大了无准师范的临济正宗禅,其法嗣遍及台、密、禅三宗。其门下教僧、诗僧、画僧辈出,对日本佛教、文化的发展也发挥了重要作用。临济禅在日本的兴隆、发展证实了荣西的预言。

南浦绍明(1235—1308),日本临济宗僧。道号南浦,骏河国(静冈县)安倍郡人。幼从建穗寺净辩出家。及长,从学于镰仓建长寺之兰溪道隆,遂皈依禅宗。正元元年(1259)入宋,尝从宋之诸高僧研习,后参杭州虚堂智愚,得嗣其法。文永四年(1267)返日本,谒建长寺之兰溪;文永七年,任筑前国(福冈县)兴德寺住持。文永八年,驻锡于博多崇福寺,长居三十三年,后移居京都万寿寺,复受请任嘉元寺开山初祖。德治二年(1307),又因北条贞时之请而移住建长寺,延庆元年十二月二十九日示寂,年七十四。著有《语录》三卷。后宇多上皇敕赐"圆通大应国师"之谥号。

(六)希玄道元与曹洞宗的东传

南宋时明州天童寺,亦是日僧入宋时访问的一个重要目的地。日僧荣西曾随天台万年寺虚庵怀敞移居天童山，成为首登此山的入宋僧。后来，荣西的弟子明全亦曾住此寺，明全最终病逝于此山的了然寮中。而荣西的再传弟子希玄道元，随其师明全于宁宗嘉定年间入宋，历游天台、径山等处，从天童长翁如净得法而归，创立日本曹洞宗，对后世影响深远。

道元(1200—1253)，镰仓时代僧人，本名希玄，俗姓源。系日本村上天皇第九代后裔，内大臣久我通亲之子。道元三岁丧父，八岁失母，悟世相之无常，于是在十三岁时登比睿山，从良观(显)出家。曾就天台座主公圆剃发受戒，习天台宗学，兼及密教。建保二年(1214)，至京都建仁寺谒荣西，涉猎《大藏》，虽有所醒悟，但仍有疑惑不解。于是发愿入宋求觅传佛心印的禅门正宗。荣西殁后，师事其法嗣明全。

日本贞应二年(1223，宋嘉定十六年)，道元随其师明全入宋，直上四明天童山，参无际了派禅师，卓锡二年。接着又往杭州径山寺参浙翁如来、翠岩盘山思卓等禅师，并历访天台雁平、平田万年、庆元护圣等吴越诸刹，寻访名师。然机缘未契，于是复回天童山，参长翁如净禅师，始得彻悟"身心脱落，修正一等"之曹洞宗精髓。

当道元入宋时，中国盛行的禅宗主流是奉行"看话禅"为圭臬的临济宗。而曹洞宗自宏智正觉创"默照禅"后，传至如净时已经衰微至极。这一时期，传往日本的禅宗也多是临济宗禅法。但正是此时，被称为南宋曹洞宗史上殿军的长翁如净却是将"默照禅"推向了极致，他主张"休歇身心，只管打坐"，试图以此挽救时弊。他自己亦于每天早上开始打坐，直至晚间深夜方止。道元对如净之说深表赞同，认为必须专心坐禅。尤为道元尊敬的，则是如净不亲近帝王权贵，视富贵之家所舍钱财如粪土，甚至辞谢宋宁宗所赐紫衣的独立品格。

道元从如净禅师学三年，嗣其法，为洞山第 14 世正统，他还得到如净禅师所赠的芙蓉道楷所传的信衣、嗣书，以及洞山良介《宝镜三昧》和《五位显诀》，又赠以自赞顶相，并在道元归国前告诫道元说："汝以异域人，授之表信，归国布化，广利人天。莫住城邑聚落，莫近国王大臣，只居深山幽谷，接得一个半个，勿令吾宗致断绝。"[1]

1228 年，道元回国。1236 年道元在京都极乐寺旧址开堂讲法，设立僧堂，并得天皇赐寺额为"兴圣宝林禅寺"，是为日本有曹洞宗之始。1244 年，越前(今福井县)建大佛寺，道元被请为开山。后来大佛寺改名为"永平寺"，遂成为日本

---

[1] （日）河村孝道编著：《诸本对校·永平开山道元行状建撕记》，大修馆书局 1975 年版，第 23 页。

曹洞宗大本山。道元遂成为日本曹洞宗的开山祖师,而天童寺亦被日本曹洞宗尊为祖庭。道元在京都居住期间,根据他在中国求法经历,撰成《典座教训》,制定了修行者的生活规范。道元还撰有《护国正法仪》,主张自己所传禅法,乃护持国家之正法。1253 年道元卒于京都。

道元的佛学思想亦主要来自于乃师如净禅师,并有所创新。道元主张佛法的绝对性,"坚持坐禅,身心脱落",认为唯有坐禅才是佛法正门。他曾撰《普劝坐禅仪》,倡导"自然身心脱落,本来面目现前,欲得怎么,急务坐禅"。此文后来成为其一生中最重要著作《正法眼藏》之总序。所著《正法眼藏》在日本及欧美学界有极高的评价,认为它是世界禅宗史上最优秀的禅宗哲学著作。在《正法眼藏》中,道元经常尊称如净为"先师"、"古佛",将如净传给他的禅法,奉为"单传正直之正法",认为他自己师承如净的佛法,才是佛教精髓,并猛烈批判其他宗派,严厉排斥风靡一时的末法思想及其他念佛祈祷活动。在此书中,道元再次强调"只管打坐,身心脱落"是宗门正传,并认为无论男女、贫贱、愚慧、僧俗之人,只要正信修行就可以得道。

日本曹洞宗本山永平寺也是道元禅师遵天童如净禅师之嘱而建造的。该寺原来叫"吉祥山大佛寺",之所以两年后更名"永平寺",据说取自佛教初传中国时的东汉永平年间的年号,即"永平"之意。这座寺院完全按宋代明州寺院格局建造,呈禅宗寺院典型布局,尤其中轴线之天王殿、佛殿、法堂布置,与明州天童寺一脉相承,并按照天童寺的格式建造了钟楼,包括和天童寺格局完全一致的长回廊。所以日本的永平寺又有"小天童"之称,同时也成为日本曹洞宗派的大本山。

在日本佛教史上,曹洞宗一直比较兴旺发达,并成为日本佛教界最大的宗派之一,且日本曹洞宗一直沿续到现在的惟有道元的法系。由此可见,来自中国的曹洞宗默照禅,在中国虽然影响不大,远逊于临济禅法,但在日本却扎根并得到苗壮成长。

后　记

　　佛教传入中国以后，与中国本土文化和社会生活冲突融合，从而形成具有中国特色的中国佛教，成为中国传统文化的重要组成部分。"天下名山僧占多"，中国佛教与"天下名山"的结合而形成的中国佛教名胜，不仅成为历来佛教徒朝山进香的圣地，也是众多的非佛教徒旅行游览的重要目的地，从而成为中国人社会生活中的重要组成部分。因此，本书以"神圣与世俗"为题，以期揭示作为传统文化和文化旅游对象的中国佛教的丰富内涵。

　　本书就是由笔者近些年来关于浙江佛教（东南佛国）与文化旅游这一专题研究的部分成果汇编而成。绪论"佛教文化旅游的内涵与特点"原为笔者2009年参加"首届长安佛教学术研讨会"的交流论文，代表了笔者对佛教文化旅游的理论认识和总体概括，故将此文置于篇首，作为绪论。

　　上篇"浙江宗教与文化旅游"是依据2004年承担浙江省旅游局委托课题的"调研报告"修订而成，该部分内容从总体上探讨浙江宗教文化旅游（以浙江佛教、道教文化为主，兼及其它宗教文化）的资源、现状、存在问题和发展对策。相对来说，本部分内容具有较强的实践性。本报告在调研和写作过程中，曾得到省旅游局、省民宗委和佛教协会以及杭州、宁波、天台等地有关部门和朋友的大力支持。

　　本书中篇"文化旅游与东南佛国"可以说是上篇的分论，是近年来笔者陆续以参与课题或出席学术会议的形式对省内杭州、绍兴、德清、宁波、武义等地佛教名胜或佛教文化资源的深入发掘和分析。相对于上篇，本篇内容侧重于"东南佛国"之区域佛教文化内涵的发掘和研究，虽然实践性不强，但还是与文化旅游关系密切。本书下篇"东南佛国与吴越佛教"则是笔者近年来有关吴越佛教文化研究的部分作品，意在从吴越佛教角度探讨"神圣与世俗"相统一的"东南佛国"之理论背景和历史渊源。

　　收入本书中的部分作品或是笔者参加学术会议的交流论文，或是相关课题的部分研究成果,或已经在论文集或刊物上出版或发表,这些均在题注中予以说明。需要特别指出的,笔者近些年来从事佛教文化旅游及相关研究过程中,颇多得益于与同事潘立勇教授之间的多次切磋和讨论。而本书能够得以顺利出版,还得到了浙江大学"侨福建设基金"的支持和资助。责任编辑浙大出版社李海燕副编审为本书的顺利出版付出了辛勤的汗水和劳动。在此,笔者特向上述相关刊物或出版部门、有关会议的主办方、课题的资助方以及各位大德、朋友一并致以诚挚的谢意!

张家成
2012 年盛夏于杭州市嘉绿北苑寓所

图书在版编目（CIP）数据

神圣与世俗:文化旅游视域中的"东南佛国" / 张家成
著. 一杭州：浙江大学出版社，2012.9
ISBN 978-7-308-10527-9

Ⅰ.①神… Ⅱ.①张… Ⅲ.①佛教－宗教文化－旅游
资源开发－研究－浙江省 Ⅳ.①F592.755

中国版本图书馆 CIP 数据核字（2012）第 207261 号

神圣与世俗:文化旅游视域中的"东南佛国"

张家成 著

责任编辑	李海燕
封面设计	续设计
出版发行	浙江大学出版社
	（杭州市天目山路 148 号 邮政编码 310007）
	（网址:http://www.zjupress.com）
排　　版	杭州中大图文设计有限公司
印　　刷	德清县第二印刷厂
开　　本	710mm×1000mm 1/16
印　　张	14.5
字　　数	245 千
版 印 次	2012 年 9 月第 1 版 2012 年 9 月第 1 次印刷
书　　号	ISBN 978-7-308-10527-9
定　　价	40.00 元